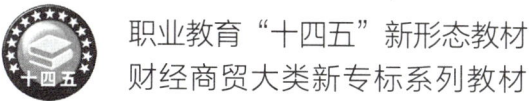

职业教育"十四五"新形态教材

财经商贸大类新专标系列教材

CAIWU JIQIREN ZONGHE SHIXUN

财务机器人综合实训

刘舒叶　朱丹萍　著

立信会计出版社

图书在版编目（CIP）数据

财务机器人综合实训 / 刘舒叶，朱丹萍著. -- 上海：
立信会计出版社，2025. 3. -- ISBN 978-7-5429-7947-6

Ⅰ. F275；TP242.3

中国国家版本馆 CIP 数据核字第 202508C8N9 号

策划编辑　　赵志梅
责任编辑　　赵志梅
美术编辑　　吴博闻

财务机器人综合实训

CAIWU JIQIREN ZONGHE SHIXUN

出版发行	立信会计出版社		
地　　址	上海市中山西路 2230 号	邮政编码	200235
电　　话	(021)64411389	传　真	(021)64411325
网　　址	www. lixinaph. com	电子邮箱	lixinaph2019@126. com
网上书店	http://lixin. jd. com		http://lxkjcbs. tmall. com
经　　销	各地新华书店		
印　　刷	常熟市人民印刷有限公司		
开　　本	787 毫米×1092 毫米	1/16	
印　　张	14. 25		
字　　数	365 千字		
版　　次	2025 年 3 月第 1 版		
印　　次	2025 年 3 月第 1 次		
书　　号	ISBN 978-7-5429-7947-6/F		
定　　价	48. 00 元		

如有印订差错，请与本社联系调换

前言 Foreword

在数字化浪潮的冲击下,财务领域经历了巨大的变革。在这一变革中,RPA(机器人流程自动化)财务机器人起到了重要的推动作用。鉴于此,我们开发了《财务机器人应用基础》《财务机器人应用》和《财务机器人综合实训》等RPA财务机器人应用教材,旨在为财务从业者提供全面、系统的学习和实践指导。

《财务机器人综合实训》是一本偏向实训应用的教材,致力于培养既精通财务业务又熟练掌握RPA技术的新型复合财务人才。本教材以上海泓海电子有限公司为虚拟案例对象,紧密围绕企业财务工作中的典型业务场景,精心设计了一系列实训项目。这些实训项目涵盖差旅费报销管理、报销付款管理、销售业务管理、应收账款管理等多个核心领域,每个项目都模拟企业真实财务场景,深度还原工作流程,帮助学习者从业务需求出发,运用RPA技术设计出切实可行的解决方案,实现技术与业务的深度融合,升级财务专业技能。

本教材的编写具有以下特点:

(1)结构编排合理。在结构编排上,本教材遵循由浅入深、循序渐进的原则,前半部分将每个具体实训项目细分为业务说明、设计思路、流程设计和开发应用四个阶段,后半部分则是各实训项目的操作步骤阶段。其中,业务说明阶段涵盖明确实训任务、熟悉工作流程与方法、了解应具备的职业素养及开发机器人可解决的业务"痛点"四部分内容,为学习者奠定实践基础;设计思路阶段引导学习者将业务流程转化为RPA开发逻辑,培养问题解决能力;流程设计阶段进一步梳理与细化操作步骤,强化逻辑思维;开发应用阶段通过挑选命令、搭建机器人框架,帮助学习者完成实训;操作步骤阶段则提供详细的操作指南,确保实训顺畅无阻。

(2)为了让学习者明确实训步骤,本教材特别设计了一位学习向导小海,引导学习者开展具体实训任务。学习者可根据自身的学习基础和能力差异,分阶段、分层次完成实训任务,通过因材施教和个性化培养,满足不同能力水平的学习需求,确保每位学习者都能在适合自身能力的任务中取得成功,获得充分的成就感与成长动力,从而全面提升学习者的实践能力、强化学习者的职业素养,并有效解决实际业务问题。

（3）注重实用性和前瞻性。在编写过程中，编者紧密结合行业最新动态与技术发展趋势，持续跟踪财税领域的技术革新与业务需求变化，确保教材兼具实用性与前瞻性。通过对教材内容的反复打磨与优化，编者力求使其既符合教学规律，又贴近实际工作场景。

（4）配套资源丰富。本教材还配备了丰富的配套资源，包括实训资料、实训平台、实训答案、教学视频等，为学习者提供全方位的学习支持与保障。

本教材由刘舒叶教授、朱丹萍副教授主持开发，教育部全国行指委委员、上海市高校教学名师、资深注册会计师严玉康教授对教材进行了规划和指导，来也科技有限公司提供了技术支持平台，楚万文、胡俊杰提供了技术支持。上海东海职业技术学院、上海泓江信息科技有限公司和立信会计出版社提供了诸多帮助。

编者衷心希望，通过本教材的学习，学习者能够充分融合 RPA 技术与财务业务，升级财务技能，培养创新思维，提高问题解决能力，助力企业优化财务流程、维护财务健康并推动数字化转型。本教材既可作为高等职业院校财经类专业教材，又可作为实务从业者的参考用书。

作为对数智化会计教学改革的探索，因创新性强、实践复杂且技术发展迅速，本教材难免存在疏漏之处，恳请专家和读者提出宝贵意见，编者将持续优化，共同推动财务智能化教育的发展。

编者

2025 年 3 月

目录 *Contents*

实 训 项 目

「新专标」
Xinzhuanbiao
系列教材 *Xilie Jiaocai*

操　作　步　骤

实 训 项 目

项目一 实训准备

实训一　明确实训目的和实验步骤

一、　实训目的

大家好,我是学习向导小海。从现在开始,我将全程引导你开展本教材的各项实训。让我们先来了解一下实训目的吧。

"财务机器人综合实训"是在人工智能蓬勃发展的背景下应运而生的一门新型课程,是在会计专业实操和RPA机器人财务应用的学习基础上,运用RPA技术针对典型财务案例开展综合实训,进一步学习利用新技术解决企业财务业务里重复性高、规则明确的各类工作问题,内容涵盖差旅费报销管理、报销付款管理、销售业务管理、应收账款管理等典型财务工作场景。

本实训不仅能帮助学生掌握RPA前沿技术,优化财务流程,升级财务技能,还能培养学生的创新思维,敏锐捕捉工作中遇到的业务痛点,积极探索解决方案,更能帮助学生养成良好的职业习惯,明晰职业规范,提升职业素养,锻炼团队协作精神,为学生未来的职业生涯做好充分准备。

二、　实训步骤

在开始学习之前,请先阅读实训步骤,结合你已有的学习基础,探索如何达到最佳的学习效果。

在本教材中,每个项目的实训环节在前半部分分为业务说明、设计思路、流程设计和开发应用四个阶段,在后半部分设有操作步骤阶段。各阶段层层递进、环环相扣,充分考虑到不同基础的学生的需求,旨在全方位引导学生深入思考与实践,逐步提升学生的实际操作能力与解决问题能力。

(一) 业务说明

此部分旨在帮助学生了解实训案例的业务场景,明确财务人员在其中需要处理的具体业务内容,以及亟待解决的问题。学生在阅读过程中,需积极思考解决方案,勇于自我挑战、思维活跃的同学,可根据业务场景,尝试自主设计 RPA 机器人,解决案例中的问题,锻炼自己的创新思维与实践能力。

(二) 设计思路

在充分理解业务说明的基础上,这一阶段将引导学生把业务处理流程转化为 RPA 机器人的操作思路,梳理业务处理的每一个步骤。具有较强探索能力的同学,可依据设计思路,尝试开发 RPA 机器人,进一步提升自己的技术水平。

(三) 流程设计

这一阶段以设计思路为依托,完成流程图的编制,进一步细化案例的操作思路。教材提供了详细但乱序的操作步骤和具体说明,学生需要根据这些信息进行排序,并填充完成流程图。这一过程不仅有助于学生进一步细化设计思路,还能培养学生的逻辑思维和分析能力。学习能力和 RPA 基础较强的同学,可根据绘制完成的流程图,尝试设计开发 RPA 机器人,逐步积累实践经验。

(四) 开发应用

开发应用是在流程设计的基础上,为学生提供本案例需使用的开发命令和命令框架,学生挑选命令,完成 RPA 机器人的开发。

在完成流程图的基础上,开发应用阶段将为学生提供本案例需使用的开发命令和命令框架。学生可根据实际需求挑选合适的命令,按照一定的逻辑顺序进行组合,从而完成 RPA 机器人的开发。

(五) 操作步骤

在经过以上阶段后,如果学生仍无法顺利完成 RPA 机器人的开发,也不用担心,本教材后半部分针对各案例提供了详细的操作步骤,学生可按照这些步骤,一步一步地进行操作,直至成功完成案例,确保每一位学生都能完成实训。

实训二　了解实训企业

作为一名财务人员,你先要了解自己进行财务工作的企业背景。请你认真阅读以下内容。

一、 企业基本情况

企业名称:上海泓海电子有限公司(以下简称鸿海公司)

成立时间:2018 年

企业类型:科技型企业(小规模纳税人)

主营业务:电脑及配件,电子产品及原件,网络设备,办公设备及用品,五金交电,机电设备,通信器材,批发零售;计算机领域四技服务;电子产品研发。

企业规模:公司拥有员工 200 余人,其中技术研发团队占比超过 50%;具备强大的技术研发和项目实施能力。

企业文化：公司秉承"创新、协作、高效、共赢"的核心价值观，注重员工的成长与发展，鼓励创新思维和团队协作。公司致力于打造一个开放、包容的工作环境，让每位员工都能充分发挥自己的才能，共同推动公司的快速发展。

实训背景：学生可使用上海泓海电子有限公司的真实财务场景和业务流程，进行 RPA 机器人在财务方面的设计、开发、部署和应用。通过实训，学生可以了解 RPA 技术在财务中的应用，掌握 RPA 财务机器人的设计和实施方法，为自己未来的职业发展打下坚实的基础。

二、　企业组织结构

上海泓海电子有限公司采用扁平化、高效的组织结构，下设研发部、市场部、销售部、实施部、财务部和人力资源部六大部门。各部门职责明确，协同合作，共同推动公司的快速发展。

研发部：负责 RPA 技术的研发和创新，持续推出符合市场需求的新产品和新功能。

市场部：负责市场调研、品牌推广和客户拓展，提升公司的知名度和影响力。

销售部：负责与客户沟通，了解客户需求，提供定制化的解决方案，并促成合作。

实施部：负责项目的具体实施和交付，包括需求分析、流程设计、机器人开发和系统部署等。

财务部：负责公司财务管理、会计核算、成本控制和资金运作等工作。

人力资源部：负责公司人才招聘、培训、绩效考核和企业文化建设等工作。

三、　企业财务部门人员岗位组成

上海泓海电子有限公司的财务部门由以下岗位组成：

财务主管：负责整个财务部门的运营和管理，制定财务政策和制度，监督财务工作的执行情况。

总账会计：负责公司总账的管理和核算，填制会计凭证，确保会计信息的准确性和完整性。

成本会计：负责成本核算和分析，为公司的成本控制和决策提供数据支持。

出纳：负责公司资金的收付和保管，确保资金的安全和合规使用。

应收账款会计：负责应收账款管理、客户信用管理、催收工作等。

税务会计：负责公司开票、税务的申报和缴纳，确保公司税务合规。

财务分析师：负责财务分析、预算管理和绩效评估等工作，为公司的战略决策提供财务支持。

在 RPA 机器人财务实训中，学生将亲身体验 RPA 技术在财务流程中的应用，从而掌握 RPA 技术的核心知识和技能，为自己未来的职业发展打下坚实的基础。

实训三　搭建实训环境

一、　确认电脑环境

开始实训之前，请你确认实训所使用的电脑环境，需具备以下配置。

（1）软件要求：支持 32 位或 64 位的 Window 7 SP1、Windows 8、Windows 10 等

Windows 操作系统，或 Windows Server 2012、Windows Server 2016 及以上版本的 Windows Server 操作系统。

（2）硬件要求：CPU 为 Intel core 双核及以上。

（3）内存要求：4G 及以上。

（4）硬盘要求：128G 及以上。

（5）网络要求：网络畅通。

二、 配置所需软件

开发 RPA 财务机器人将使用到一些常用的软件，请你配置以下软件。

（1）办公软件：Office2016 及以上，或 WPS（WPS2016 或 WPS2019）。

（2）浏览器：Chrome 谷歌浏览器 76.X 以上版本。

三、 安装开发软件

我们将使用 UiBot Creator 机器人流程自动化软件作为 RPA 财务机器人开发软件，请你下载并安装软件，完成实训环境的搭建。

（一）下载安装包

登录来也科技官方网站（https://laiye.com/）→在【产品】的【流程创建】中，进入【流程创造者（UiBot Creator）】，如图 1-1-1 所示。

图 1-1-1　进入下载页面

图示：①②③表示本界面操作步骤，下同。

点击【免费使用社区版】→注册账号并登录→下载 UiBot 社区版，如图 1-1-2 所示。

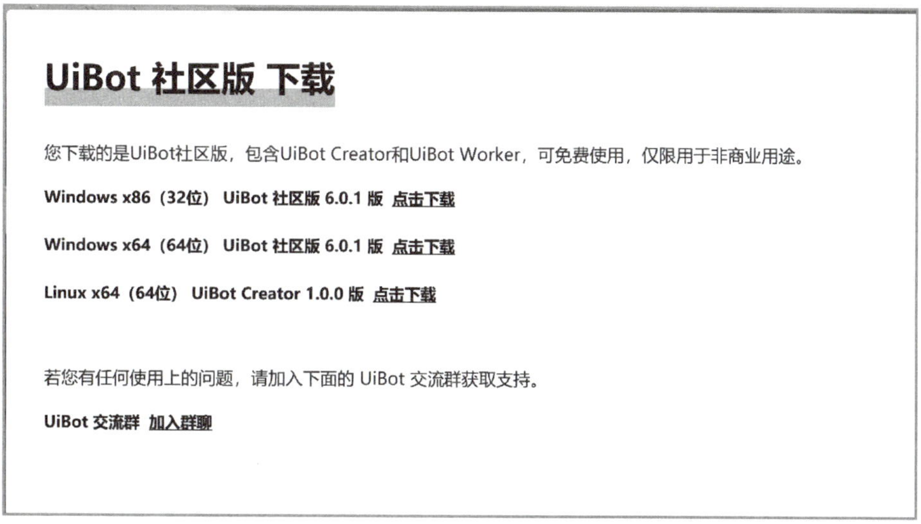

图 1-1-2　下载安装包

下载的安装包类型需与电脑操作系统类型一致，查看电脑操作系统类型的方法为：鼠标右击桌面【电脑】，选择【属性】，即可查看，如图 1-1-3 所示。

图 1-1-3　查看操作系统类型

(二) 安装 UiBot 软件

安装包下载完成后，双击安装包进行软件安装，如图 1-1-4 至图 1-1-7 所示。

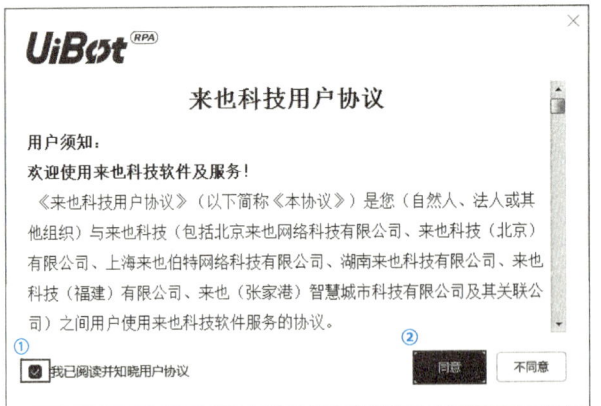

图 1-1-4　同意用户协议

图 1-1-5　选择安装地址

图 1-1-6　等待安装

图 1-1-7　安装完成

安装完成后，在桌面上打开【流程创造者（UiBot Creator）社区版】，如图 1-1-8 所示。打开软件后，登录账号。

（三）安装扩展程序

登录进入 UiBot Creator 软件后，点击【工具】，安装 Chrome 扩展程序，如图 1-1-9 所示。注意，此步骤必须在 Chrome 浏览器关闭的前提下进行。

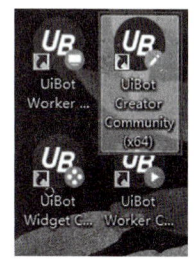

图 1-1-8　打开软件

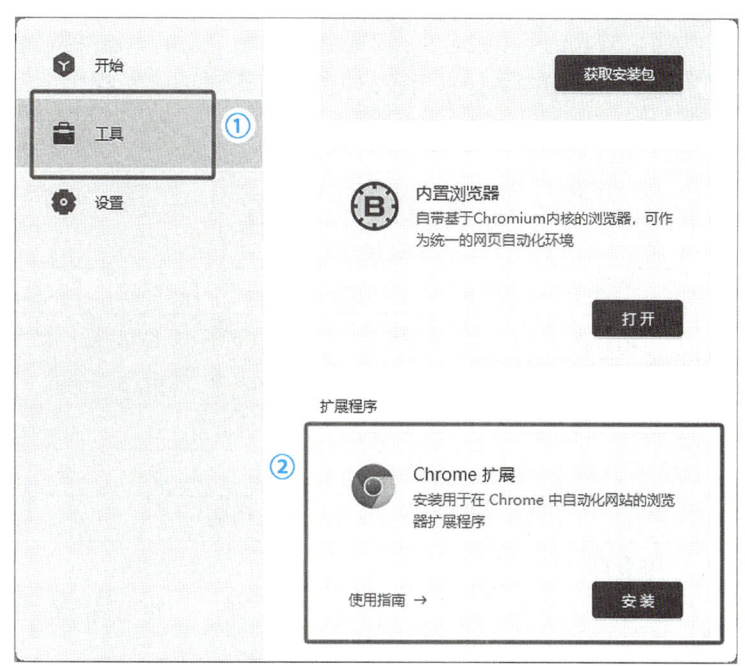

图 1-1-9　安装 Chrome 扩展

现在实训环境搭建完成，可以开启实训项目啦！

项目二
Chapter 2 差旅费报销管理

实训一　审核报销单据

一、业务说明

　　欢迎开启本次实训！我们先要明确本次实训的任务：帮助财务主管完成差旅费报销单据的审核工作。

　　2025年12月，财务主管收到了多张企业员工出差返回后上交的差旅费报销单（图2-1-1），已经全部存入"本月所有报销单"文件夹（图2-1-2），需要对差旅费报销单进行批量审核。

差 旅 费 报 销 单

附件：2 张　　　　　　　　2025年12月12日　　　　　　　　NO: 01011

出差人	刘红	共	1	人	职务	采购员	部门	采购部门	审批人	李红
出差事由	采购				出差		自 2025 年 12 月 4 日			
到达地点	湖南长沙				日期		至 2025 年 12 月 6 日 共 3 天			

项目金额	交通工具				其他		住宿费			出差补助	
	火车	汽车	轮船	飞机	餐饮费	会议费	住宿	2	天	天数	金额
				1345	300		700			3	300

总计人民币（大写）	贰仟陆佰肆拾伍元整		￥2645.00
银行卡号	6013820800037482917	开户行	中国银行五里桥支行
员工工号	7123476631	交结余或超支金额	￥

会计主管　李欣　　　　　　　会计　徐建芳　　　　　　出纳员　沈晓丽

图 2-1-1　差旅费报销单

图 2-1-2　"本月所有报销单"文件夹

在实训开始之前,请你先扫描二维码,下载本次实训的资料(图 2-1-4),做好实训准备。

你能根据实训资料,帮助财务主管设计一个"审核报销单据"RPA 财务机器人批量审核这些报销单吗?

别急,在设计之前,先来了解一下财务主管是怎么处理的吧。

根据上海泓海电子有限公司的规定,当公司员工出差归来进行差旅费报销时,员工需填写公司自制的差旅费报销单;填写完成后,将该差旅费报销单提交给部门领导进行审核并签字确认;部门领导完成审核签字后,员工应及时将该差旅费报销单上传至公司 OA 系统;随后,由财务主管在 OA 系统中对该差旅费报销单开展审核工作。

财务主管在 OA 系统收到公司员工的差旅费报销单后,将其下载至"本月所有报销单"文件夹,可以一一审核,也可以对报销单进行集中审核处理。

完成下载后,财务主管根据本公司财务制度,对每一张差旅费报销单进行审核,主要审核出差时间、项目金额等内容。根据上海泓海电子有限公司的规定,员工每天出差餐饮费补贴标准为 100 元,住宿费需符合本公司差旅费住宿标准(图 2-1-3)。例如,审核每天餐饮费是否超过 100 元标准,每天住宿费是否超过本公司差旅费住宿标准。

如果费用超出标准,财务主管可以将差旅费报销单另存到"需进一步审核"文件夹(图 2-1-4),并与报销人员进行沟通,进一步核实具体情况;如果费用符合标准,则将差旅费报销单另存到"审核通过"文件夹。

上海泓海电子有限公司
差旅费住宿标准明细表

序号	省份	住宿费标准（元/晚）
1	北京	500
2	天津	380
3	河北	350
4	山西	350
5	内蒙古	350
6	辽宁	330
7	大连	350
8	吉林	350
9	黑龙江	350
10	上海	500
11	江苏	380
12	浙江	400
13	安徽	350
14	福建	380
15	江西	350
16	山东	380
17	河南	380
18	湖北	350
19	湖南	350
20	广东	450
21	广西	350
22	海南	350
23	重庆	370
24	四川	370
25	贵州	370
26	云南	380
27	西藏	350
28	陕西	300
29	甘肃	350
30	青海	350
31	宁夏	350
32	新疆	340

图 2-1-3　差旅费住宿标准

图 2-1-4　实训资料

实训资料
2-1

课程思政

财务人员在审核差旅费报销业务时,应具备哪些职业素养呢?

财务人员在审核差旅费报销业务时,需恪守严谨细致的职业规范,全力保障报销的合规性与准确性。

(1)合规性审核。财务人员要严格查验发票真伪,检查发票内容是否完整、盖章是否清晰,借助发票查验平台等工具杜绝电子发票重复报销。同时,依照国家法规和公司制度,审核审批流程是否完备,报销单签字、盖章等手续是否齐全,确认差旅事由是否与公司业务紧密相关,避免出现公私混淆的情况。

(2)准确性审核。财务人员需仔细核对报销金额计算有无差错,确保大小写一致且与发票金额相符。同时,要求报销单附带机票、车票、住宿发票等必要原始凭证,检查报销单各项信息与附件是否一致,确保出差日期、地点、人员等信息准确无误。

在审核过程中,财务人员应保持独立客观,不被人情或利益干扰,严格按照既定标准审核。同时,财务人员应严守公司机密,不泄露员工信息、差旅信息等敏感内容,始终做到诚信正直,如实反馈报销单存在的问题,坚决不与报销人串通作弊,维护公司财务信息的真实性。

报销审核在企业财务工作中意义重大。准确的报销审核不仅能确保企业资金合理使用,防止资金不合理外流,而且能维护公司财务制度的权威性,使公司各项财务活动有章可循,进而维持企业财务秩序稳定,保障企业经营活动正常开展。

如果能开发一个"审核报销单"机器人,能解决财务人员的什么"痛点"呢?

在现代企业财务管理中,财务人员审核差旅报销业务至关重要,其工作质量关乎企业财务运营的稳健与合规。开发"审核报销单"机器人,对解决传统审核困境意义重大。

人工审核报销金额时,财务人员需依据企业报销制度,逐张比对费用是否超标。此流程烦琐,耗时费力,还易因人为因素而疏漏。面对复杂的报销类目和制度条款,人工判断失误频发,常出现不合规费用被误批或合规费用被误拒的情况,严重影响审核的准确性与公正性。而运用 RPA 财务机器人内置报销制度规则,能瞬间批量比对审核报销金额,精准高效判断是否合规,从根本上避免人工操作导致的信息差错,大幅提升审核的准确性与效率。

在信息安全方面,员工信息、报销金额等敏感数据,若保管不善(如存储介质防护弱、信息传递未加密),易被不法分子窃取,损害员工权益和企业利益及声誉;还可能存在内部人员串通作弊风险,财务与报销人员勾结篡改数据,破坏财务秩序。RPA 财务机器人能按既定程序运行,审核数据加密存储,无道德风险,可从源头杜绝信息泄露和串通作弊,保障企业财务信息安全。

勇于挑战的你,能不能根据业务说明,尝试开发一个"审核报销单"机器人?让机器人审核每张报销单的餐饮费和住宿费是否符合标准,并将符合标准的和不符合标准的分别存入不同的文件夹。

二、 设计思路

在了解业务场景后,请你根据本实训案例的业务处理流程,将其转化为 RPA 机器人的操作步骤。请你阅读以下步骤,思考如何设计"审核报销单"机器人。

1. 让 RPA 机器人打开"差旅费住宿标准"Excel 文件,读取各省市对应的住宿标准。

2. 获取"本月所有报销单"文件夹路径。

3. 对该文件夹中的每一份报销单 Excel 文件进行遍历审核,具体审核步骤如下:

(1) 获取当前报销单的文件名。

(2) 打开当前报销单 Excel 文件。

(3) 从报销单中读取员工出差地、出差天数、餐饮费总额以及住宿费总额等信息。基于这些信息,分别计算出餐饮费单价和住宿费单价。

(4) 审核餐饮费单价是否超出公司规定的每天 100 元的标准:

①若餐饮费单价超过每天 100 元,将当前报销单另存至"需进一步审核"文件夹。

②若餐饮费单价未超过每天 100 元,则继续审核住宿费单价。

(5) 审核住宿费单价是否超出对应出差省份的住宿标准:

① 若住宿费单价超过对应省份的住宿标准,将当前报销单另存至"需进一步审核"文件夹。

② 若住宿费单价未超过对应省份的住宿标准,表明该报销单的餐饮费和住宿费两项审核均通过,将当前报销单另存至"审核通过"文件夹。

现在,乐于探索的你,能否根据以上设计思路,尝试开发一个"审核报销单"机器人?让机器人审核每张报销单的餐饮费和住宿费是否符合标准,并将符合标准的和不符合标准的分别存入不同的文件夹。

三、 流程设计

如果你还不清楚具体的开发步骤,请从表 2-1-1 中挑选出对应的操作步骤,按顺序填入并完成设计流程图(图 2-1-5)。

表 2-1-1　本实训操作步骤与内容

操作步骤(乱序)	具体操作内容
A. 打开本次遍历的报销单	打开 v 对应的报销单 Excel 文件,取名为"报销单"
B. 计算餐饮费单价、住宿费单价	(1) 新增一个变量"餐饮费单价",值是"餐饮费数值/出差天数整数"; (2) 新增一个变量"住宿费单价",值是"住宿费数值/(出差天数整数-1)"
C. 遍历报销单文件夹中的报销单,依次读取文件夹中的每一份报销单	用 v 遍历报销单文件夹,依次读取文件夹中每一份报销单
D. 获取报销单的文件名	获取本次遍历的报销单 v 的名称,取名为"报销单文件名"
E. 获取所有报销单文件夹	获取所有报销单文件夹,并取名为"本月所有报销单"文件夹
F. 依次遍历住宿标准,查找出差地住宿标准	如果餐饮费单价不超过餐饮费补贴标准: (1) 设置否则命令; (2) 用 b 遍历"住宿标准"(b[0]为省份,b[1]为住宿费标准)

（续表）

操作步骤（乱序）	具体操作内容
G. 读取出差天数、餐饮费、住宿费	（1）读取"出差天数"单元格数据，取名为"出差天数"； （2）将"出差天数"转换为整数类型，取名为"出差天数整数"； （3）读取"餐饮费"单元格数据，取名为"餐饮费"； （4）将"餐饮费"转换为小数类型，取名为"餐饮费数值"； （5）读取"住宿费"单元格数据，取名为"住宿费"； （6）将"住宿费"转换为小数类型，取名为"住宿费数值"
H. 读取住宿标准	（1）打开"差旅费住宿标准"Excel 文件，取名为"差旅费住宿标准文件"； （2）读取"省份"和"住宿费标准"所有数据，取名为"住宿标准"； （3）关闭"差旅费住宿标准"Excel 文件
I. 判断"出差地"字符串是否以本次遍历的省份为开头	判断"出差地"字符串是否以"住宿标准"中的"省份"（b[0]）开头，将判断结果"true"或"false"存入"出差省份"
J. 将报销单另存到"需进一步审核"文件夹中	如果餐饮费单价超过餐饮费补贴标准： （1）设置如果条件：如果"餐饮费单价"大于餐饮费补贴标准； （2）将"报销单"另存到"需进一步审核"文件夹； （3）关闭当前报销单 Excel 文件
K. 将报销单另存到"需进一步审核"文件夹中	如果住宿费单价超过住宿标准： （1）设置如果条件：如果"住宿费单价"大于"住宿标准金额"； （2）将"报销单"另存到"需进一步审核"文件夹； （3）关闭当前报销单 Excel 文件； （4）跳出本次循环，继续遍历下一张报销单
L. 如果是，则将省份对应的住宿标准金额转化为整数	如果"出差省份"是 true： ① 设置如果条件：如果"出差省份"为"true"； ② 将 b[1] 的数据转换为整数类型，取名为"住宿标准金额"
M. 读取出差地	读取"出差地"单元格数据，取名为"出差地"
N. 将报销单另存到"审核通过"文件夹中	如果住宿费单价没有超过住宿标准： （1）设置否则命令； （2）将"报销单"另存到"审核通过"文件夹； （3）关闭当前报销单 Excel 文件； （4）跳出本次循环，继续遍历下一张报销单

现在，聪明的你，能否根据设计流程图，开发一个"审核报销单"机器人？让机器人审核每张报销单的餐饮费和住宿费是否符合标准，并将符合标准的和不符合标准的分别存入不同的文件夹。

「新专标」

Xinzhuanbiao
系列教材 *Xilie Jiaocai*

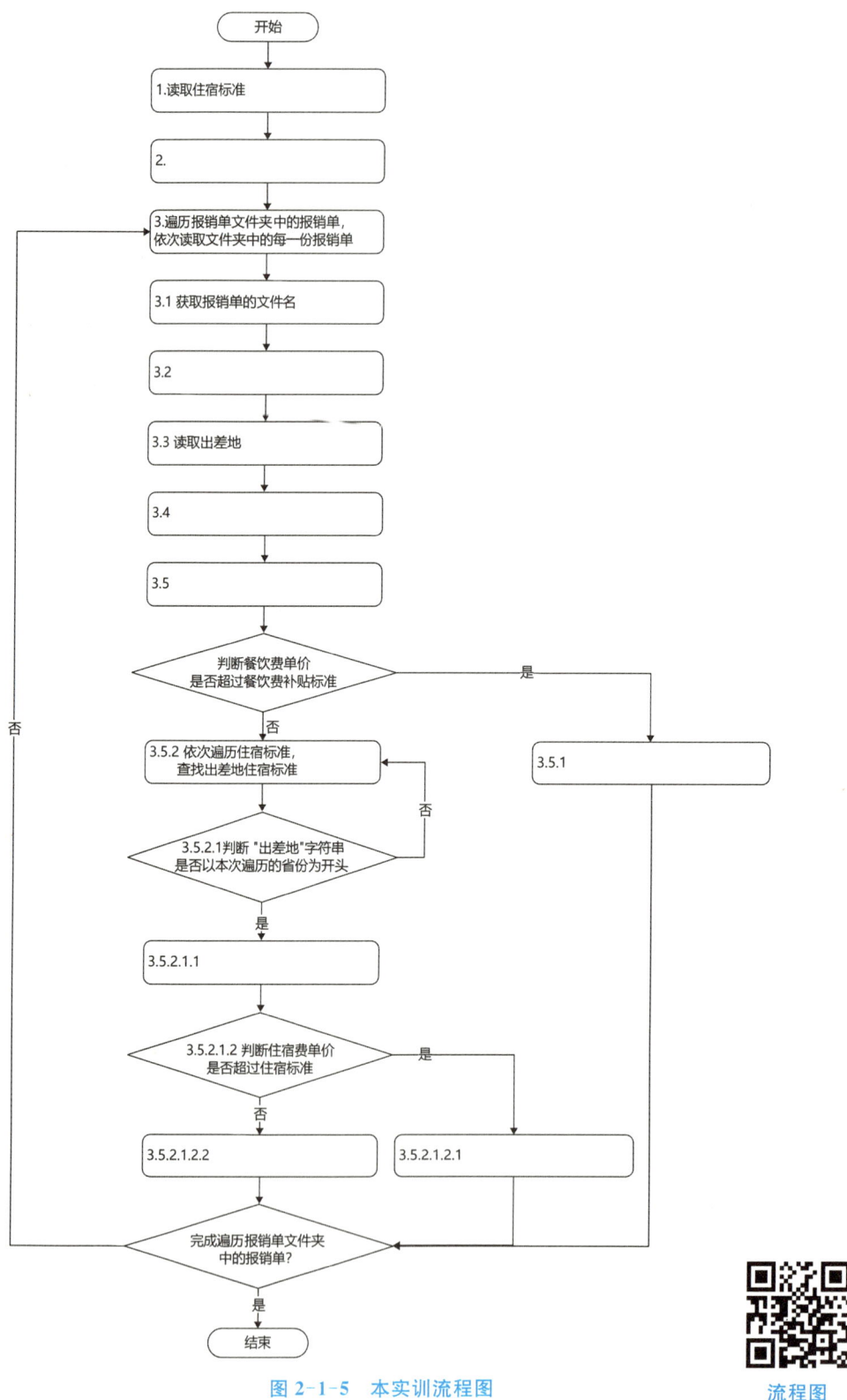

图 2-1-5　本实训流程图

流程图
答案 2-1

四、　开发应用

如果你不清楚用哪些命令来开发"审核报销单"机器人,请在表 2-1-2 中挑选相关命令,并参照图 2-1-6 中的本实训案例命令框架,在 UiBot 中完成 RPA 机器人的开发设计。

表 2-1-2　本实训案例命令库

序号	命令	说明	可视化样例
1	获取文件或文件夹列表 关键词: 获取、文件	指定一个文件夹路径,获取路径对应的文件夹内的文件或文件夹列表。 举例: 获取 D 盘中"发票清单"文件夹下的文件	路径 ⑦ Exp D:\发票清单 列表内容 ⑦ Exp 文件和文件夹
2	打开 Excel 工作簿 关键词: 打开、Excel	通过指定路径打开一个 Excel 工作簿文件(如果文件不存在则会创建此文件),并返回 Excel 对象,支持 xls、xlsx、xlsm 格式。 举例: 打开 D 盘中"发票清单"文件夹里的"发票汇总表. xlsx"Excel 工作簿,取名为"发票汇总"	输出到 ⑦ Ф 发票汇总 ✕ ∧ 必选 文件路径 ⑦ Exp D:\发票清单\发票汇总表.xlsx 是否可见 ⑦ Exp 是 打开方式 ⑦ Exp Excel
3	变量赋值 关键词: 变量	将等式右边的数据存入左边的变量,等式右侧可以为字符串、数值、表达式、命令输出等。 举例: 给变量 a 赋值字符串 Uibot,即 a= "Uibot"	变量名 ⑦ Ф a 变量值 ⑦ Exp "Uibot"
4	依次读取数组中每个元素 关键词: 依次	循环遍历数组中的每一个元素,并对每一个元素执行特定的操作。 举例: 用 value 依次读取数组['U','i','B','o','T']中的每一个元素	值 ⑦ Ф value 数组 ⑦ Exp ['U','i','B','o','T']

（续表）

序号	命令	说明	可视化样例
5	获取名称 关键词： 获取、名称	指定一个文件或文件夹路径，获取路径对应文件或文件夹的名称。 举例： 获取"发票汇总表.xlsx"Excel 工作簿的名称，即"发票汇总表"，存入 sName	输出到 ⑦ [⼝] sName x ⌄ ∧ 必选 路径 ⑦ [Exp] D:\发票汇总表.xlsx 📁 包含扩展名 ⑦ [Exp] 否 ⌄
6	另存 Excel 工作簿 关键词： 另存、Excel	将 Excel 工作簿文件另存为新的文件。该命令不能单独使用，需配合"打开 Excel 工作簿"命令一起使用才能正常使用，单独使用则会报错。 举例： 将已打开并取名为"发票汇总"Excel 文件另存到 D 盘并重命名为"另存文件.xlsx"	工作簿对象 ⑦ [Exp] 发票汇总 x ⌄ 文件路径 ⑦ [Exp] D:\另存文件.xlsx 📁
7	读取区域 关键词： 读取、区域	读取工作表中指定区域的值，返回二维数组。 举例： 读取名为"发票汇总"的 Excel 文件 Sheet1 工作表中 A1–B2 区域的值，存储为二维数组	工作簿对象 ⑦ [Exp] 发票汇总 x ⌄ 工作表 ⑦ [Exp] Sheet1 ✎ 区域 ⑦ [Exp] A1:B2 ✎
8	读取单元格 关键词： 读取	读取工作表中指定单元格的值。 举例： 读取名为"发票汇总"的 Excel 文件 Sheet1 工作表中 A1 单元格的值	工作簿对象 ⑦ [Exp] 发票汇总 x ⌄ 工作表 ⑦ [Exp] Sheet1 ✎ 单元格 ⑦ [Exp] A1 ✎
9	关闭 Excel 工作簿 关键词： 关闭、Excel	关闭打开的 Excel 工作簿对象。 举例： 关闭使用"打开 Excel 工作簿"命令打开并取名为"发票汇总"的 Excel 文件	工作簿对象 ⑦ [Exp] 发票汇总 x ⌄ 立即保存 ⑦ [Exp] 否 ⌄

（续表）

序号	命令	说明	可视化样例
10	转为整数数据 关键词： 整数	将数据转换为整数类型。 举例： 将字符串1.5四舍五入为整数数据，结果为2，将结果存入"iRet"变量	输出到 ⑦ ⟐ iRet ×　　　　∨ ∧ 必选 转换对象 ⑦ Exp "1.5"　　　　fx ✎
11	转为小数数据 关键词： 转为、数据	将数据转换为小数（浮点数）类型。 举例： 将字符串1.5转换为浮点数，结果为1.5，将结果存入"dRet"变量	输出到 ⑦ ⟐ dRet ×　　　　∨ ∧ 必选 转换对象 ⑦ Exp "1.5"　　　　fx ✎
12	如果条件成立 关键词： 如果	如果条件表达为真，则执行操作。 举例： 令变量a为1，判断a是否等于1，如果a=1，则打印yes	⟐ 令 a 的值为 1 ⟐ 根据条件判断 ⊟ ⟐ 如果 a=1 则 　　▷ 向调试窗口输出：yes
13	否则执行后续操作 关键词： 否则	如果条件表达式为否，则执行后续操作。本命令无法单独使用，一般配合"如果条件成立"使用。 举例： 令变量a为2，判断a是否等于1，如果为否，则打印no	⟐ 令 a 的值为 2 ⟐ 根据条件判断 ⊞ ⟐ 如果 a=1 则 ⊟ ⟐ 否则 　　▷ 向调试窗口输出：no
14	判断以指定前缀开头 关键词： 判断、前缀	判断目标字符串是否以指定前缀开头。 举例： 判断字符串Uibot是否以前缀Ui开头，结果为true或false	∧ 必选 目标字符串 ⑦ Exp Uibot　　　　✎ 前缀字符串 ⑦ Exp Ui　　　　✎
15	跳出循环 关键词： 跳出、循环	跳出计次循环、遍历数据，后面的循环将不会执行。 举例： 令数组a=['U', 'i', 1, 'B', 'o', 'T']，遍历数组a，当value为1时，退出循环，不再遍历a	⟐ 令 a 的值为 [1,2,3,4,5] ⟐ 用 value 遍历数组 a 　▣ 弹出消息对话框，输出到 iRet 　⟐ 根据条件判断 　⊟ ⟐ 如果 a=3 则 　　⟐ 跳出循环

19

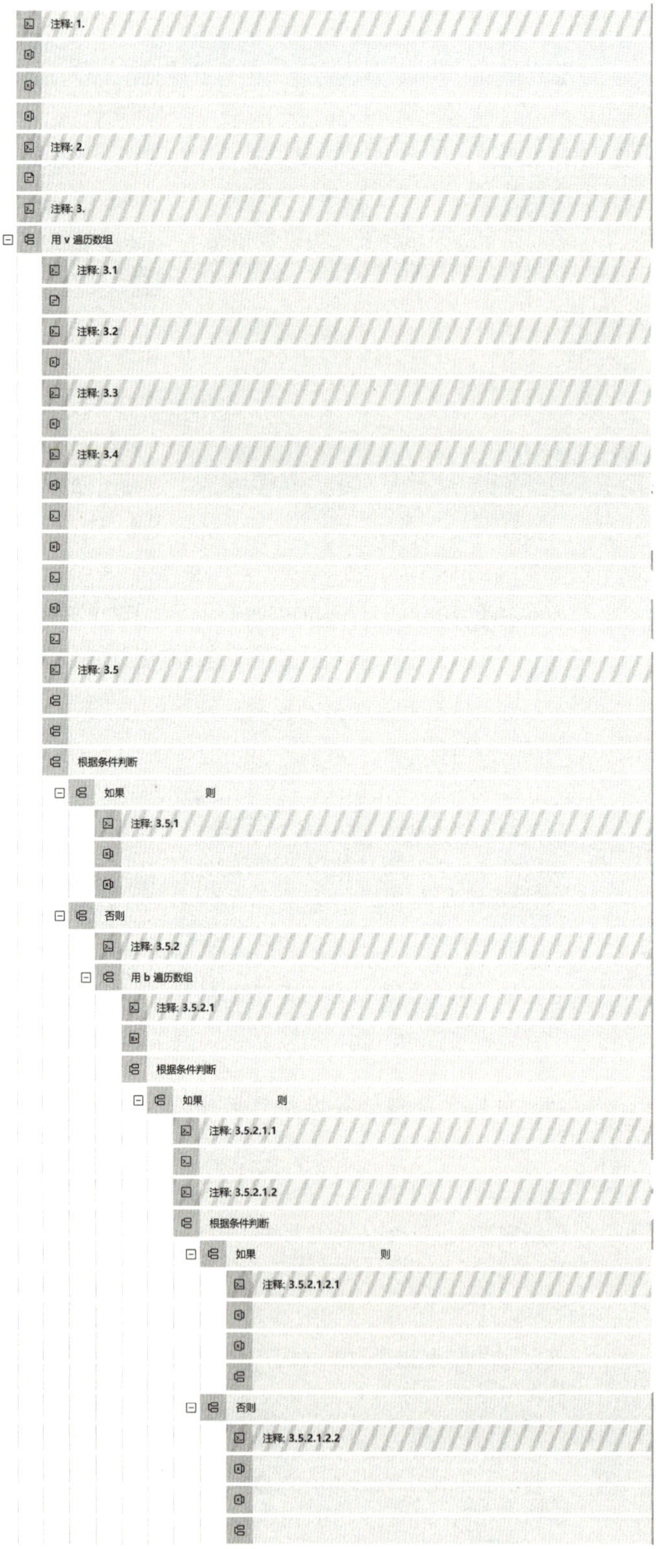

图 2-1-6　本实训案例命令框架

现在,相信你应该可以开发出一个"审核报销单"机器人了吧。让机器人审核每张报销单的餐饮费和住宿费是否符合标准,并将符合标准的和不符合标准的分别存入不同的文件夹吧。

如果机器人在运行过程中出现问题,不用担心,可以翻阅本教材的后半部分,查看具体的操作步骤,来完善你的机器人。

实训二　汇总报销信息

 一、　业务说明

欢迎开启本次实训!我们先要明确本次实训的任务:帮助财务主管完成员工报销信息汇总工作。

2025年12月底,当财务主管审核完所有差旅费报销单后,其需将审核通过的报销单信息进行汇总。此前,财务主管已经根据报销单中所要汇总的信息,预先设计了一张"报销付款汇总表"(图2-2-1)。现需要将"审核通过"文件夹(图2-2-2)中的每一份差旅费报销单(图2-2-3),汇总至如图2-2-1所示的"报销付款汇总表"。

报销付款汇总表

序号	报销申请人	报销单号	申请日期	申请部门	员工工号	开户行	银行卡号	报销事由	报销金额

图2-2-1　报销付款汇总表

在实训开始之前,请你先扫描二维码,下载本次实训的资料(图2-2-4),做好实训准备。

你能根据实训资料,帮助财务主管,设计一个"汇总报销信息"RPA财务机器人批量汇总这些报销信息吗?

别急,在设计之前,先来了解一下财务主管是怎么处理的吧。

当财务主管审核完差旅报销单后,将审核无误的报销单,统一存放至"审核通过"文件

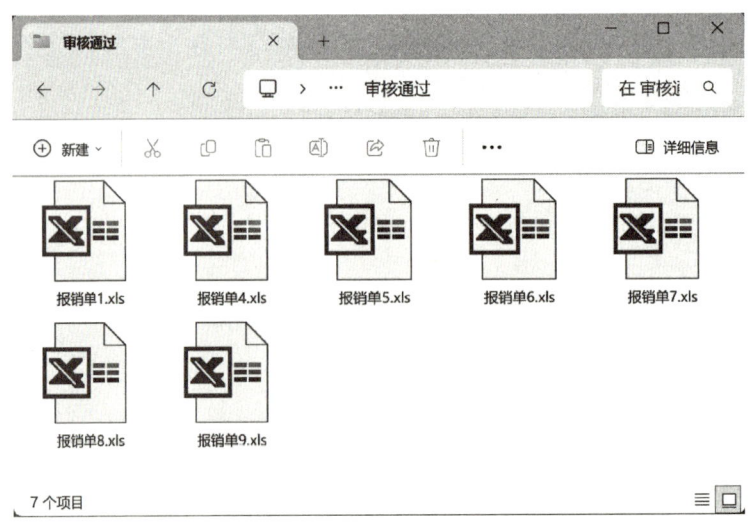

图 2-2-2 "审核通过"文件夹

差 旅 费 报 销 单

附件：2 张　　　　2025年12月12日　　　　NO: 01011

出 差 人	刘红	共	1	人	职务	采购员	部门	采购部门	审批人	李红

出差事由	采购		出差	自 2025 年 12 月 4 日
到达地点	湖南长沙		日期	至 2025 年 12 月 6 日 共 3 天

项目金额	交 通 工 具				其 他		住宿费		出 差 补 助	
	火车	汽车	轮船	飞机	餐饮费	会议费	住宿	2 天	天 数	金 额
				1345	300		700		3	300

总计人民币（大写）	贰仟陆佰肆拾伍元整		￥2645.00
银行卡号	6013820800037482917	开户行	中国银行五里桥支行
员工工号	7123476631	交结余或超支金额	￥

会计主管 李欣	会计 徐建芳	出纳员 沈晓丽

图 2-2-3 差旅费报销单

图 2-2-4 实训资料

实训资料
2-2

夹。为了确保后续的财务工作能进一步高效处理,同时满足随时便捷查询报销信息的需求,财务主管还需将审核通过的每一张报销单中的信息,全面、准确地汇总至一个 Excel 文件里。

　　财务主管打开"审核通过"文件夹中的每一张报销单,提取其中的相关信息,包括报销申请人、报销单号、申请日期、申请部门、员工工号、开户行、银行卡号、报销事由及报销金额,依次汇总至预先设计好的"报销付款汇总表",将每一张报销单的信息依次填入汇总表的每一行,从而为后续的信息查询和批量付款等工作做好准备。

 课程思政

财务人员在汇总差旅报销信息时,应具备哪些职业素养呢?

　　财务人员在汇总差旅报销业务时,需严格遵守公司差旅报销政策与财务制度,未审核通过的数据不得擅自汇总。汇总时要仔细严谨,认真核对每一项信息,确保数据准确无误,不遗漏任何报销单或关键信息,保障汇总数据完整可用。

　　由于报销信息涉及员工隐私和公司财务状况,财务人员需严格保密,不向无关人员透露报销金额、员工银行账户信息等,防止信息泄露。

　　汇总的这些报销信息,都具有一定意义。报销申请人是明确费用归属的基础;报销单号是独一无二的序号,用于精准识别和追踪;申请日期是记录业务发生的时间节点,便于财务数据的时间序列分析;申请部门是明确费用产生的部门,方便进行成本核算和部门费用管控;员工工号与员工信息系统关联,可核实员工身份和岗位信息;开户行和银行卡号是后续报销款项支付的关键路径信息;报销事由阐述了费用产生的原因,帮助财务人员判断费用的合理性;报销金额是财务核算的核心数据。

　　汇总报销信息不仅规范了财务数据的保存,更为企业财务管理提供了坚实的数据支撑,财务部门能够对费用支出进行深度分析,为成本控制和预算编制提供精准的数据参考。当企业面临审计时,这份汇总文件能快速响应审计需求,展示财务流程的合规性和数据的准确性,有效降低审计风险。

如果能开发一个"汇总报销信息"机器人,其能解决财务人员的什么"痛点"呢?

　　随着企业数字化转型的推进,RPA(机器人流程自动化)技术在财务管理领域的应用日益广泛。开发"汇总报销信息"机器人进行报销单信息的汇总,能够有效解决财务人员在传统报销处理过程中面临的诸多"痛点"。

　　在企业业务规模不断扩张的背景下,员工出差频次增加,导致报销单数量急剧上升,财务人员在处理这些报销单时,数据录入工作量面临巨大挑战。每张报销单包含众多繁杂琐碎的信息,且这些信息必须准确无误地录入财务系统。在人工录入过程中,由于长时间面对大量数据,财务人员易受疲劳、注意力难以持续集中等因素的影响,经手的数据可能错位导致错误。这些看似微小的错误,在后续的财务流程中需要耗费财务人员大量的时间和精力进行排查与修正,不仅严重降低工作效率,还可能导致财务数据的混乱,影响企业财务决策的准确性。

　　RPA 财务机器人汇总审核报销单,可以帮助财务人员快速读取报销信息,并将其逐一写入汇总表,避免了人工输入错误,大大提高了工作效率。

RPA 财务机器人审核报销金额是否符合企业报销制度、有没有超标，避免在人工审核中产生的信息差错、信息泄露、串通作弊等问题。

勇于挑战的你，能不能根据业务说明，尝试开发一个"汇总报销信息"机器人？让机器人将所有报销单中的信息，汇总到一张汇总表。

二、设计思路

在了解业务场景后，请你根据本实训案例的业务处理流程，将其转化为 RPA 机器人的操作步骤。请你阅读以下步骤，思考如何设计"汇总报销信息"机器人。

1. 让 RPA 机器人获取"审核通过"文件夹路径。

2. 打开"报销付款汇总表"Excel 文件。

3. 遍历文件夹中的每一张报销单，读取其中信息并汇总至汇总表，具体步骤如下：

（1）打开当前报销单 Excel 文件。

（2）逐一读取当前报销单中的报销申请人、报销单号、申请日期、申请部门、员工工号、开户行、银行卡号、报销事由、报销金额。

（3）关闭当前的报销单 Excel 文件。

（4）将读取的信息存入数组变量【报销信息】。

（5）将数组【报销信息】写入汇总表的新一行。

现在，乐于探索的你，能否根据以上设计思路，尝试开发一个"汇总报销信息"机器人？让机器人将所有报销单中的信息汇总到一张汇总表中。

三、流程设计

如果你还不清楚具体的开发步骤，请从表 2-2-1 中挑选对应的操作步骤，按顺序填入并完成设计流程图（图 2-2-5）。

表 2-2-1　本实训操作步骤与内容

操作步骤（乱序）	具体操作内容
A. 读取报销单信息	（1）打开报销单 Excel 文件； （2）读取报销单信息：报销申请人、报销单号、申请日期、申请部门、员工工号、开户行、银行卡号、报销事由、报销金额； （3）关闭报销单 Excel 文件
B. 打开汇总表	打开报销汇总表 Excel 文件
D. 在汇总表中的新一行写入报销信息	（1）新增一个数组变量"报销信息"，将读取的报销信息存入"报销信息"数组，数组元素为序号、报销申请人、报销单号、申请日期、申请部门、员工工号、开户行、银行卡号、报销事由、报销金额； （2）将"报销信息"写入汇总表的新一行，这一行是单元格"A2+序号"； （3）"序号"的值更新为"序号+1"，以便下一次遍历，序号指向新的一行
E. 获取文件夹	获取"审核通过"文件夹路径
F. 遍历文件夹中的每一张报销单	（1）新增一个变量"序号"，值初始为1； （2）用 v 遍历文件夹，批量读取报销信息并填入汇总表

「新专标」

Xinzhuanbiao 系列教材 Xilie Jiaocai

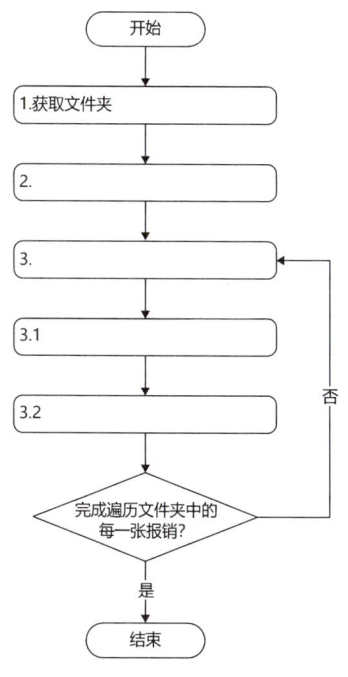

图 2-2-5　本实训流程图

现在,聪明的你,能否根据设计流程图,开发一个"汇总报销信息"机器人? 让机器人将所有报销单中的信息汇总到一张汇总表。

四、 开发应用

如果你不清楚用哪些命令来开发"汇总报销信息"机器人,请你在表 2-2-2 中挑选相关命令,并参照图 2-2-6 中的本实训案例命令框架,在 UiBot 中完成 RPA 机器人的开发设计。

表 2-2-2　本实训案例命令库

序号	命令	说明	可视化样例
1	获取文件或文件夹列表 关键词: 获取、文件	指定一个文件夹路径,获取路径对应的文件夹内的文件或文件夹列表。 举例: 获取 D 盘中"发票清单"文件夹下的文件	路径 ⑦ Exp D:\发票清单 列表内容 ⑦ Exp 文件和文件夹
2	打开 Excel 工作簿 关键词: 打开、Excel	通过指定路径打开一个 Excel 工作簿文件(如果文件不存在则会创建此文件),并返回 Excel 对象,支持 xls、xlsx、xlsm 格式。 举例: 打开 D 盘中"发票清单"文件夹里的"发票汇总表.xlsx"Excel 工作簿,取名为"发票汇总"	输出到 ⑦ 中 发票汇总 × ^ 必选 文件路径 ⑦ Exp D:\发票清单\发票汇总表.xlsx 是否可见 ⑦ Exp 是 打开方式 ⑦ Exp Excel

（续表）

序号	命令	说明	可视化样例
3	变量赋值 关键词： 变量	将等式右边的数据存入左边的变量，等式右侧可以为字符串、数值、表达式、命令输出等。 举例： 给变量 a 赋值字符串 Uibot，即 a="Uibot"	变量名 ⑦ 中 a 变量值 ⑦ Exp "Uibot" ƒx ✎
4	依次读取数组中每个元素 关键词： 依次	循环遍历数组中的每一个元素，并对每一个元素执行特定的操作。 举例： 用 value 依次读取数组['U', 'i', 'B', 'o', 'T']中的每一个元素	值 ⑦ 中 value 数组 ⑦ Exp ['U','i','B','o','T'] ƒx ✎
5	读取单元格 关键词： 读取	读取工作表中指定单元格的值。 举例： 读取名为"发票汇总"的 Excel 文件 Sheet1 工作表中 A1 单元格的值	工作簿对象 ⑦ Exp 发票汇总 ✕ ⌄ 工作表 ⑦ Exp Sheet1 ✎ 单元格 ⑦ Exp A1 ✎
6	关闭 Excel 工作簿 关键词： 关闭、Excel	关闭打开的 Excel 工作簿对象。 举例： 关闭使用"打开 Excel 工作簿"命令打开并取名为"发票汇总"的 Excel 文件	工作簿对象 ⑦ Exp 发票汇总 ✕ ⌄ 立即保存 ⑦ Exp 否 ⌄
7	写入行 关键词： 写入	在工作表中从指定单元格开始写入一行数组。 举例： 在 Excel 对象 Sheet1 工作表的 A1 所在行写入一行数据["a","b","c","d"]	工作簿对象 ⑦ Exp objExcelWorkBook ✕ ⌄ 工作表 ⑦ Exp Sheet1 ✎ 单元格 ⑦ Exp A1 ✎ 数据 ⑦ Exp ["a","b","c","d"] ƒx ✎

现在，相信你应该可以开发出一个"汇总报销信息"机器人了吧。让机器人将所有报销单中的信息汇总到一张汇总表吧。

如果机器人在运行过程中出现问题，不用担心，可以翻阅本教材的后半部分，查看具体的操作步骤，来完善你的机器人。

图 2-2-6　本实训案例命令框架

实训三　填制报销记账凭证

一、业务说明

欢迎开启本次实训！我们先要明确本次实训的任务：帮助总账会计完成报销业务的账务处理工作。

2025 年 12 月底，总账会计依据报销付款汇总表（图 2-3-1）的信息，对本月差旅费报销业务进行账务处理。总账会计需要登录财务系统记账凭证界面（图 2-3-2），针对每一笔报销业务的相关信息,填制记账凭证。

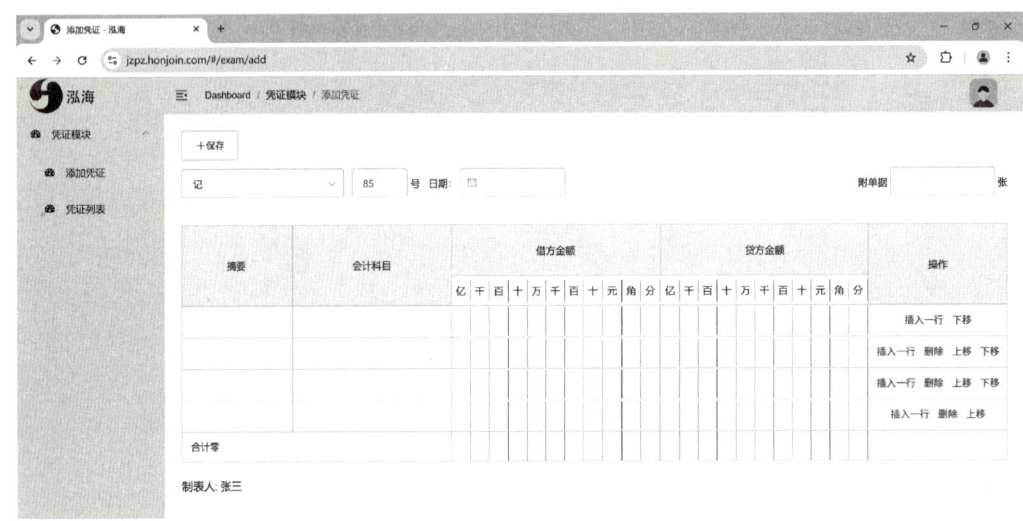

序号	报销申请人	报销单号	申请日期	申请部门	员工工号	开户行	银行卡号	报销事由	报销金额
1	刘红	01011	2025年12月12日	采购部门	7123476631	中国银行五里桥支行	6013820800037482917	采购	2645.00
2	江铃	01017	2025年12月16日	采购部门	7123476639	中国农业银行江湾支行	6230520039482736824	采购	4020.00
3	刘浩辰	01046	2025年12月12日	行政部门	7123476628	中国建设银行长桥支行	4367374827583920573	培训	2530.00
4	张兴薇	01028	2025年12月17日	销售部门	71234766028	中国银行天钥桥路支行	6013820800047281728	销售	4730.00
5	吕斌	01229	2025年12月24日	行政部门	71234766019	中国银行华发路支行	6013820800084729184	培训	3780.00
6	王宏	01381	2025年12月15日	销售部门	71234766039	中国银行五里桥支行	6013820800067283942	销售	3190.00
7	林宝强	01021	2025年12月24日	销售部门	71234766019	中国银行天钥桥路支行	6013820800059283719	销售	3320.00

图 2-3-1　报销付款汇总表

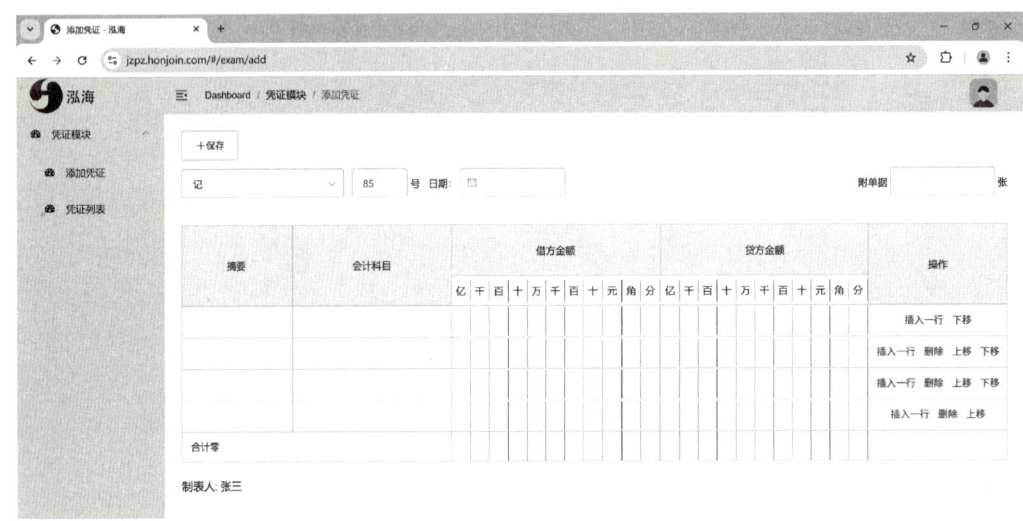

图 2-3-2　财务系统记账凭证界面

在实训开始之前,请你先扫描二维码,下载本次实训的资料(图 2-3-3),做好实训准备。

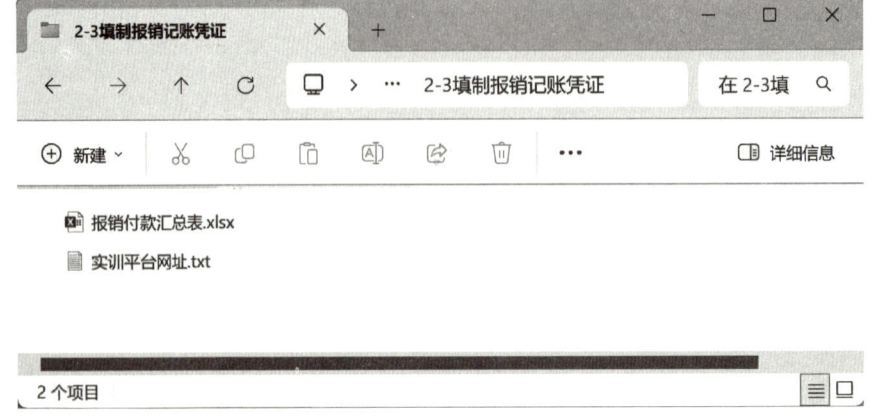

图 2-3-3　实训资料

实训资料
2-3

你能根据实训资料,帮助总账会计设计一个"填制报销记账凭证"RPA财务机器人,让机器人对差旅费报销业务进行记账凭证的批量填制吗?

别急,在设计之前,先来了解一下总账会计是怎么处理的吧。

在完成差旅费报销单的审核工作后,总账会计需填制与差旅费报销相关的记账凭证,以确认相应费用。

总账会计打开财务系统,进入记账凭证录入界面,依据前期汇总的"报销付款汇总表"的相关信息,逐笔确认会计分录,并填制记账凭证。

在填制差旅费报销记账凭证时,首先应输入记账日期和附件数。然后填写摘要,摘要应简单明了、信息明确,本业务为差旅费报销业务,摘要可填"某某部门某某人出差报销"。接着,应确认会计分录,填写借贷方会计科目和金额。

在确认每一笔差旅费报销业务的会计分录时,应先根据报销人员所属部门确定借方科目,如销售部门记入"销售费用"科目,研发部门记入"研发支出"科目,管理部门记入"管理费用"科目等,并根据实际发生的费用确认金额;然后根据企业实际报销付款情况确定贷方科目,若已付款,贷记"银行存款"科目,若未付款,按照权责发生制和会计准则,贷记"其他应付款"科目,同时应记录应付给哪位员工的款项。由于此时企业尚未向报销人员支付报销款,贷方科目应确认为"其他应付款",并按应付款项确认金额。

最后,填写合计数、制单人等信息。由于在系统上填制记账凭证,系统会自动生成合计数,制单人也由系统根据登录人账号自动生成。

在填制记账凭证过程中,总账会计需仔细核对每一笔业务的信息,确保凭证内容准确、完整,为后续财务处理奠定基础。

课程思政

财务人员在填制差旅费记账凭证时,应具备哪些职业素养呢?

财务人员在填制差旅报销记账凭证时,应严格遵守职业道德规范,确保财务工作的准确性和合规性。

具体而言,财务人员应做到诚实守信,如实记录每一笔差旅费用,确保记账凭证反映的业务真实可靠,不得虚报或篡改数据;同时,应具备高度的保密意识,严格保护涉及员工个人隐私和公司财务机密的差旅报销信息,防止信息泄露。此外,财务人员应保持公正客观的态度,不受人情、私利等因素干扰,严格按照会计准则判断费用科目并填制凭证。在实际工作中,财务人员还需秉持严谨细致的工作作风,仔细核对每一笔业务的信息,确保凭证内容准确、完整,杜绝出现任何遗漏或错误。

财务人员只有遵循这些职业规范,才能确保记账凭证准确、规范,维护财务工作的正常秩序,为企业财务管理筑牢坚实基础。

通过填制记账凭证,财务人员能够将差旅费用准确记录在财务系统中,让每一笔费用的归属清晰明确。这不仅有助于后续的财务核算和报表编制,也可为企业成本控制和预算管理提供可靠的数据支撑。此外,记账凭证作为财务流程中的重要环节,能够为内外部审计提供依据,展示财务处理的合规性和准确性。

如果能开发一个"填制差旅记账凭证"机器人，其能解决财务人员的什么"痛点"呢？

如果有一个"填制差旅记账凭证"机器人，其能大幅提升工作效率。财务人员手动录入报销金额、日期等信息，既繁琐又耗时。机器人却能快速准确提取数据，自动填入凭证，还能将整个填制流程自动化，按规则运行，极大缩短工作周期。

机器人靠精确算法运行，只要程序设定无误，就能保证数据准确、业务合规。机器人能自动检查每笔业务是否符合准则和制度，大幅降低错误率。而人工处理大量数据时，有时会因计算失误、科目选错等情况产生错误。

机器人还能减轻人工的工作压力。重复填制工作易让财务人员疲惫厌烦，机器人接手后，财务人员就能把精力放在财务分析等更有价值的工作上。尤其是在业务高峰期，机器人可 24 小时工作，分担工作任务，保障工作按时完成。

机器人能保证数据格式统一、录入规范。其会记录流程和信息，方便财务人员追溯审查，以及后续进行数据分析，提高数据质量和管理水平。

勇于挑战的你，能不能根据业务说明，尝试开发一个"填制差旅记账凭证"机器人？让机器人根据报销信息，批量填制记账凭证。

二、 设计思路

在了解业务场景后，请你将本实训案例的业务处理流程转化为 RPA 机器人的操作步骤。请你阅读以下步骤，思考如何设计"填制差旅记账凭证"机器人。

1. 让 RPA 机器人打开 Google 浏览器，输入网址"https://jzpz. honjoin. com/"，进入教学仿真记账凭证页面。

2. 打开"报销付款汇总表"Excel 文件，读取所有付款信息。

3. 遍历报销信息，依次读取所有报销信息的每一行，并将相关数据填入记账凭证。

(1) 记账凭证的填制日期，使用报销信息中的申请日期，将日期格式转换为"××××-××-××"，输入记账凭证中。

(2) 在记账凭证中，输入附单据数为 1。

(3) 在记账凭证中，输入借方摘要，格式为：某某部门某某人出差报销。

(4) 在记账凭证中，根据出差人员所属部门相关费用，输入借方科目。

(5) 在记账凭证中，输入借方金额。

(6) 在记账凭证中，输入贷方摘要，格式同借方摘要。

(7) 在记账凭证中，输入贷方科目，格式为：其他应付款_某某人。

(8) 在记账凭证中，输入贷方金额。

(9) 点击保存。

现在，乐于探索的你，能否根据以上设计思路，尝试开发一个"填制差旅记账凭证"机器人？让机器人根据报销信息，批量填制记账凭证。

三、 流程设计

如果你还不清楚具体的开发步骤，请从表 2-3-1 中挑选出对应的操作步骤，按顺序填入并完成设计流程图(图 2-3-4)。

表 2-3-1　本实训操作步骤与内容

操作步骤(乱序)	具体操作内容
A. 输入日期	(1) 转换日期格式。找到报销信息中的日期为 v[3],抽取其中的年、月、日; (2) 设置一个变量,将日期按"××××-××-××"的格式存入变量,取名为"日期"; (3) 在记账凭证中,输入"日期",并按 Enter 键
B. 读取报销信息	(1) 打开"报销付款汇总表"Excel 文件,取名为"报销付款汇总表"; (2) 获取报销付款汇总表的总行数,取名为"行数"; (3) 读取所有报销信息,取名为"报销信息"; (4) 关闭 Excel 文件
C. 遍历报销信息,编制记账凭证	用 v 遍历"报销信息",依次读取所有报销信息的每一行,并将相关数据填入记账凭证中
D. 打开记账凭证界面	(1) 打开 Google 浏览器,进入记账凭证界面; (2) 最大化窗口
E. 判断并输入借方科目	(1) 如果出差人员属于销售部门,输入"销售费用"; (2) 如果出差人员属于研发部门,输入"研发支出"; (3) 其他,输入"管理费用"
F. 输入借方摘要	在记账凭证中,输入借方摘要,格式为:某某部门某某人出差报销
G. 输入贷方金额	(1) 在记账凭证中,点击贷方金额输入框; (2) 在报销信息中找到金额 v[9],在记账凭证中输入贷方金额
H. 输入附单据数	在记账凭证中,输入附单据数为 1
I. 输入贷方摘要	在记账凭证中,输入贷方摘要,格式为:某某部门某某人出差报销
J. 保存凭证	在记账凭证中,点击"保存"按钮
K. 输入贷方科目	在记账凭证中,输入贷方科目,格式为:其他应付款_某某人
L. 输入借方金额	(1) 在记账凭证中,点击借方金额输入框; (2) 在报销信息中找到金额 v[9],在记账凭证中输入借方金额

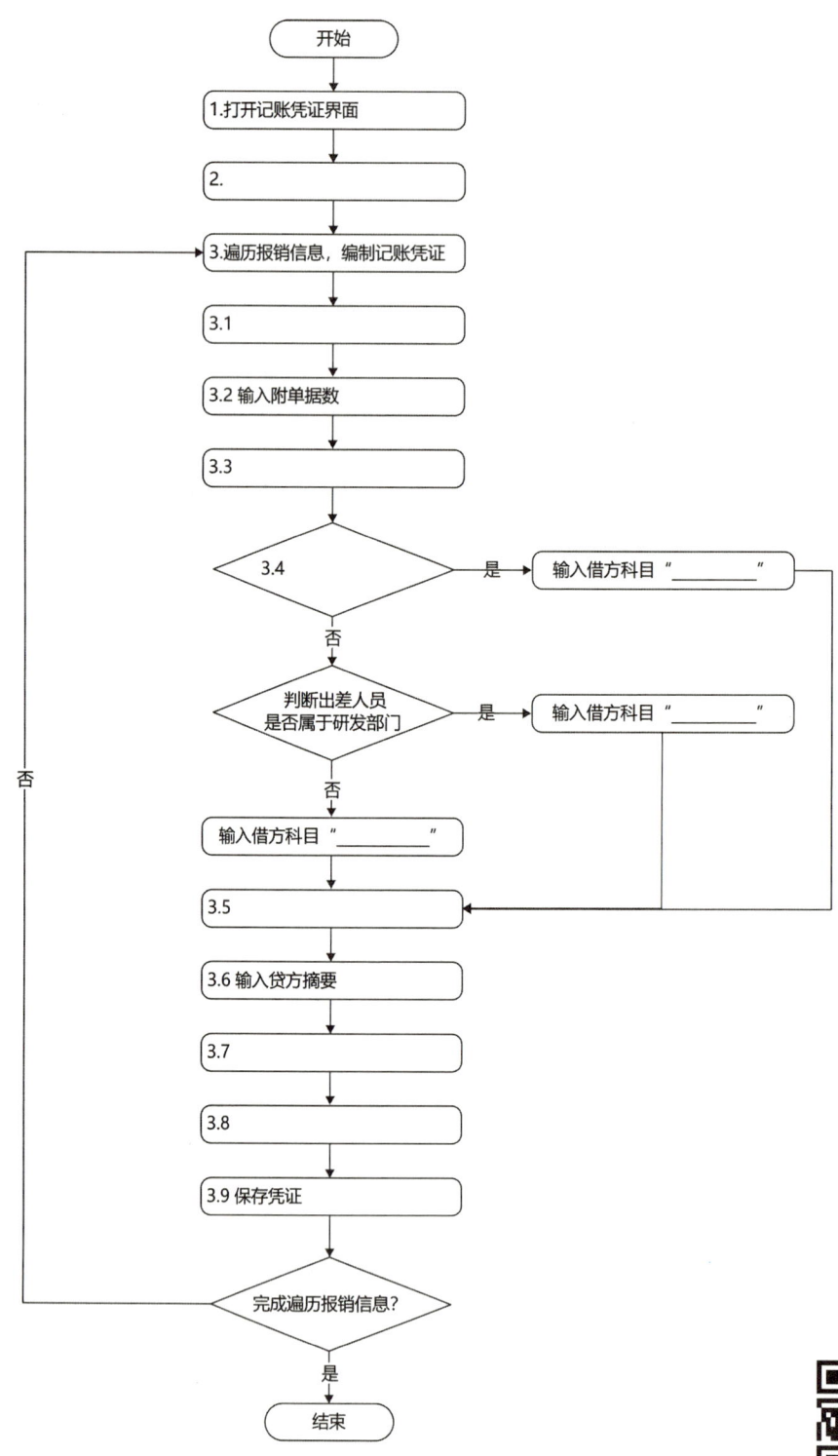

图 2-3-4　本实训流程图

流程图答案
2-3

现在,聪明的你,能否根据设计流程图,开发一个"填制差旅记账凭证"机器人? 让机器人根据报销信息,批量填制记账凭证。

四、　开发应用

如果你不清楚用哪些命令来开发"汇总报销信息"机器人,请你在表2-3-2中挑选相关命令,并参照图2-3-5中的本实训案例命令框架,在 UiBot 中完成 RPA 机器人的开发设计。

表 2-3-2　本实训案例命令库

序号	命令	说明	可视化样例
1	启动新的浏览器 关键词: 启动、浏览器	启动一个新的浏览器,可以是 Internet Explorer、Chrome、FireFox、360、Edge、Laiye RPA 浏览器。 举例: 启动 Google Chrome 浏览器并打开百度首页	浏览器类型 ⑦ Exp Google Chrome 打开链接 ⑦ Exp www.baidu.com
2	更改窗口显示状态 关键词: 更改、窗口	更改窗口的显示状态,可以是显示、隐藏、最大化、最小化等。 举例: 最大化显示百度窗口	目标 ⑦ Exp 窗口_百度一下,你就知道-Go... 显示状态 ⑦ Exp 最大化
3	点击目标 关键词: 点击、目标	单击指定的界面元素。 举例: 在百度窗口中点击"百度一下"按钮	目标 ⑦ Exp 按钮_百度一下 鼠标点击 ⑦ Exp 左键 点击类型 ⑦ Exp 单击
4	在目标中输入 关键词: 目标、输入	在指定的界面元素中输入文本。 举例: 在百度窗口的编辑框中输入文本 RPA	目标 ⑦ Exp 编辑框 写入文本 ⑦ Exp RPA 清空原内容 ⑦ Exp 是
5	在目标中按键 关键词: 目标、按键	在指定的界面元素中输入按键。 举例: 在编辑框中模拟键盘按下"回车"键	目标 ⑦ Exp 编辑框 模拟按键 ⑦ Exp Enter

序号	命令	说明	可视化样例
6	输入文本 关键词： 输入、文本	自由输入文本。 举例： 输入文本 RPA	输入内容 ⑦ Exp RPA　　　　　📝
7	打开 Excel 工作簿 关键词： 打开、Excel	通过指定路径打开一个 Excel 工作簿文件（如果文件不存在则会创建此文件），并返回 Excel 对象，支持 xls、xlsx、xlsm 格式。 举例： 打开 D 盘中"发票清单"文件夹里的"发票汇总表.xlsx"Excel 工作簿，取名为"发票汇总"	输出到 ⑦ ⏹ 发票汇总 ✕　　　⌄ ∧ 必选 文件路径 ⑦ Exp D:\发票清单\发票汇总表.xlsx　📁 是否可见 ⑦ Exp 是　　　　　⌄ 打开方式 ⑦ Exp Excel　　　　⌄
8	关闭 Excel 工作簿 关键词： 关闭、Excel	关闭打开的 Excel 工作簿对象。 举例： 关闭使用"打开 Excel 工作簿"命令打开并取名为"发票汇总"的 Excel 文件	工作簿对象 ⑦ Exp 发票汇总 ✕　　　⌄ 立即保存 ⑦ Exp 否　　　　　⌄
9	抽取指定长度字符 关键词： 抽取、字符	从字符串中抽取指定位置开始的指定数目的字符，位置从 1 开始。 举例： 从字符串 Uibot 中第 3 个位置开始，抽取 2 个字符	输出到 ⑦ ⏹ sRet ✕　　　　⌄ ∧ 必选 目标字符串 ⑦ Exp Uibot　　　　📝 开始位置 ⑦ Exp 3 抽取长度 ⑦ Exp 2
10	读取区域 关键词： 读取、区域	读取工作表中指定区域的值，返回二维数组。 举例： 读取名为"发票汇总"的 Excel 文件 Sheet1 工作表中 A1-B2 区域的值，存储为二维数组	工作簿对象 ⑦ Exp 发票汇总 ✕　　　⌄ 工作表 ⑦ Exp Sheet1　　　　📝 区域 ⑦ Exp A1:B2　　　　📝

（续表）

序号	命令	说明	可视化样例
11	变量赋值 关键词： 变量	将等式右边的数据存入左边的变量，等式右侧可以为字符串、数值、表达式、命令输出等。 举例： 给变量 a 赋值字符串 Uibot，即 a＝"Uibot"	变量名 ⑦ ⌗ a 变量值 ⑦ Exp "Uibot"　　　　fx ✎
12	依次读取数组中每个元素 关键词： 依次	循环遍历数组中的每一个元素，并对每一个元素执行特定的操作。 举例： 用 value 依次读取数组['U', 'i', 'B', 'o', 'T']中的每一个元素	值 ⑦ ⌗ value 数组 ⑦ Exp ['U','i','B','o','T']　fx ✎
13	获取行数 关键词： 获取、行数	获取工作表中已使用的行数。 举例： 获取 Excel 工作簿 Sheet1 工作表的已使用行数，存入 iRet	输出到 ⑦ ⌗ iRet ✕　　　　　　∨ ∧ 必选 工作簿对象 ⑦ Exp objExcelWorkBook ✕　∨ 工作表 ⑦ Exp Sheet1　　　　　　✎
14	如果条件成立 关键词： 如果	如果条件表达式为真,则执行操作。 举例： 令变量 a 为 1,判断 a 是否等于 1,如果 a＝1,则打印 yes	⌗ 令 **a** 的值为 **1** ⌗ 根据条件判断 　⊟ ⌗　　如果 **a=1** 则 　　　▶_ 向调试窗口输出: **yes**
15	否则如果条件成立 关键词： 否则、如果	配合"如果条件成立"使用,当前者不成立,但否则如果条件表达式为真,则执行操作。 举例： 令变量 a 为 UiBot,如果 a＝1 不成立,则判断 a 是否等于 UiBot,如果是,则打印 yes	⌗ 令 **a** 的值为 **Uibot** ⌗ 根据条件判断 　⊟ ⌗　如果 **a=1** 则 　　　▶_ 向调试窗口输出: **no** 　⊟ ⌗　否则如果 **a=Uibot** 则 　　　▶_ 向调试窗口输出: **yes**
16	否则执行后续操作 关键词： 否则	如果条件表达式为否,则执行后续操作。本命令无法单独使用,一般配合"如果条件成立"使用。 举例： 令变量 a 为 2,判断 a 是否等于 1,如果为否,则打印 no	⌗ 令 **a** 的值为 **2** ⌗ 根据条件判断 　⊞ ⌗　如果 **a=1** 则 　⊟ ⌗　否则 　　　▶_ 向调试窗口输出: **no**

注释: 1.

注释: 2.

注释: 3.

用 v 遍历数组

注释: 3.1

注释: 3.2

注释: 3.3

注释: 3.4

根据条件判断

如果   则

否则如果   则

否则

注释: 3.5

注释: 3.6

注释: 3.7

注释: 3.8

注释: 3.9

图 2-3-5   本实训案例命令框架

现在,相信你应该可以开发出一个"填制差旅记账凭证"机器人了吧。让机器人根据报销信息,批量填制记账凭证。

如果在机器人运行过程中出现问题,不用担心,可以翻阅本教材的后半部分,查看具体的操作步骤,来完善你的机器人。

报销付款管理

实训一 批量网银付款

一、 业务说明

欢迎开启本次实训！我们先要明确本次实训的任务：帮助出纳人员完成员工的报销付款工作。

2025年12月底，出纳人员依据财务主管提供的报销付款汇总表（图3-1-1）中的信息，对报销员工支付报销款。出纳人员需要登录网银系统（图3-1-2），填写相关汇款信息，逐一完成网银付款。出纳人员可以"本公司银行信息"文件（图3-1-3）查阅本公司银行信息。

在实训开始之前，请你先扫描二维码，下载本次实训的资料（图3-1-4），做好实训准备。

你能根据实训资料，帮助出纳人员设计一个"批量网银付款"RPA财务机器人批量支付报销款吗？

别急，在设计之前，先来了解一下出纳人员是怎么处理的吧。

当差旅费报销单审核工作完成后，财务主管将审核通过的报销信息汇总至"报销付款汇总表"文件。完成汇总后，财务主管需及时将该表提交给出纳人员，以开启后续付款流程。

报销付款汇总表

序号	报销申请人	报销单号	申请日期	申请部门	员工工号	开户行	银行卡号	报销事由	报销金额
1	刘红	01011	2025年12月12日	采购部门	7123476631	中国银行五里桥支行	6013820800037482917	采购	2645.00
2	江铃	01017	2025年12月16日	采购部门	7123476639	中国农业银行江湾支行	6230520039482736824	采购	4020.00
3	刘浩辰	01046	2025年12月12日	行政部门	7123476628	中国建设银行长桥支行	4367374827583920573	培训	2530.00
4	张兴薇	01028	2025年12月17日	销售部门	71234766028	中国银行天钥桥路支行	6013820800047281728	销售	4730.00
5	吕斌	01229	2025年12月24日	行政部门	71234766019	中国银行华发路支行	6013820800084729184	培训	3780.00
6	王宏	01381	2025年12月15日	销售部门	71234766039	中国银行五里桥支行	6013820800067283942	销售	3190.00
7	林宝强	01021	2025年12月24日	销售部门	71234766019	中国银行天钥桥路支行	6013820800059283719	销售	3320.00

图3-1-1 报销付款汇总表

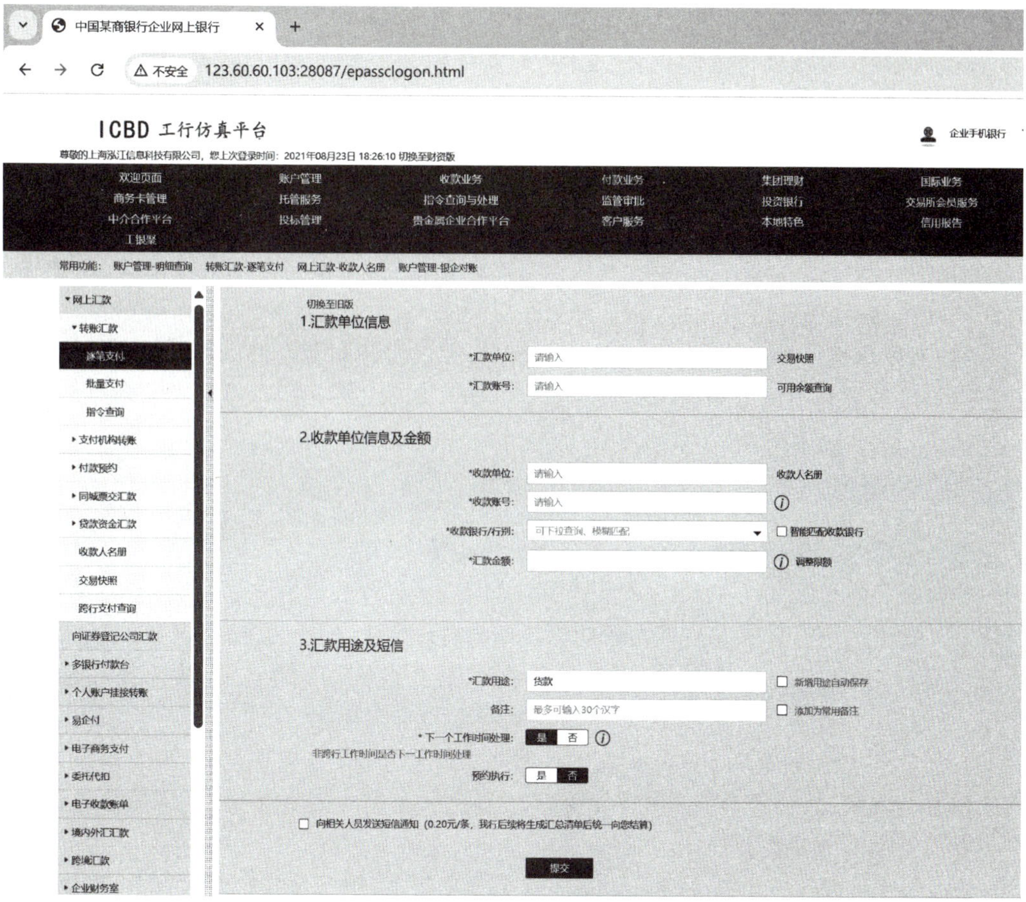

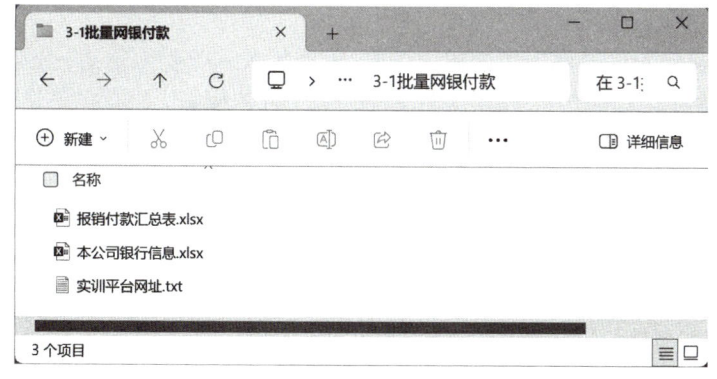

图 3-1-2　网银付款仿真页面

本公司银行信息		
公司名称	**汇款账号**	**网银地址**
上海弘海电子有限公司	85101040000377	http://123.60.60.103:28087

图 3-1-3　本公司银行信息

图 3-1-4　实训资料

实训资料
3-1

出纳人员收到"报销付款汇总表"文件后,需依据表中的付款信息,按照公司规定的网银操作流程,进入公司专属的网银系统开展付款工作。

操作前,出纳人员应先打开"本公司银行信息"文件和"报销付款汇总表"文件;随后,根据"报销付款汇总表"中每一行的付款信息,在网银付款页面填入汇款单位信息,即本公司的银行账户名称和账号;再填入收款单位信息,即报销员工的姓名、银行卡号、开户行,以及对应的报销金额等。在输入过程中,出纳人员需仔细认真,确保每一项数据准确,避免输入错误导致的付款失败或资金损失。

按照上述步骤,出纳人员逐行处理付款信息,完成批量付款操作,保障公司资金准确、及时支付,维护公司与员工的合法权益。

 课程思政

财务人员在处理网银付款时,应具备哪些职业素养呢?

财务人员在处理网银付款时,严格遵守职业规范是保障资金安全与财务秩序的关键。

(1)操作规范。财务人员应在付款前仔细核对收款方名称、账号、开户行、付款金额、用途等信息,确保其与付款依据一致,避免错付;操作时应按既定流程,在安全环境输入密码、验证码,完成后及时记录操作详情,出现异常马上上报。

(2)安全规范。财务人员需妥善保管网银账号和密码,定期更换,不用简单组合,不在不安全环境操作;应正确使用数字证书,不得转借、复制或随意放置;警惕网络诈骗,遇到可疑情况需先核实再处理。

(3)财务合规规范。财务人员要遵守资金管理制度,确保付款在预算内,合理安排资金;付款后应及时打印凭证,并与相关报销单、合同等资料整理归档,以备审计和查询;定期参与资金盘点、对账,保证财务数据的准确性和真实性。

(4)诚实守信原则。财务人员应秉持诚实守信原则,如实记录和处理每笔业务,不弄虚作假;廉洁自律,坚决不利用职务之便谋取私利;严格保密公司和员工信息,不随意泄露。

如果能开发一个"批量网银付款"机器人,其能解决财务人员的什么"痛点"呢?

"批量网银付款"机器人能在效率提升、准确性保障和风险防控等方面为财务人员提供有力支持,提升财务工作质量和企业资金管理水平。

(1)在效率提升方面,财务人员处理多笔网银付款时,需逐笔录入收款方信息、金额等,操作繁琐且耗时。机器人能自动读取付款数据文件,批量完成付款操作,大幅缩短付款处理时间,让财务人员从重复性劳动中解脱出来,将更多精力投入财务分析等重要工作。

(2)在准确性保障方面,人工操作易出现输入错误,如账号、金额输错等,可能导致付款失败或资金损失。机器人基于精确的程序运行,严格按照预设规则处理每一笔付款,能有效避免人为失误,确保付款信息准确无误。

(3)在风险防控方面,财务人员在手动操作时,可能因疏忽或违规操作带来资金风险。而机器人则能按照预置命令,遵循制度规范,减少了因合规问题带来的潜在风险和损失。

勇于挑战的你,能不能根据业务说明,尝试开发一个"批量网银付款"机器人?让机器人根据报销付款汇总表中的员工付款信息,在网银付款仿真平台批量支付报销款项。

二、　设计思路

在了解业务场景后,请你将本实训案例的业务处理流程转化为 RPA 机器人的操作步骤。请你阅读以下步骤,思考如何设计"批量网银付款"机器人。

1. 让 RPA 机器人打开 Google 浏览器,输入网址"http://123.60.60.103：28087/",进入教学使用的网银付款仿真平台。

2. 打开"本公司银行信息"Excel 文件,读取公司名称和银行账号,以便后续写入付款页面中的汇款单位和汇款账号。

3. 打开"报销付款汇总表"Excel 文件,读取所有付款信息。

4. 遍历付款信息,按行逐一写入网银付款页面,批量完成网银付款。

(1) 写入汇款单位信息,包括公司名称和银行账号。

(2) 写入收款单位信息,包括收款单位、收款账号、收款银行、汇款金额、汇款用途等信息。

(3) 点击提交,完成付款。

5. 全部付款完成后,弹出对话框,告知付款结束。

现在,乐于探索的你,能否根据以上设计思路,尝试开发一个"批量网银付款"机器人? 让机器人根据报销付款汇总表中的员工付款信息,在网银付款仿真平台批量支付报销款项。

三、　流程设计

如果你还不清楚具体的开发步骤,请从表 3-1-1 中挑选出对应的操作步骤,按顺序填入并完成设计流程图(图 3-1-5)。

表 3-1-1　本实训操作步骤与内容

操作步骤(乱序)	具体操作内容
A. 写入汇款金额	在付款页面中,将本次遍历的汇款金额信息写入对应的文本框
B. 读取本公司信息	(1) 打开"本公司银行信息"Excel 文件,取名为"本公司银行信息表"; (2) 读取公司名称和银行账号,并取名为变量"汇款公司名称"和"汇款公司账户"; (3) 关闭 Excel 文件
C. 登录网页	(1) 打开 Google 浏览器,登录网银系统; (2) 最大化窗口; (3) 点击进入付款页面
D. 遍历付款申请信息,进行批量付款	用 v 遍历付款信息,依次读取所有付款信息的每一行,并将每一行数据写入网银付款页面的相关信息
E. 读取付款信息	(1) 打开"报销付款汇总表"Excel 文件,取名为"报销付款汇总表"; (2) 获取总行数; (3) 读取所有信息,取名为"付款信息"; (4) 关闭 Excel 文件
F. 选择是否汇入个人账户	在付款页面中,写入开户行后,在付款页面会显示"是否汇入个人账户",点击"是"
G. 写入汇款用途	在付款页面的"汇款用途"写入"差旅费"
H. 点击提交	点击"提交"按钮,完成付款

（续表）

操作步骤（乱序）	具体操作内容
I. 写入收款单位	在付款页面中，将本次遍历的收款单位信息写入对应的文本框
J. 写入汇款单位信息	在付款页面中，将读取的汇款公司名称和汇款公司账户分别写入对应的文本框
K. 写入收款账号	在付款页面中，将本次遍历的收款账号信息写入对应的文本框
L. 弹出对话框，提示全部付款完成	全部遍历结束后，即所有付款信息都已提交，则弹出对话框，显示"所有付款均已完成"
M. 写入收款银行	（1）在付款页面中，将本次遍历的"开户行"信息，用"银行"二字进行切分，切分后的"银行"前、后两个元素存入"银行简称"； （2）在对应的文本框中输入银行名称，银行名称是由"银行简称"的第一个元素加上"银行"二字组成； （3）模拟键盘单击 Enter 键，执行回车

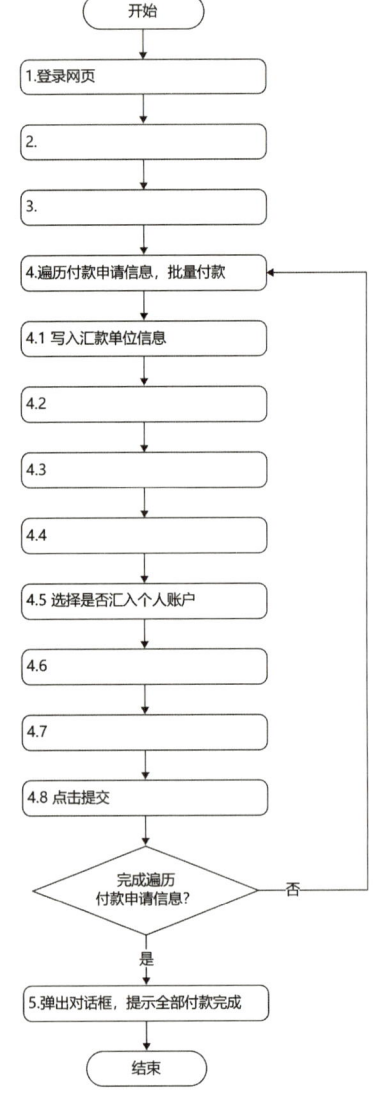

图 3-1-5　本实训流程图

流程图答案
3-1

现在,聪明的你,能否根据设计流程图,开发一个"批量网银付款"机器人? 让机器人根据报销付款汇总表中的员工付款信息,在网上银行批量支付报销款项。

四、　开发应用

如果你不清楚用哪些命令来开发"批量网银付款"机器人,请你在表 3-1-2 中挑选相关命令,并参照图 3-1-6 中的本实训案例命令框架,在 UiBot 中完成 RPA 机器人的开发设计。

表 3-1-2　本实训案例命令库

序号	命令	说明	可视化样例
1	启动新的浏览器 关键词: 启动、浏览器	启动一个新的浏览器,可以是 Internet Explorer、Chrome、FireFox、360、Edge、Laiye RPA 浏览器。 举例: 启动 Google Chrome 浏览器并打开百度首页	浏览器类型 ⑦ Exp Google Chrome 打开链接 ⑦ Exp www.baidu.com
2	点击目标 关键词: 点击、目标	单击指定的界面元素。 举例: 在百度窗口中点击"百度一下"按钮	目标 ⑦ Exp 按钮_百度一下 鼠标点击 ⑦ Exp 左键 点击类型 ⑦ Exp 单击
3	在目标中输入 关键词: 目标、输入	在指定的界面元素中输入文本。 举例: 在百度窗口的编辑框中输入文本 RPA	目标 ⑦ Exp 编辑框 写入文本 ⑦ Exp RPA 清空原内容 ⑦ Exp 是
4	打开 Excel 工作簿 关键词: 打开、Excel	通过指定路径打开一个 Excel 工作簿文件(如果文件不存在则会创建此文件),并返回 Excel 对象,支持 xls、xlsx、xlsm 格式。 举例: 打开 D 盘中"发票清单"文件夹里的"发票汇总表.xlsx"Excel 工作簿,取名为"发票汇总"	输出到 ⑦ Ⅰ▷ 发票汇总 × ^ 必选 文件路径 ⑦ Exp D:\发票清单\发票汇总表.xlsx 是否可见 ⑦ Exp 是 打开方式 ⑦ Exp Excel

（续表）

序号	命令	说明	可视化样例
5	关闭 Excel 工作簿 关键词： 关闭、Excel	关闭打开的 Excel 工作簿对象。 举例： 关闭使用"打开 Excel 工作簿"命令打开并取名为"发票汇总"的 Excel 文件	工作簿对象 ⑦ Exp 发票汇总 ×　⌄ 立即保存 ⑦ Exp 否　⌄
6	读取单元格 关键词： 读取	读取工作表中指定单元格的值。 举例： 读取名为"发票汇总"的 Excel 文件 Sheet1 工作表中 A1 单元格的值	工作簿对象 ⑦ Exp 发票汇总 ×　⌄ 工作表 ⑦ Exp Sheet1　✎ 单元格 ⑦ Exp A1　✎
7	读取区域 关键词： 读取、区域	读取工作表中指定区域的值,返回二维数组。 举例： 读取名为"发票汇总"的 Excel 文件 Sheet1 工作表中 A1－B2 区域的值,存储为二维数组	工作簿对象 ⑦ Exp 发票汇总 ×　⌄ 工作表 ⑦ Exp Sheet1　✎ 区域 ⑦ Exp A1:B2　✎
8	变量赋值 关键词： 变量	将等式右边的数据存入左边的变量,等式右侧可以为字符串、数值、表达式、命令输出等。 举例： 给变量 a 赋值字符串 Uibot,即 a ="Uibot"	变量名 ⑦ Φ a 变量值 ⑦ Exp "Uibot"　fx ✎
9	依次读取数组中每个元素 关键词： 依次	循环遍历数组中的每一个元素,并对每一个元素执行特定的操作。 举例： 用 value 依次读取数组['U','i','B','o','T']中的每一个元素	值 ⑦ Φ value 数组 ⑦ Exp ['U','i','B','o','T']　fx ✎

(续表)

序号	命令	说明	可视化样例
10	获取行数 关键词： 获取、行数	获取工作表中已使用的行数。 举例： 获取 Excel 工作簿 Sheet1 工作表的已使用行数，存入 iRet	输出到 ⑦ ⤸ iRet × ^ 必选 工作簿对象 ⑦ Exp objExcelWorkBook × 工作表 ⑦ Exp Sheet1
11	分割字符串 关键词： 分割	使用字符串中的某个字符作为分隔符，将字符串分割为数组。 举例： 将字符串"11,22,33,44,55,66"用","分割，则 arrRet 中存入数组["11","22","33","44","55","66"]	输出到 ⑦ ⤸ arrRet × ^ 必选 目标字符串 ⑦ Exp 11,22,33,44,55,66 分隔符 ⑦ Exp ,
12	模拟按键 关键词： 模拟、按键	模拟键盘按键。 举例： 模拟按"回车"键	模拟按键 ⑦ Exp Enter 按键类型 ⑦ Exp 单击
13	消息框 关键词： 消息框	弹出消息提示对话框。 举例： 弹出消息框，消息框中的内容是"Hello RPA!"，消息框的标题是"Laiye Automation"	消息内容 ⑦ Exp Hello RPA! 对话框标题 ⑦ Exp Laiye Automation 按钮样式 ⑦ Exp 只显示确定按钮

现在，相信你应该可以开发一个"批量网银付款"机器人了吧。让机器人根据报销付款汇总表中的员工付款信息，在网上银行批量支付报销款项。

如果机器人在运行过程中出现问题，不用担心，可以翻阅本教材的后半部分，查看具体的操作步骤，来完善你的机器人。

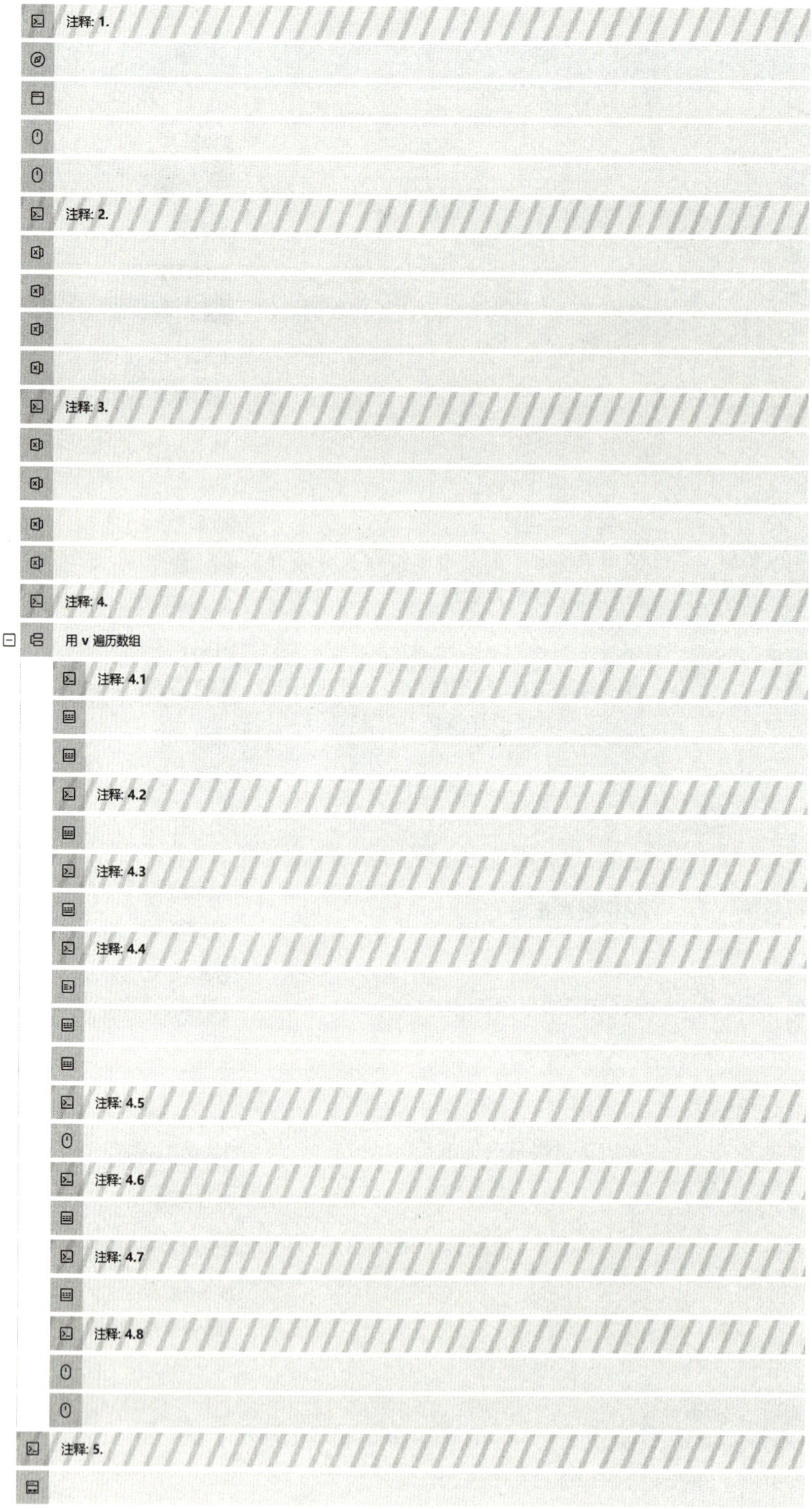

注释: 1.

注释: 2.

注释: 3.

注释: 4.

用 v 遍历数组

注释: 4.1

注释: 4.2

注释: 4.3

注释: 4.4

注释: 4.5

注释: 4.6

注释: 4.7

注释: 4.8

注释: 5.

图 3-1-6　本实训案例命令框架

实训二　填制付款记账凭证

一、业务说明

欢迎开启本次实训！我们先要明确本次实训的任务：帮助出纳人员完成报销付款业务的账务处理工作。

2025 年 12 月 28 日，在出纳人员完成差旅费报销网银付款后，总账会计依据报销付款汇总表（图 3-2-1）的信息，对本月差旅费报销的付款业务进行账务处理。总账会计需要登录财务系统记账凭证界面（图 3-2-2），针对每一笔报销业务的相关信息，填制记账凭证。

报销付款汇总表

序号	报销申请人	报销单号	申请日期	申请部门	员工工号	开户行	银行卡号	报销事由	报销金额
1	刘红	01011	2025年12月12日	采购部门	7123476631	中国银行五里桥支行	6013820800037482917	采购	2645.00
2	江铃	01017	2025年12月16日	采购部门	7123476639	中国农业银行江湾支行	6230520039482736824	采购	4020.00
3	刘浩辰	01046	2025年12月12日	行政部门	7123476628	中国建设银行长桥支行	4367374827583920573	培训	2530.00
4	张兴薇	01028	2025年12月17日	销售部门	71234766028	中国银行天钥桥路支行	6013820800047281728	销售	4730.00
5	吕斌	01229	2025年12月24日	行政部门	71234766019	中国银行华发路支行	6013820800084729184	培训	3780.00
6	王宏	01381	2025年12月15日	销售部门	71234766039	中国银行五里桥支行	6013820800067283942	销售	3190.00
7	林宝强	01021	2025年12月24日	销售部门	71234766019	中国银行天钥桥路支行	6013820800059283719	销售	3320.00

图 3-2-1　报销付款汇总表

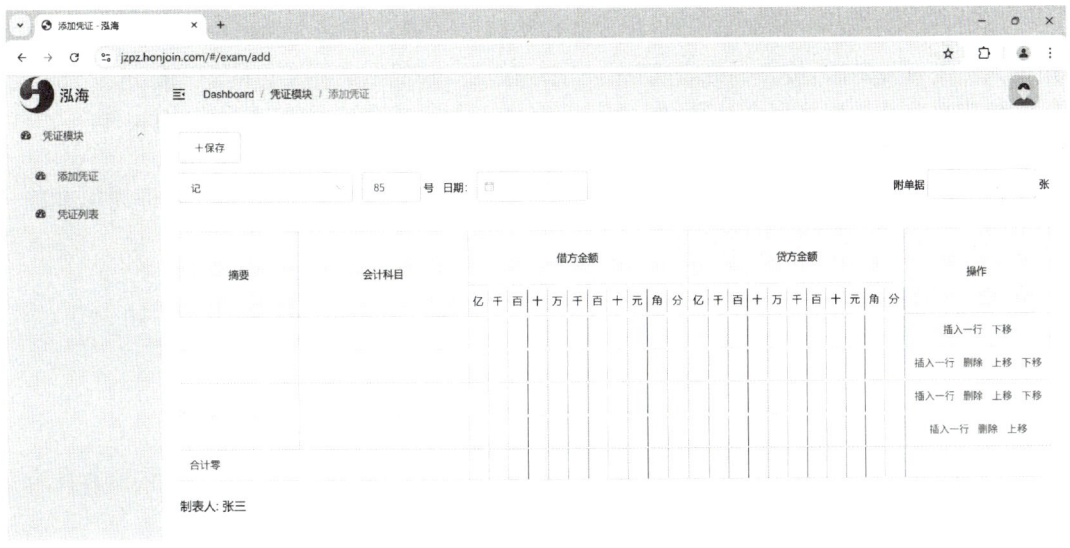

图 3-2-2　财务系统记账凭证界面

在实训开始之前，请你先扫描二维码，下载本次实训的资料（图 3-2-3），做好实训准备。

[新专标]
Xinzhuanbiao
系列教材 Xilie Jiaocai

实训资料
3-2

图 3-2-3　实训资料

你能根据实训资料,帮助总账会计设计一个"填制付款记账凭证"RPA 财务机器人对差旅费报销业务进行记账凭证的批量填制吗?

别急,在设计之前,先来了解一下总账会计是怎么处理的吧。

在完成差旅费报销的网银付款工作之后,总账会计需着手填制相关的记账凭证。

总账会计打开财务系统,进入记账凭证录入界面,依据前期汇总所得的"报销付款汇总表"相关信息,逐笔确认会计分录,并填制记账凭证。

在填制报销付款记账凭证时,首先,总账会计输入记账日期和附件数;其次,填写摘要,摘要应简单明了、信息明确,本业务为报销付款业务,摘要可填"某某部门某某人报销付款";最后,确认会计分录,填写借贷方会计科目和金额。

在编制会计分录时,总账会计应先确定借方科目,本业务是差旅费报销付款业务,是将前期尚未支付给报销人员的差旅费统一支付,因此,借方科目应确认为"其他应付款",同时应记录应付给哪位员工的款项,并根据实际应支付款项确认金额;同时,由于已从网银中向报销人员支付报销款,贷方科目应确认为"银行存款",并根据实际支付的款项确认金额。

然后总账会计再填写合计数、制单人等信息。由于在系统上填制记账凭证,系统会自动生成合计数,制单人也由系统根据登录人账号自动生成。

在填制记账凭证过程中,总账会计需仔细核对每一笔业务的信息,确保凭证内容准确、完整,为后续财务处理奠定基础。

 课程思政

财务人员在填制报销付款记账凭证时,应具备哪些职业素养呢?

财务人员在填制报销付款记账凭证时,需遵循以下职业规范:

在填制记账凭证之前,财务人员要严格审核报销单据。检查发票等原始凭证的真实性、合法性和完整性,包括发票的开具日期、发票号码、购买方与销售方信息、服务或商品明细等是否准确无误,是否有税务监制章和开票单位的发票专用章。同时,查看报销单上的内容填写是否齐全,如报销日期、报销人、报销事由、金额等,审批流程是否完备,有无相关负责人签字。

　　在填制记账凭证时,首先,财务人员应准确确定会计科目,根据报销内容正确选择会计科目,按照报销部门,确定相应的费用科目,确保会计核算的准确性。其次,财务人员应规范填写记账凭证,日期填写实际编制凭证的日期,编号连续且不重复。摘要简明扼要地概括业务,如"支付××人报销××项目差旅费"。金额填写要与报销单据一致,注意大小写规范且相符。最后,财务人员应确保附件完整。财务人员将审核通过的报销单、发票及其他相关证明材料整齐地附在记账凭证后面,保证其与记账凭证所记录的内容相符,以便日后查阅和审计。

　　财务人员在填制凭证时,务必坚守严谨细致的准则,保证每一个数字、每一项信息的准确性。同时,财务人员要秉持廉洁奉公的品质,坚决杜绝利用付款操作谋取私利的行为,严格按照规定流程执行,确保每一笔资金都流向正确的地方。这也体现了财务人员的责任与担当,既对自己的工作负责,又对服务对象负责。

开发一个"填制付款记账凭证"机器人,能解决财务人员的什么"痛点"呢?

　　开发"填制付款记账凭证"机器人,能有效解决财务人员在日常工作中面临的诸多问题。

　　在工作效率方面,财务人员手工填制报销付款记账凭证时,需逐笔录入各项信息,过程烦琐且耗时。而机器人能快速准确地从各类付款信息中提取关键数据,自动填入记账凭证,更是能批量工作,极大提升工作效率,且能24小时不间断工作,尤其在财务工作高峰期,能有效加快整体处理进度。

　　在准确性方面,人工录入易因疲劳、疏忽出现数字填错、科目选择失误等问题,机器人依据预设规则操作,可确保数据录入的准确性和一致性,降低财务风险。

　　在工作体验方面,报销付款记账凭证填制工作重复枯燥,易让财务人员产生压力和疲劳感。机器人接手后,能让财务人员摆脱这类烦琐任务,将精力投入更具价值的财务分析、决策支持工作,提升工作成就感和满意度,有效降低职业倦怠风险,让财务人员以更饱满的热情投入工作。

勇于挑战的你,能不能根据业务说明,尝试开发一个"填制付款记账凭证"机器人? 让机器人根据报销付款信息,批量填制记账凭证。

二、　设计思路

　　在了解业务场景后,请你根据本实训案例的业务处理流程,将其转化为 RPA 机器人的操作步骤。请你阅读以下步骤,思考如何设计"填制付款记账凭证"机器人。

　　1. 让 RPA 机器人打开 Google 浏览器,输入网址"https://jzpz.honjoin.com/",进入教学仿真记账凭证页面。

　　2. 打开"报销付款汇总表"Excel 文件,读取所有付款信息。

　　3. 遍历报销信息,依次读取所有报销信息的每一行,并将相关数据填入记账凭证。

　　(1)记账凭证的填制日期,使用报销信息中的申请月份的 28 日,将日期格式转换为"××××-××-××",输入记账凭证中。

　　(2)在记账凭证中,输入附单据数为 1。

（3）在记账凭证中，输入借方摘要，格式为：某某部门某某人报销付款。

（4）在记账凭证中，输入借方科目，格式为：其他应付款_某某人。

（5）在记账凭证中，输入借方金额。

（6）在记账凭证中，输入贷方摘要，格式同借方摘要。

（7）在记账凭证中，输入贷方科目为银行存款。

（8）在记账凭证中，输入贷方金额。

（9）点击保存。

现在，乐于探索的你，能否根据以上设计思路，尝试开发一个"填制付款记账凭证"机器人？让机器人根据报销付款信息，批量填制记账凭证。

三、 流程设计

如果你还不清楚具体的开发步骤，请从表 3-2-1 中挑选出对应的操作步骤，按顺序填入并完成设计流程图(图 3-2-4)。

表 3-2-1　本实训操作步骤与内容

操作步骤(乱序)	具体操作内容
A. 输入借方科目	在记账凭证中，输入借方科目，格式为：其他应付款_某某人
B. 读取报销信息	（1）打开"报销付款汇总表"Excel 文件，取名为"报销付款汇总表"； （2）获取报销付款汇总表的总行数，取名为"行数"； （3）读取所有报销信息，取名为"报销信息"； （4）关闭 Excel 文件
C. 打开记账凭证界面	（1）打开 Google 浏览器，进入记账凭证界面； （2）最大化窗口
D. 输入贷方摘要	在记账凭证中，输入贷方摘要，格式为：某某部门某某人报销付款
E. 输入日期	（1）转换日期格式。找到报销信息中的日期为 v[3]，抽取其中的年份和月份，并将日期格式转换为"××××-××-××"的格式，转换后的日期取名为"日期"； （2）在记账凭证中，输入"日期"，并按 Enter 键
F. 遍历报销信息，编制记账凭证	用 v 遍历报销信息，依次读取所有报销信息的每一行，并将相关数据填入记账凭证中
G. 输入附单据数	在记账凭证中，输入附单据数为 1
H. 输入贷方科目	在记账凭证中，输入贷方科目，为银行存款
I. 输入借方摘要	在记账凭证中，输入借方摘要，格式为：某某部门某某人报销付款
J. 保存凭证	在记账凭证中，点击"保存"按钮
K. 输入借方金额	（1）在记账凭证中，点击借方金额输入框； （2）在报销信息中找到金额 v[9]，在记账凭证中输入借方金额
L. 输入贷方金额	（1）在记账凭证中，点击贷方金额输入框； （2）在报销信息中找到金额 v[9]，在记账凭证中输入贷方金额

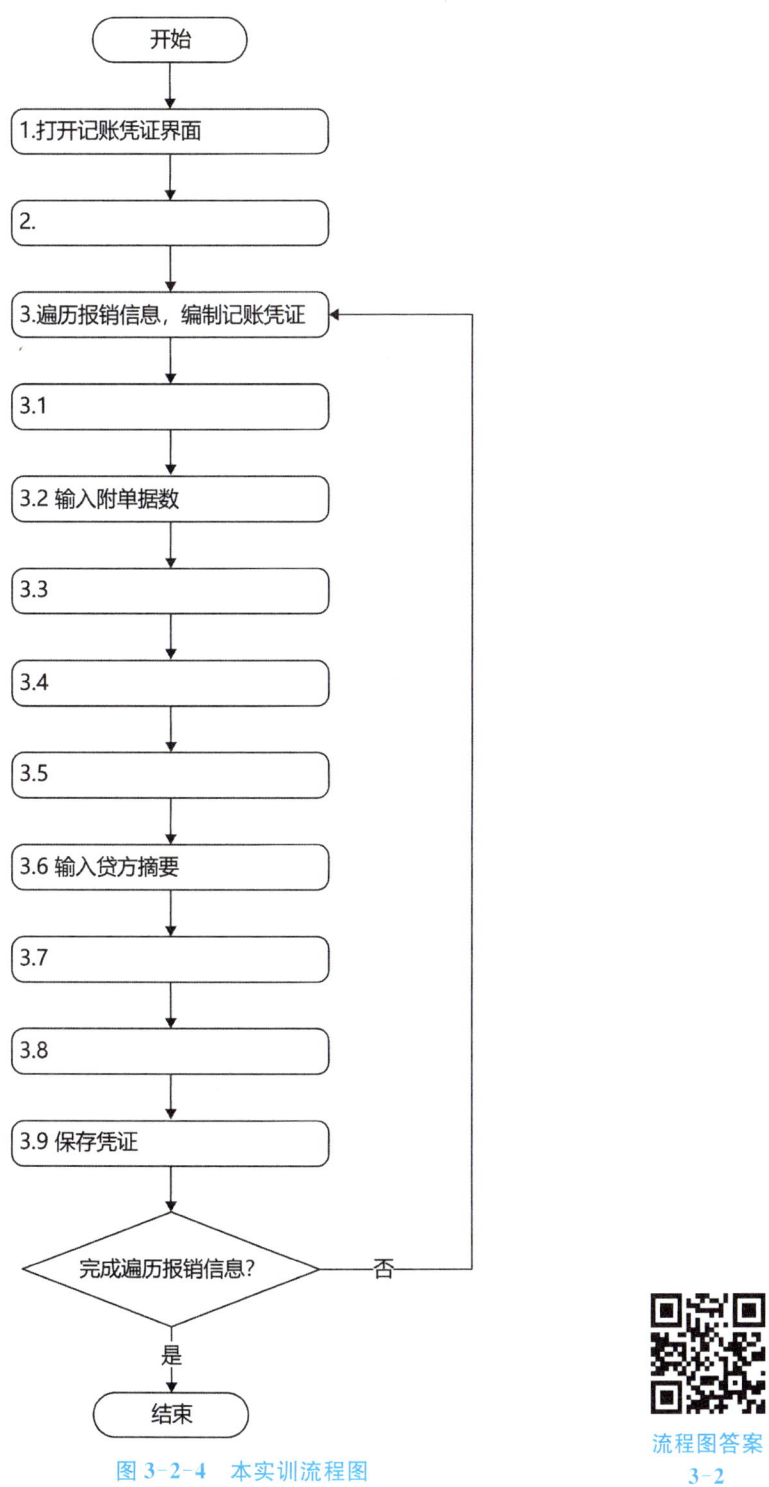

图 3-2-4 本实训流程图

流程图答案
3-2

现在,聪明的你,能否根据设计流程图,开发一个"填制付款记账凭证"机器人?让机器人根据报销付款信息,批量填制记账凭证。

四、 开发应用

如果你不清楚用哪些命令来开发"填制付款记账凭证"机器人,请你在表 3-2-2 中挑选相关命令,并参照图 3-2-5 中的本实训案例命令框架,在 UiBot 中完成 RPA 机器人的开发设计。

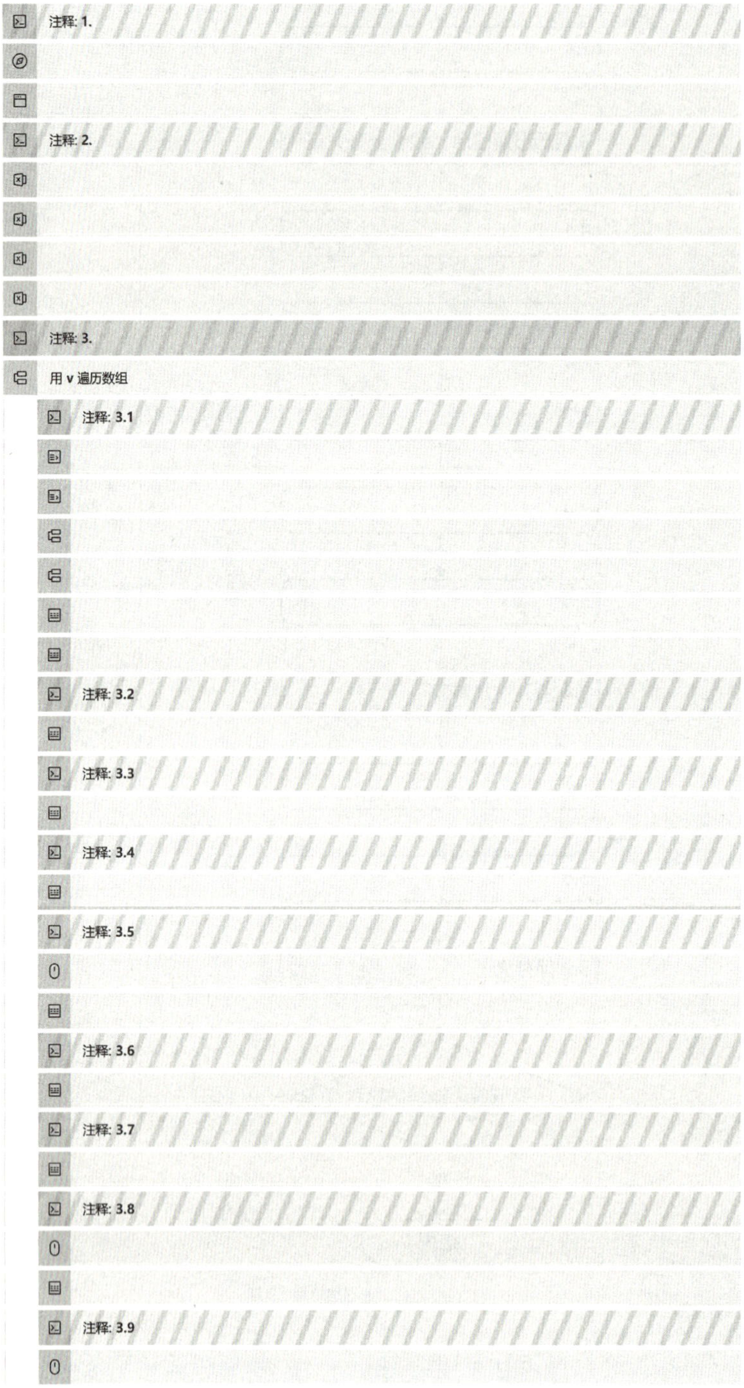

注释: 1.

注释: 2.

注释: 3.

用 v 遍历数组

注释: 3.1

注释: 3.2

注释: 3.3

注释: 3.4

注释: 3.5

注释: 3.6

注释: 3.7

注释: 3.8

注释: 3.9

图 3-2-5　本实训案例命令框架

表 3-2-2　本实训案例命令库

序号	命令	说明	可视化样例
1	启动新的浏览器 **关键词：** 启动、浏览器	启动一个新的浏览器，可以是 Internet Explorer、Chrome、FireFox、360、Edge、Laiye RPA 浏览器。 **举例：** 启动 Google Chrome 浏览器并打开百度首页	浏览器类型 ⑦ Exp Google Chrome 打开链接 ⑦ Exp www.baidu.com
2	更改窗口显示状态 **关键词：** 更改、窗口	更改窗口的显示状态，可以是显示、隐藏、最大化、最小化等。 **举例：** 最大化显示百度窗口	目标 ⑦ Exp 窗口_百度一下，你就知道-Go... 显示状态 ⑦ Exp 最大化
3	点击目标 **关键词：** 点击、目标	单击指定的界面元素。 **举例：** 在百度窗口中点击"百度一下"按钮	目标 ⑦ Exp 按钮_百度一下 鼠标点击 ⑦ Exp 左键 点击类型 ⑦ Exp 单击
4	在目标中输入 **关键词：** 目标、输入	在指定的界面元素中输入文本。 **举例：** 在百度窗口的编辑框中输入文本 RPA	目标 ⑦ Exp 编辑框 写入文本 ⑦ Exp RPA 清空原内容 ⑦ Exp 是
5	在目标中按键 **关键词：** 目标、按键	在指定的界面元素中输入按键。 **举例：** 在编辑框中模拟键盘按下"回车"键	目标 ⑦ Exp 编辑框 模拟按键 ⑦ Exp Enter

（续表）

序号	命令	说明	可视化样例
6	输入文本 关键词： 输入、文本	自由输入文本。 举例： 输入文本 RPA	输入内容 ⑦ Exp RPA ☑
7	打开 Excel 工作簿 关键词： 打开、Excel	通过指定路径打开一个 Excel 工作簿文件（如果文件不存在则会创建此文件），并返回 Excel 对象，支持 xls、xlsx、xlsm 格式。 举例： 打开 D 盘中"发票清单"文件夹里的"发票汇总表. xlsx"Excel 工作簿，取名为"发票汇总"	输出到 ⑦ ⏻ 发票汇总 ✕ ⌄ ∧ 必选 文件路径 ⑦ Exp D:\发票清单\发票汇总表.xlsx 📁 是否可见 ⑦ Exp 是 ⌄ 打开方式 ⑦ Exp Excel ⌄
8	关闭 Excel 工作簿 关键词： 关闭、Excel	关闭打开的 Excel 工作簿对象。 举例： 关闭使用"打开 Excel 工作簿"命令打开并取名为"发票汇总"的 Excel 文件	工作簿对象 ⑦ Exp 发票汇总 ✕ 立即保存 ⑦ Exp 否
9	抽取指定长度字符 关键词： 抽取、字符	从字符串中抽取指定位置开始的指定数目的字符,位置从 1 开始。 举例： 在字符串 Uibot 中第 3 个位置开始,抽取 2 个字符	输出到 ⑦ ⏻ sRet ✕ ⌄ ∧ 必选 目标字符串 ⑦ Exp Uibot ☑ 开始位置 ⑦ Exp 3 抽取长度 ⑦ Exp 2
10	读取区域 关键词： 读取、区域	读取工作表中指定区域的值,返回二维数组。 举例： 读取名为"发票汇总"的 Excel 文件 Sheet1 工作表中 A1 – B2 区域的值,存储为二维数组	工作簿对象 ⑦ Exp 发票汇总 ✕ 工作表 ⑦ Exp Sheet1 ☑ 区域 ⑦ Exp A1:B2 ☑

（续表）

序号	命令	说明	可视化样例
11	变量赋值 关键词： 变量	将等式右边的数据存入左边的变量，等式右侧可以为字符串、数值、表达式、命令输出等。 举例： 给变量 a 赋值字符串 Uibot，即 a＝"Uibot"	变量名 ⑦ Φ a 变量值 ⑦ Exp "Uibot" fx ☑
12	依次读取数组中每个元素 关键词： 依次	循环遍历数组中的每一个元素，并对每一个元素执行特定的操作。 举例： 用 value 依次读取数组['U', 'i', 'B', 'o', 'T']中的每一个元素	值 ⑦ Φ value 数组 ⑦ Exp ['U','i','B','o','T'] fx ☑
13	获取行数 关键词： 获取、行数	获取工作表中已使用的行数。 举例： 获取 Excel 工作簿 Sheet1 工作表的已使用行数，存入 iRet 中	输出到 ⑦ Φ iRet ✕ ⌄ ∧ 必选 工作簿对象 ⑦ Exp objExcelWorkBook ✕ ⌄ 工作表 ⑦ Exp Sheet1 ☑

现在，相信你应该可以开发一个"填制付款记账凭证"机器人了吧。让机器人根据报销付款信息，批量填制记账凭证。

如果机器人在运行过程中出现问题，不用担心，可以翻阅本教材的后半部分，查看具体的操作步骤，来完善你的机器人。

C 项目四
hapter 4　销售业务管理

实训一　批量开具发票

 一、　业务说明

欢迎开启本次实训！我们先要明确本次实训的任务：帮助税务会计完成批量开具发票工作。

2025 年 12 月底，税务会计要对各客户单位发生的销售业务开具发票。

根据本公司要求，客户单位在产生销售业务后，如有开票需求的，应填写本公司自制的开票申请表（图 4-1-1），填写开票信息，提出申请。

开票申请表

	发票类型	增值税专用发票
购买方信息	名　　称	海信慧园有限公司
	纳税人识别号	915101005898763A12
	地　　址	创新路 99 号
	电　　话	53621782
	开户银行	中国农业银行城南分行
	银行账号	127834665738122
	邮　　箱	53621782@mail.com
开票信息	内　　容	*信息技术服务*信息技术服务费
	商品和服务税收编码	3040201030000000000
	规格型号	12月份服务费
	单　　位	月
	数　　量	1
	单　　价	2830.18867924528
	含税金额	3000
	税　　率	6%

图 4-1-1　本公司银行信息

税务会计将各客户单位的开票申请表收集在"开票申请表"文件夹中(图 4-1-2),然后根据各客户单位提交的开票信息,进入开票系统,逐一开具发票。在开票系统中,也可导出一份"批量开票导入模版"Excel 文件(图 4-1-3),将开票信息都填入该表,再将该表导入至开票系统,即可完成批量开票。

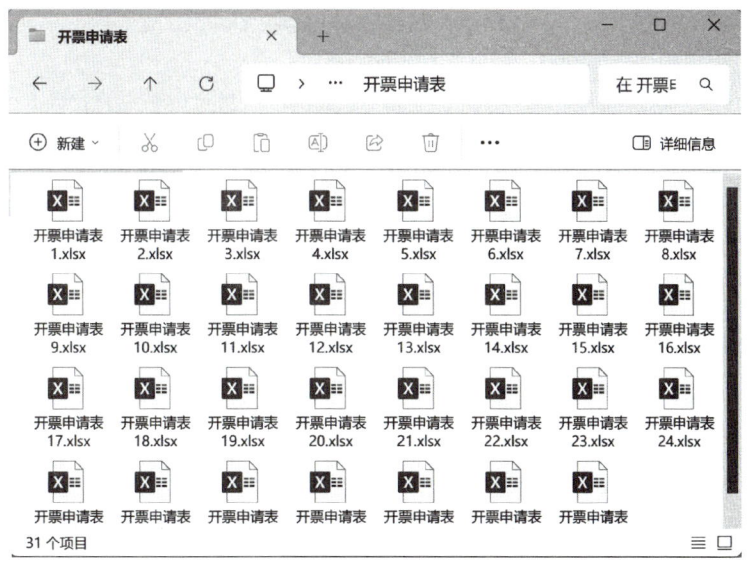

图 4-1-2 "开票申请表"文件夹

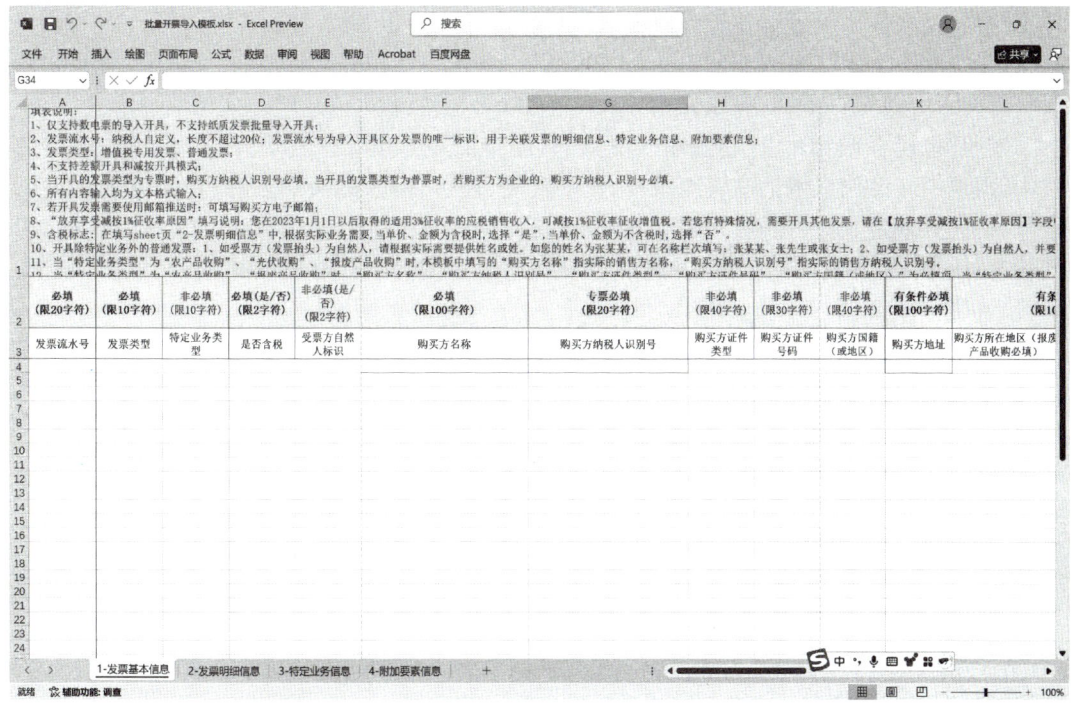

图 4-1-3 批量开票导入模版

本月,由于开票数量较多,税务会计打算采用批量开票。其需要将每一张开票申请表的信息输入"批量开票导入模版",再将该表导入至开票系统,完成开票。

在实训开始之前,请你先扫描二维码,下载本次实训的资料(图4-1-4),做好实训准备。

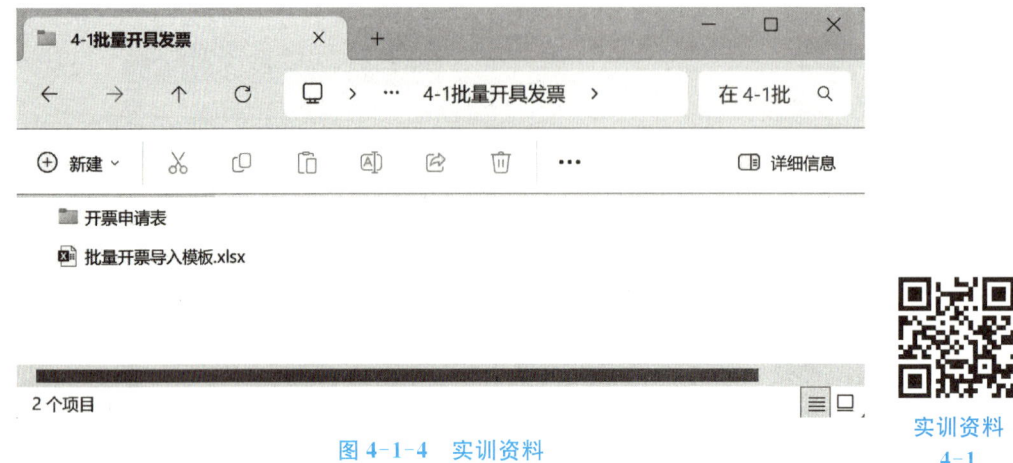

图4-1-4　实训资料

实训资料
4-1

你能根据实训资料,帮助税务会计设计一个"批量导入开票信息"RPA财务机器人,让机器人将所有开票申请表中的信息都导入"批量开票导入模版"中吗?

别急,在设计之前,先来了解一下税务会计是怎么处理的吧。

当销售业务开票工作开展时,税务会计需先收集各客户单位的开票申请表,存放在"开票申请表"文件夹中。由于本月开票数量较多,税务会计采用批量开票方式,从开票系统中导出"批量开票导入模版",并将开票申请信息填入导入模版。

首先,税务会计需打开"批量开票导入模版"。其次,打开"开票申请表"文件夹,将每张开票申请表的信息,逐一输入"批量开票导入模版"的"1-发票基本信息""2-发票明细信息"。

按照"批量开票导入模版"的输入要求,只需要填写必填项。其中,"1-发票基本信息"表中,需要填入的信息包括发票流水号、发票类型、是否含税、购买方名称、购买方纳税人识别号、购买方地址、购买方电话、购买方开户银行、购买方银行账号、购买方邮箱;"2-发票明细信息"表中,需要填入的信息包括发票流水号、开票内容、税收编码、格型号、单位、数量、单价、含税金额、税率。

信息输入完成后,税务会计要仔细核对模版中的每一项数据,确保信息准确无误。确认无误后,按照开票系统规定的导入流程,将填好信息的"批量开票导入模版"导入至开票系统,完成批量开票操作。

 课程思政

财务人员在开具发票时,应具备哪些职业素养呢?

在数电票全面推行的当下,财务人员严格遵守职业规范与职业道德,是企业稳健发展的关键。

(1)诚实守信是根本。财务人员开具数电票时,应如实填写购销双方信息及商品详情,绝不能为提高业绩虚增销售额或掩盖成本而篡改发票,保证财务数据真实,筑牢企业财务根基。

（2）廉洁自律是红线。财务人员要坚守底线，绝不能因私利违规操作，拒绝为谋利开具虚假发票，坚决抵制外部诱惑，保持开票流程公正廉洁，维护企业财务的纯净生态。

（3）客观公正是原则。开票全程不偏不倚，按既定流程和规范操作，核对信息、选择票种、交付存档，均以事实为依据，排除外界干扰，公正完成每个环节。

（4）专业提升是动力。随着数电票政策不断更新，财务人员要持续学习，积极参加培训，掌握新开票技术，提升业务水平，确保开票操作精准无误，有效规避企业税务风险，助力企业发展。

如果能开发一个"批量开票"机器人，能解决财务人员的什么"痛点"呢？

开发"批量开票"机器人可以解决财务人员以下"痛点"：

首先，能极大提高工作效率。财务人员在面对大量发票开具任务时，手工开票操作烦琐、耗时久，而"批量开票"机器人可快速处理大量开票数据，能在短时间内完成以往需花费数小时甚至数天的开票工作，让财务人员从重复劳动中解脱出来，有更多时间处理其他重要事务。

其次，可有效降低错误率。人工开票难免会出现输入错误等情况，如发票号码、金额、客户信息等填错，这可能导致发票作废、重开等后续麻烦，增加工作成本。机器人能直接读取开票申请表中的数据，保证了开票信息的准确性和一致性，减少人为失误造成的问题。

最后，能避免人工操作中的违规行为。在人工开票流程中，可能因主观疏忽或其他不当因素，出现诸如虚开发票、错开税率等违规操作，这不仅会给企业带来严重的法律后果，也会让财务人员自身面临职业风险。而机器人能严格按照既定的规则和流程运行，杜绝了人为违规操作的可能性，为企业财务安全保驾护航。

勇于挑战的你，能不能根据业务说明，尝试开发一个"批量开票信息导入"机器人？让机器人将所有开票申请表中的信息，批量导入"批量开票信息导入模版"。有了这个机器人，税务会计只要将完成后的模版导入开票系统，就能完成批量开票啦。

二、　设计思路

在了解业务场景后，我们根据本实训案例的业务处理流程，将其转化为 RPA 机器人的操作步骤。请你阅读以下步骤，思考如何设计"批量开票信息导入"机器人。

1. 让 RPA 机器人打开"批量开票导入模版"Excel 文件。

2. 设置一个变量"发票流水号"，初始值为 1。

3. 获取"开票申请表"文件夹路径。

4. 遍历"开票申请表"文件夹中的开票申请表，依次读取文件夹中每一份开票申请表中的开票信息，并写入批量开票导入模版。

（1）打开当前"报销付款汇总表"Excel 文件，逐一读取每一项开票信息，读取完毕关闭当前 Excel 文件。

（2）在"批量开票导入模版"的 Sheet1 中写入所需填写的开票信息。

（3）在"批量开票导入模版"的 Sheet2 中写入所需填写的开票信息。

（4）更新发票流水号。

5. 全部填写完成后，关闭"批量开票导入模版"Excel 文件。

现在,乐于探索的你,能否根据以上设计思路,尝试开发一个"批量开票信息导入"机器人？让机器人将所有开票申请表中的信息,批量导入"批量开票信息导入模版"。

三、 流程设计

如果你还不清楚具体的开发步骤,请从表4-1-1中挑选出对应的操作步骤,按顺序填入并完成设计流程图(图4-1-5)。

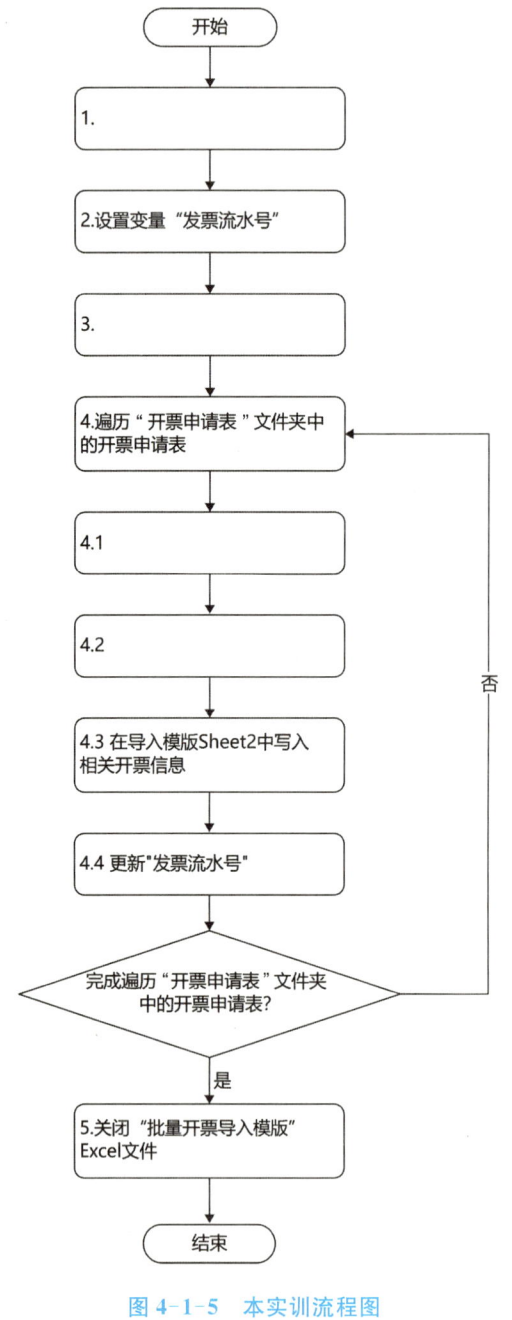

图 4-1-5　本实训流程图

流程图答案
4-1

表 4-1-1　本实训操作步骤与内容

操作步骤(乱序)	具体操作内容
A. 遍历"开票申请表"文件夹中的开票申请表	用 v 遍历开票申请表文件夹,依次读取文件夹中每一份开票申请表中的开票信息并写入批量开票导入模版
B. 获取"开票申请表"文件夹	获取"开票申请表"文件夹,并取名为"开票申请表"文件夹
C. 设置变量"发票流水号"	设置一个变量,名为"发票流水号",初始值为 1
D. 打开"批量开票导入模版"Excel 文件	打开"批量开票导入模版"Excel 文件,取名为"批量开票导入模版"
E. 在导入模版 Sheet1 中写入相关开票信息	(1) 设置一个数组"发票基本信息",根据"批量开票导入模版"Sheet1 中的每一列所需信息,添加数组元素,如果不必要填写,可以不填写,用空字符串""作为数组元素; (2) 将数组"发票基本信息"输入"批量开票导入模版"Sheet1 中的每一行
F. 读取开票信息	(1) 打开 v 所对应的开票申请表 Excel 文件,取名为"开票申请表"; (2) 逐一读取开票申请表中的各项开票信息,包括发票类型、购买方名称、购买方纳税人识别号、购买方地址、购买方电话、购买方开户银行、购买方银行账号、购买方邮箱、开票内容、税收编码、规格型号、单位、数量、单价、含税金额、税率; (3) 关闭当前开票申请表 Excel 文件
G. 关闭"批量开票导入模版"Excel	关闭"批量开票导入模版"Excel 文件
H. 更新"发票流水号"	再设置一个变量"发票流水号",值为"发票流水号+1"
I. 在导入模版 Sheet2 中写入相关开票信息	(1) 设置一个数组"发票明细信息",根据"批量开票导入模版"Sheet2 中的每一列所需信息,添加数组元素; (2) 将数组"发票明细信息"输入"批量开票导入模版"Sheet2 的每一行

现在,聪明的你,能否根据设计流程图,开发一个"批量开票信息导入"机器人? 让机器人将所有开票申请表中的信息,批量导入"批量开票信息导入模版"。

四、　开发应用

如果你不清楚用哪些命令来开发"批量开票信息导入"机器人,请你在表 4-1-2 中挑选相关命令,并参照图 4-1-6 中的本实训案例命令框架,在 UiBot 中完成 RPA 机器人的开发设计。

表 4-1-2　本实训案例命令库

序号	命令	说明	可视化样例
1	获取文件或文件夹列表 关键词: 获取、文件	指定一个文件夹路径,获取路径对应的文件夹内的文件或文件夹列表。 举例: 获取 D 盘中"发票清单"文件夹下的文件	路径 ⑦ Exp D:\发票清单 列表内容 ⑦ Exp 文件和文件夹

（续表）

序号	命令	说明	可视化样例
2	打开 Excel 工作簿 关键词： 打开、Excel	通过指定路径打开一个 Excel 工作簿文件（如果文件不存在则会创建此文件），并返回 Excel 对象，支持 xls、xlsx、xlsm 格式。 **举例：** 打开 D 盘中"发票清单"文件夹里的"发票汇总表. xlsx"Excel 工作簿，取名为"发票汇总"	输出到 ⑦ 发票汇总 ✕ ^ 必选 文件路径 ⑦ Exp D:\发票清单\发票汇总表.xlsx 是否可见 ⑦ Exp 是 打开方式 ⑦ Exp Excel
3	读取单元格 关键词： 读取	读取工作表中指定单元格的值。 **举例：** 读取名为"发票汇总"的 Excel 文件 Sheet1 工作表中 A1 单元格的值	工作簿对象 ⑦ Exp 发票汇总 ✕ 工作表 ⑦ Exp Sheet1 单元格 ⑦ Exp A1
4	关闭 Excel 工作簿 关键词： 关闭、Excel	关闭打开的 Excel 工作簿对象。 **举例：** 关闭使用"打开 Excel 工作簿"命令打开并取名为"发票汇总"的 Excel 文件	工作簿对象 ⑦ Exp 发票汇总 ✕ 立即保存 ⑦ Exp 否
5	写入行 关键词： 写入	在工作表中从指定单元格开始写入一行数组。 **举例：** 在 Excel 对象 Sheet1 工作表的 A1 所在行写入一行数据["a","b","c","d"]	工作簿对象 ⑦ Exp objExcelWorkBook ✕ 工作表 ⑦ Exp Sheet1 单元格 ⑦ Exp A1 数据 ⑦ Exp ["a","b","c","d"]
6	变量赋值 关键词： 变量	将等式右边的数据存入左边的变量，等式右侧可以为字符串、数值、表达式、命令输出等。 **举例：** 给变量 a 赋值字符串 Uibot，即 a="Uibot"	变量名 ⑦ a 变量值 ⑦ Exp "Uibot"

（续表）

序号	命令	说明	可视化样例
7	依次读取数组中每个元素 关键词： 依次	循环遍历数组中的每一个元素，并对每一个元素执行特定的操作。 举例： 用 value 依次读取数组['U','i','B','o','T']中的每一个元素	值 ⑦ ▣ value 数组 ⑦ Exp ['U','i','B','o','T']　　fx ☑

图 4-1-6　本实训案例命令框架

现在,相信你可以开发一个"批量开票信息导入"机器人了吧。让机器人将所有开票申请表中的信息,批量导入"批量开票信息导入模版"。

如果机器人在运行过程中出现问题,不用担心,可以翻阅本教材的后半部分,查看具体的操作步骤,来完善你的机器人。

实训二 填制销售记账凭证

一、 业务说明

欢迎开启本次实训!我们先要明确本次实训的任务:帮助总账会计完成销售业务的账务处理工作。

2025年12月底,在税务会计完成批量销售开票后,总账会计依据批量开票导入模版(图4-2-1)的开票信息,对本月销售业务进行账务处理。总账会计需要登录财务系统记账凭证界面(图4-2-2),针对每一笔销售业务的相关信息,填制记账凭证。

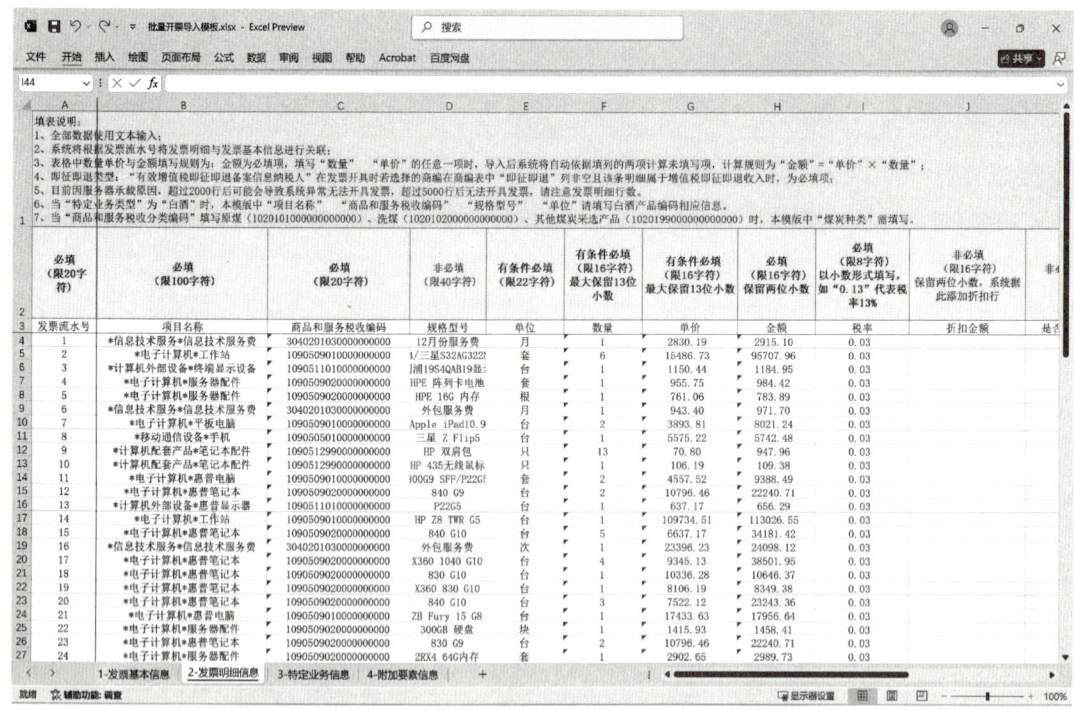

图 4-2-1 批量开票导入模版

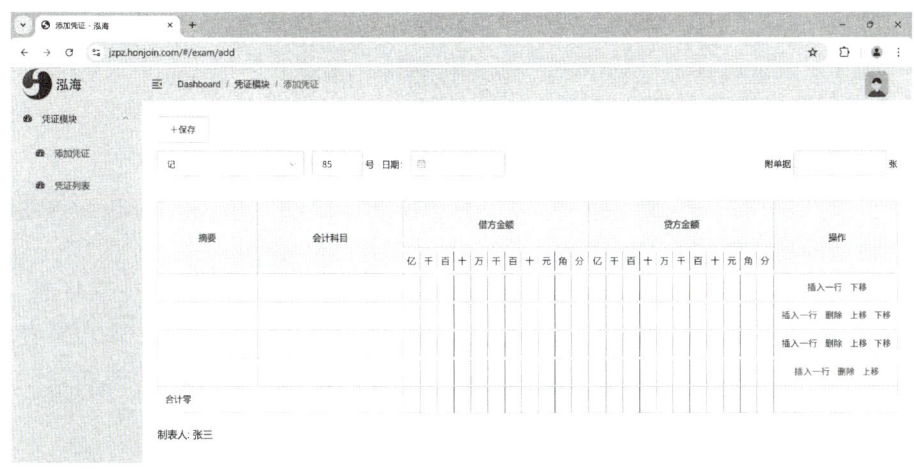

图 4-2-2　财务系统记账凭证界面

在实训开始之前,请你先扫描二维码,下载本次实训的资料(图 4-2-3),做好实训准备。

图 4-2-3　实训资料

你能根据实训资料,帮助总账会计设计一个"填制销售记账凭证"RPA 财务机器人,让机器人对销售业务进行记账凭证的批量填制吗?

别急,在设计之前,先来了解一下总账会计是怎么处理的吧。

在税务会计完成批量开票工作之后,总账会计应及时开展记账凭证的填制工作。

总账会计打开财务系统,进入记账凭证录入界面,依据前期整理汇总的"批量开票导入模板"相关信息,逐笔确认会计分录,并填制记账凭证。

在填制销售记账凭证时,首先,总账会计应输入记账日期和附件数。

再次,总账会计应确认会计分录。对于每一笔开票业务,总账会计应根据购买方信息,将借方科目确认为对应公司的"应收账款",金额为含税金额,此行摘要可填写"应收××公司款项";同时,需要对含税金额进行价税分离,计算出不含税金额和增值税税额,完成贷方科目的填制。第一项贷方科目为"主营业务收入",金额为不含税金额,此行摘要可填写"销售××产品";第二项贷方科目为增值税销项税,由于本公司属于小规模纳税人,贷方科目确认为"应交税费——应交增值税",金额为增值税税额,此行摘要可填写"增值税"。

最后,总账会计应填写合计数、制单人等信息。由于在系统上填制记账凭证,系统会自动生成合计数,制单人也由系统根据登录人账号自动生成。

在填制记账凭证过程中,总账会计需仔细核对每一笔业务的信息,确保凭证内容准确、完整,为后续财务处理奠定基础。

财务人员在填制销售记账凭证时,应具备哪些职业素养呢?

财务人员在填制销售记账凭证时,需严格遵循职业规范,以确保财务数据的准确性和企业财务活动的合规性。

首先,要确保凭证基本要素准确无误。填制日期需填写实际编制凭证的日期,准确反映业务发生时间。凭证编号要按照一定顺序连续编排,不能跳号、重号,方便后续查询与核对。摘要部分应简洁明了,清晰概括销售业务的关键信息,如"销售××产品给××公司",使阅读者能迅速了解业务内容。

其次,会计科目运用务必精准。根据销售业务的性质和收入确认原则,准确选择对应的会计科目。一般情况下,确认销售收入时,借记"银行存款""应收账款"等科目,贷记"主营业务收入"科目。准确的科目运用是保证财务核算准确的基础。

再次,要仔细核对销售发票、出库单等原始单据上的金额,确保记账凭证金额与原始凭证相符。

最后,附件要完整且合规。销售记账凭证必须附上合法有效的原始凭证,如销售发票、销售合同、出库单等,这些附件是证明销售业务真实性和合法性的关键依据。财务人员要确保附件的内容完整、签字盖章齐全,与记账凭证所记录的业务内容紧密相关。

如果能开发一个"填制销售记账凭证"机器人,能解决财务人员的什么"痛点"呢?

开发"填制销售记账凭证"机器人能有效解决财务人员在工作中的诸多"痛点"。

在效率方面,手工填制销售记账凭证时,财务人员需处理大量销售业务,先逐一核对销售发票、合同、出库单等原始单据,再录入相关信息,过程烦琐且耗时。机器人则能快速扫描识别各类原始单据,依据预设规则自动提取关键数据,批量生成记账凭证,极大缩短凭证填制时间,尤其在销售业务高峰期,能高效完成任务,不延误财务流程。

在准确性方面,人工操作易因业务量大、工作疲劳出现错误,如会计科目选择错误、金额计算失误等。机器人凭借预设的财务逻辑,可避免此类人为疏忽。

在工作强度方面,填制销售记账凭证工作重复且责任重大,易使财务人员产生职业压力。机器人接手后,财务人员可从烦琐的基础工作中解放出来,将更多精力投入财务分析、预算管理等更具价值的工作,提升自身的价值感,减少职业倦怠,以更积极的态度投入财务管理工作。

勇于挑战的你,能不能根据业务说明,尝试开发一个"填制销售记账凭证"机器人? 让机器人根据销售付款信息,批量填制记账凭证。

二、 设计思路

在了解业务场景后,请你根据本实训案例的业务处理流程,将其转化为 RPA 机器人的操作步骤。请你阅读以下步骤,思考如何设计"填制销售记账凭证"机器人。

1. 让 RPA 机器人打开 Google 浏览器,输入网址"https://jzpz.honjoin.com/",进入教学仿真记账凭证页面。

2. 打开"批量开票导入模板"Excel 文件,读取 Sheet1 中的购买方信息,将其并入 Sheet2 中的开票信息。

3. 读取所有开票信息,关闭 Excel 文件。

4. 遍历开票信息,依次读取所有开票信息的每一行,并将相关数据填入记账凭证。

(1) 将开票信息中的"金额"和"税率"转化为浮点数据,并计算税额和不含税金额。

(2) 在记账凭证中,输入日期为:2025-12-31。

(3) 在记账凭证中,输入附单据数为1。

(4) 在记账凭证中,输入借方,摘要格式为应收某某公司款项;借方科目格式为应收账款_某某公司;借方金额为含税金额。

(5) 在记账凭证中,输入贷方1,摘要格式为销售某某项目;贷方科目为主营业务收入;贷方金额为不含税金额。

(6) 在记账凭证中,输入贷方2,摘要为增值税;贷方科目为应交税费——应交增值税;贷方金额为税额。

(7) 点击保存。

现在,乐于探索的你,能否根据以上设计思路,尝试开发一个"填制销售记账凭证"机器人?让机器人根据开票信息,批量填制记账凭证。

三、　流程设计

如果你还不清楚具体的开发步骤,请从表 4-2-1 中挑选出对应的操作步骤,按顺序填入并完成设计流程图(图 4-2-4)。

表 4-2-1　本实训操作步骤与内容

操作步骤(乱序)	具体操作内容
A. 读取开票信息	(1) 在 sheet2 中,读取所有开票信息,取名为"开票信息"; (2) 关闭 Excel 文件
B. 合并开票信息	(1) 打开"批量开票导入模板"Excel 文件,取名为"开票明细表"; (2) 进入 sheet1,获取总行数,取名为"行数 1";读取购买方列中的所有购买方信息,取名为"购买方"; (3) 进入 sheet2,获取总行数,取名为"行数 2";将"购买方"写入最后一列
C. 遍历开票信息,编制记账凭证	用 v 遍历开票信息,依次读取所有开票信息的每一行,并将相关数据填入记账凭证中
D. 输入日期	在记账凭证中,输入日期为:2025-12-31,并按 Enter 键
E. 输入贷方 2	(1) 在记账凭证中,输入贷方摘要增值税; (2) 在记账凭证中,输入贷方科目应交税费——应交增值税; (3) 在记账凭证中,点击贷方金额输入框,输入税额
F. 打开记账凭证界面	(1) 打开 Google 浏览器,进入记账凭证界面; (2) 最大化窗口
G. 转化金额	(1) 将金额数据转化为带小数的浮点数据,取名为"含税金额"; (2) 将税率数据转化为带小数的浮点数据,取名为"税率"; (3) 计算税额,公式为"含税金额/(1+税率) * 税率",取名为"税额"; (4) 计算不含税金额,公式为"含税金额－税额",取名为"不含税金额"

(续表)

操作步骤(乱序)	具体操作内容
H. 输入附单据数	在记账凭证中,输入附单据数为 1
I. 输入借方	(1) 在记账凭证中,输入借方摘要,格式为应收某某公司款项; (2) 在记账凭证中,输入借方科目,格式为应收账款_某某公司; (3) 在记账凭证中,点击借方金额输入框,输入含税金额
J. 保存凭证	在记账凭证中,点击"保存"按钮
K. 输入贷方 1	(1) 在记账凭证中,输入贷方摘要,格式为销售某某项目; (2) 在记账凭证中,输入贷方科目主营业务收入; (3) 在记账凭证中,点击贷方金额输入框,输入不含税金额

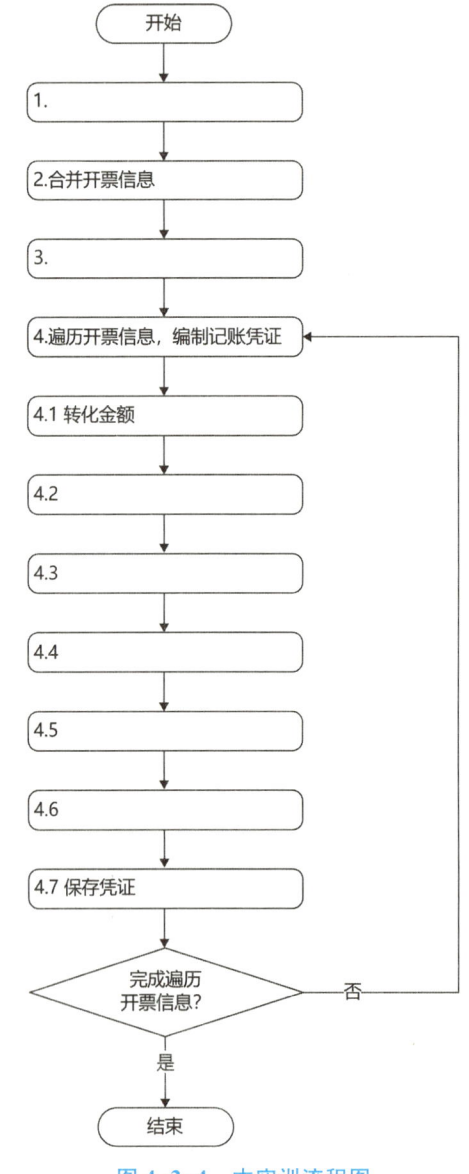

图 4-2-4　本实训流程图

流程图答案
4-2

现在,聪明的你,能否根据设计流程图,开发一个"填制销售记账凭证"机器人？让机器人根据开票信息,批量填制记账凭证。

四、 开发应用

如果你不清楚用哪些命令来开发"填制销售记账凭证"机器人,请你在表 4-2-2 中挑选相关命令,并参照图 4-2-5 中的本实训案例命令框架,在 UiBot 中完成 RPA 机器人的开发设计。

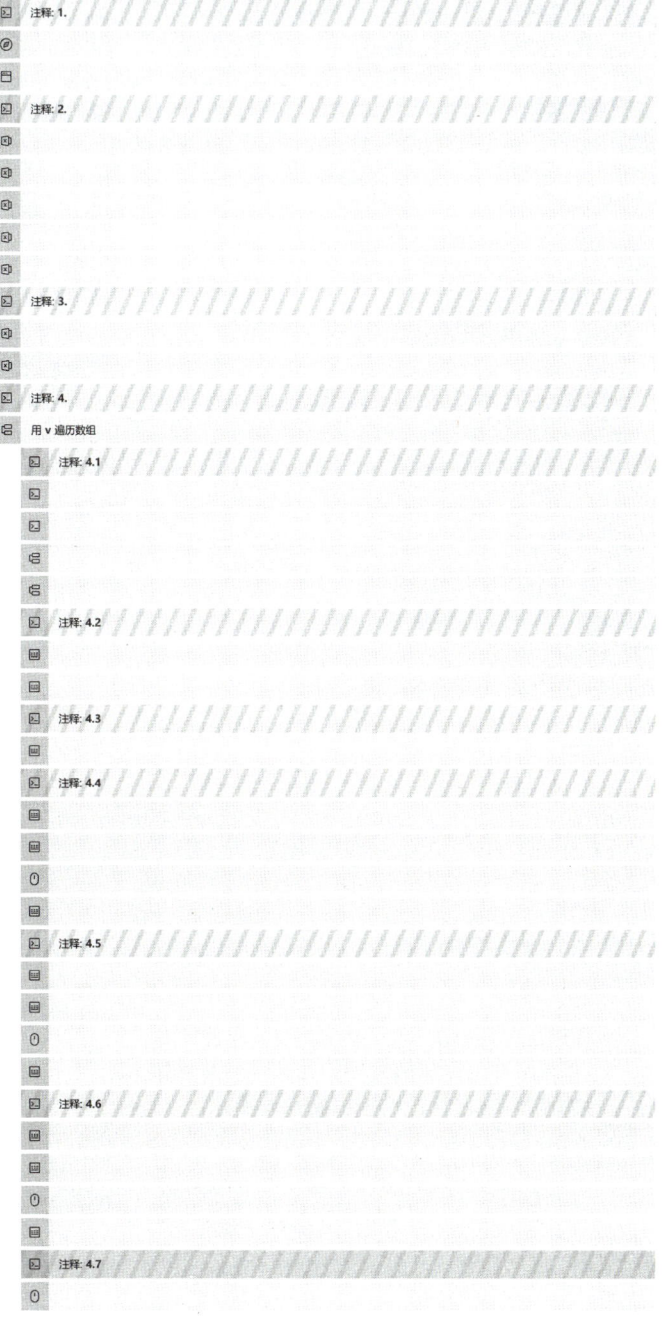

图 4-2-5　本实训案例命令框架

表 4-2-2 本实训案例命令库

序号	命令	说明	可视化样例
1	启动新的浏览器 关键词： 启动、浏览器	启动一个新的浏览器,可以是 Internet Explorer、Chrome、FireFox、360、Edge、Laiye RPA 浏览器。 举例： 启动 Google Chrome 浏览器并打开百度首页	浏览器类型 ⑦ Exp Google Chrome 打开链接 ⑦ Exp www.baidu.com
2	更改窗口显示状态 关键词： 更改、窗口	更改窗口的显示状态,可以是显示、隐藏、最大化、最小化等。 举例： 最大化显示百度窗口	目标 ⑦ Exp 窗口_百度一下,你就知道-Go... 显示状态 ⑦ Exp 最大化
3	点击目标 关键词： 点击、目标	单击指定的界面元素。 举例： 在百度窗口中点击"百度一下"按钮	目标 ⑦ Exp 按钮_百度一下 鼠标点击 ⑦ Exp 左键 点击类型 ⑦ Exp 单击
4	在目标中输入 关键词： 目标、输入	在指定的界面元素中输入文本。 举例： 在百度窗口的编辑框中输入文本 RPA	目标 ⑦ Exp 编辑框 写入文本 ⑦ Exp RPA 清空原内容 ⑦ Exp 是
5	在目标中按键 关键词： 目标、按键	在指定的界面元素中输入按键。 举例： 在编辑框中模拟键盘按下"回车"键	目标 ⑦ Exp 编辑框 模拟按键 ⑦ Exp Enter
6	输入文本 关键词： 输入、文本	自由输入文本。 举例： 输入文本 RPA	输入内容 ⑦ Exp RPA
7	打开 Excel 工作簿 关键词： 打开、Excel	通过指定路径打开一个 Excel 工作簿文件(如果文件不存在则会创建此文件),并返回 Excel 对象,支持 xls、xlsx、xlsm 格式。 举例： 打开 D 盘中"发票清单"文件夹里的"发票汇总表.xlsx"Excel 工作簿,取名为"发票汇总"	输出到 ⑦ 中 发票汇总 × ∧必选 文件路径 ⑦ Exp D:\发票清单\发票汇总表.xlsx 是否可见 ⑦ Exp 是 打开方式 ⑦ Exp Excel

新专标 系列教材 Xinzhuanbiao Xilie Jiaocai

（续表）

序号	命令	说明	可视化样例
8	关闭 Excel 工作簿 关键词： 关闭、Excel	关闭打开的 Excel 工作簿对象。 举例： 关闭使用"打开 Excel 工作簿"命令打开并取名为"发票汇总"的 Excel 文件	工作簿对象 ⑦ Exp 发票汇总 ×　∨ 立即保存 ⑦ Exp 否
9	转为小数数据 关键词： 转为、数据	将数据转换为小数（浮点数）类型。 举例： 将字符串 1.5 转换为浮点数，结果为 1.5，将结果存入"dRet"变量中	输出到 ⑦ 中 dRet ×　∨ ^ 必选 转换对象 ⑦ Exp "1.5"　fx ✎
10	读取区域 关键词： 读取、区域	读取工作表中指定区域的值，返回二维数组。 举例： 读取名为"发票汇总"的 Excel 文件 Sheet1 工作表中 A1－B2 区域的值，存储为二维数组	工作簿对象 ⑦ Exp 发票汇总 ×　∨ 工作表 ⑦ Exp Sheet1　✎ 区域 ⑦ Exp A1:B2　✎
11	变量赋值 关键词： 变量	将等式右边的数据存入左边的变量，等式右侧可以为字符串、数值、表达式、命令输出等。 举例： 给变量 a 赋值字符串 Uibot，即 a＝"Uibot"	变量名 ⑦ 中 a 变量值 ⑦ Exp "Uibot"　fx ✎
12	依次读取数组中每个元素 关键词： 依次	循环遍历数组中的每一个元素，并对每一个元素执行特定的操作。 举例： 用 value 依次读取数组['U','i','B','o','T']中的每一个元素	值 ⑦ 中 value 数组 ⑦ Exp ['U','i','B','o','T']　fx ✎
13	获取行数 关键词： 获取、行数	获取工作表中已使用的行数。 举例： 获取 Excel 工作簿 Sheet1 工作表的已使用行数，存入 iRet	输出到 ⑦ 中 iRet ×　∨ ^ 必选 工作簿对象 ⑦ Exp objExcelWorkBook ×　∨ 工作表 ⑦ Exp Sheet1　✎
14	写入行 关键词： 写入	在工作表中从指定单元格开始写入一行数组。 举例： 在 Excel 对象 Sheet1 工作表的 A1 所在行写入一行数据["a","b","c","d"]	工作簿对象 ⑦ Exp objExcelWorkBook ×　∨ 工作表 ⑦ Exp Sheet1　✎ 单元格 ⑦ Exp A1　✎ 数据 ⑦ Exp ["a","b","c","d"]　fx ✎

现在,相信你应该可以开发一个"填制销售记账凭证"机器人了吧。让机器人根据报销信息,批量填制记账凭证。

如果机器人在运行过程中出现问题,不用担心,可以翻阅本教材的后半部分,查看具体的操作步骤,来完善你的机器人。

实训三　填制收款记账凭证

一、业务说明

在实训开始之前,请你先扫描二维码,下载本次实训的资料(图4-3-3),做好实训准备。

欢迎开启本次实训! 我们先要明确本次实训的任务:帮助总账会计完成销售收款业务的账务处理工作。

2025年12月31日,出纳人员从网上银行下载了本公司2025年12月的银行流水账(图4-3-1),传递给总账会计填制记账凭证。总账会计登录财务系统,进入填制收款记账凭证界面(图4-3-2),针对银行流水账中每一笔客户汇入的应收货款,填制记账凭证。

实训资料
4-3

招商银行账务明细清单
Statement Of Account

开户银行:智慧支行
账号:512885356310879　　　　　　　　　　　　　　　　　　　　货币:人民币
账户名称:上海泓海电子有限公司　　　　　　　　　　　　　　　上页余额:867,072.82

日期	业务类型	票据号	摘要	借方/贷方	余额	对手户名
20251201	汇入汇款		货款	6968.00	874,040.82	启业信息技术有限公司
20251202	网银费用		网银支付-跨行-异地手续费	-17.68	874,023.14	网上电子汇划收入
20251202	网银费用		网银支付-跨行-本地普通手续	-14.16	874,008.98	网上电子汇划收入
20251202	网银费用		网上企业银行-网上企业银行服	-25.00	873,983.98	对公中间业务收入-网上其他收
20251202	取现现金		备用金	-10000.00	863,983.98	
20251202	汇入汇款		货款	3600.00	867,583.98	海信慧园有限公司
20251202	对公转账	8309354330	维修费	-350.00	867,233.98	明兴办公设备有限公司
20251202	对公转账	8311498286	货款	-25350.00	841,883.98	牌海信息技术发展有限公司
20251202	税款	4310162402000137306	实时缴税	-21731.20	820,152.78	国库待结算款项-暂收款
20251204	汇入汇款		货款	124000.00	944,152.78	创之星信息科技有限公司
20251204	对公转账	8311498287	转账	-350000.00	594,152.78	鸣光广告有限公司
20251204	汇入汇款		货款	105000.00	699,152.78	启鼎智能电气有限公司
20251205	汇入汇款	6308595680	货款	24800.00	723,952.78	鸣光广告有限公司
20251206	取现现金			-10000.00	713,952.78	
20251206	取现现金			-40000.00	673,952.78	
20251206	汇入汇款		货款	42240.00	716,192.78	轩仲电子科技有限公司
20251206	对公提回			19850.00	736,042.78	科百特投资有限公司
20251207	汇入汇款		货款	1000.00	737,042.78	宝爱丽家具有限公司
20251207	税款	3310162402000169044	实时缴税	-53070.52	683,972.26	国库待结算款项-暂收款
20251207	对公转账	8311498288	货款	-14085.00	669,887.26	恒志科技有限公司
20251207	对公转账	8311498289	货款	-2000.00	667,887.26	昆盛电子信息有限公司
20251208	取现现金		差旅费	-30000.00	637,887.26	

图4-3-1　银行流水账

图 4-3-2　收款记账凭证界面

图 4-3-3　实训资料

你能根据实训资料,帮助总账会计设计一个"填制收款记账凭证"RPA 财务机器人,让机器人对客户单位汇入的货款,进行记账凭证的批量填制吗?

别急,在设计之前,先来了解一下总账会计是怎么处理的吧。

每月月底,出纳人员会从网上银行中下载本月银行流水单,并将其交给总账会计。

根据这份银行流水单,总账会计需要观察业务类型和摘要信息,挑选出客户单位汇入的应付货款业务,在财务系统中集中填制收款记账凭证。

在填制报销付款记账凭证时,首先,总账会计应输入记账日期和附件数;然后,填写摘要,摘要应简单明了、信息明确,本业务为收款业务,摘要可填"收到某某公司款项";最后,应确认会计分录,填写借贷方会计科目和金额。

在编制会计分录时,首先,总账会计应确定借方科目,由于本业务是银行收款业务,借方科目应确认为"银行存款",并按实际收到的款项确认金额;由于是客户单位汇入的应付货款,贷方科目应确认为"应收账款",同时应记录客户名称,便于应收账款管理,明确债权债务关系。然后,填写合计数、制单人等信息。由于在系统上填制记账凭证,系统会自动生成合计数,制单人也由系统根据登录人账号自动生成。

在填制记账凭证过程中,总账会计需仔细核对每一笔业务的信息,确保凭证内容准确、完整,为后续财务处理奠定基础。

财务人员在填制收款记账凭证时,应具备哪些职业素养呢?

在处理应收账款收款并填制记账凭证时,财务人员恪守职业道德对企业财务运作至关重要。

(1)诚实守信是基本准则。财务人员要如实记录收款金额、客户名称及业务详情,不能为美化数据虚报金额,也不能因疏忽瞒报信息或篡改业务内容,准确的数据是企业进行决策与应对监管的关键。

(2)廉洁自律是坚守底线。由于业务涉及大量资金,财务人员易受利益诱惑,故必须坚决抵制借职务之便谋取私利、收受客户回扣、挪用已收账款等行为,应确保资金准确入账,守护企业财产安全。

(3)客观公正是关键保障。财务人员依据会计准则和企业制度,理性分析业务。确认会计分录时,合理选科目、精确记金额,不被私人关系或上级干预影响,如实反映企业经济活动。

(4)保守机密是重要职责。收款记账凭证包含企业与客户的财务往来信息,其一旦泄露会使企业客户流失、声誉受损。财务人员在职或离职后,都要严守保密义务,不向无关人员透露相关信息。

如果能开发一个"填制收款记账凭证"机器人,能解决财务人员的什么"痛点"呢?

如果能开发"填制收款记账凭证"机器人,可有效解决以下"痛点":

首先,在数据处理环节,人工处理易出现误差。机器人能凭借精准的数据抓取和分析能力,快速准确地从海量银行流水单、业务单据中提取有效信息,规避人工录入时疲劳、疏忽导致的金额错记、客户信息遗漏等问题,大幅提升数据准确性和工作效率。

其次,在时间成本上,传统手工填制耗时久,尤其月末业务集中时,财务人员工作压力大。机器人可 7×24 小时不间断运行,迅速完成数据筛选、分录编制和凭证生成工作,让财务人员将更多精力投入财务分析、风险预警等高价值工作。

再次,关乎职业道德风险。人工操作易受利益诱惑,出现违规操作。机器人基于预设程序运行,不存在主观偏私,可杜绝收受回扣、挪用账款等舞弊行为,确保企业资金安全,维护财务流程的公正性和规范性。

最后,在合规性方面,机器人严格遵循既定会计准则和企业内部财务制度,统一业务处理标准,可避免因人为理解差异导致的账务处理不一致,助力企业顺利通过财务审计与监管审查。

勇于挑战的你,能不能根据业务说明,尝试开发一个"填制收款记账凭证"机器人? 让机器人根据银行流水付款信息,批量填制记账凭证。

二、 设计思路

在了解业务场景后,我们根据本实训案例的业务处理流程,将其转化为 RPA 机器人的操作步骤。请你阅读以下步骤,思考如何设计"填制收款记账凭证"机器人。

(1)让 RPA 机器人打开 Google 浏览器,输入网址"https://jzpz.honjoin.com/",进入教学仿真记账凭证页面。

(2)打开"银行流水账"Excel 文件,读取所有银行流水信息。

(3)遍历银行流水信息,依次读取所有银行流水信息的每一行,并将相关数据填入记账凭证。

对于每一行的银行流水信息要进行判断,找出业务类型为"汇入汇款"且摘要为"货款"的信息,对符合条件的信息填制记账凭证。

(1) 对于记账凭证的填制日期,要将银行流水账中的日期格式转换为"××××-××-××",输入记账凭证。

(2) 在记账凭证中,输入附单据数为1。

(3) 在记账凭证中,输入借方摘要,格式为收到某某公司款项。

(4) 在记账凭证中,输入借方科目,格式为银行存款。

(5) 在记账凭证中,输入借方金额。

(6) 在记账凭证中,输入贷方摘要,格式同借方摘要。

(7) 在记账凭证中,输入贷方科目,格式为应收账款_某某公司。

(8) 在记账凭证中,输入贷方金额。

(9) 点击保存。

现在,乐于探索的你,能否根据以上设计思路,尝试开发一个"填制收款记账凭证"机器人?让机器人根据银行流水付款信息,批量填制记账凭证。

三、 流程设计

如果你还不清楚具体的开发步骤,请从表4-3-1中挑选出对应的操作步骤,按顺序填入并完成设计流程图(图4-3-4)。

表4-3-1 本实训操作步骤与内容

操作步骤(乱序)	具体操作内容
A. 输入日期	(1) 转换日期格式。找到报销信息中的日期为 v[0],抽取其中的年、月、日,并将日期格式转换为"××××-××-××"的格式,转换后的日期取名为"日期"; (2) 在记账凭证中,输入"日期",并按 Enter 键
B. 读取银行流水账	(1) 打开"银行流水账"Excel 文件,取名为"银行流水账"; (2) 获取银行流水账的总行数,取名为"行数"; (3) 读取所有银行流水信息,取名为"银行流水信息"; (4) 关闭 Excel 文件
C. 遍历银行流水信息,编制记账凭证	用 v 遍历银行流水信息,依次读取所有银行流水信息的每一行,找到客户单位汇入的货款,将相关数据填入记账凭证
D. 打开记账凭证界面	(1) 打开 Google 浏览器,进入记账凭证界面; (2) 最大化窗口
E. 判断是否为客户单位汇入的应付货款	(1) 判断业务类型 v[1]是否为"汇入汇款"; (2) 如果是,继续判断摘要 v[3]是否为"货款"。如果是,对该行数据,填制记账凭证
F. 输入附单据数	在记账凭证中,输入附单据数为1
G. 输入借方摘要	在记账凭证中,输入借方摘要,格式为收到某某公司款项
H. 输入贷方科目	在记账凭证中,输入贷方科目,格式为应收账款_某某公司
I. 输入借方科目	在记账凭证中,输入借方科目为银行存款
J. 保存凭证	在记账凭证中,点击"保存"按钮

（续表）

操作步骤（乱序）	具体操作内容
K. 输入贷方摘要	在记账凭证中，输入贷方摘要，格式为收到某某公司款项
L. 输入借方金额	(1) 在记账凭证中，点击借方金额输入框； (2) 在报销信息中找到金额 v[4]，在记账凭证中输入借方金额
M. 输入贷方金额	(1) 在记账凭证中，点击贷方金额输入框； (2) 在报销信息中找到金额 v[4]，在记账凭证中输入贷方金额

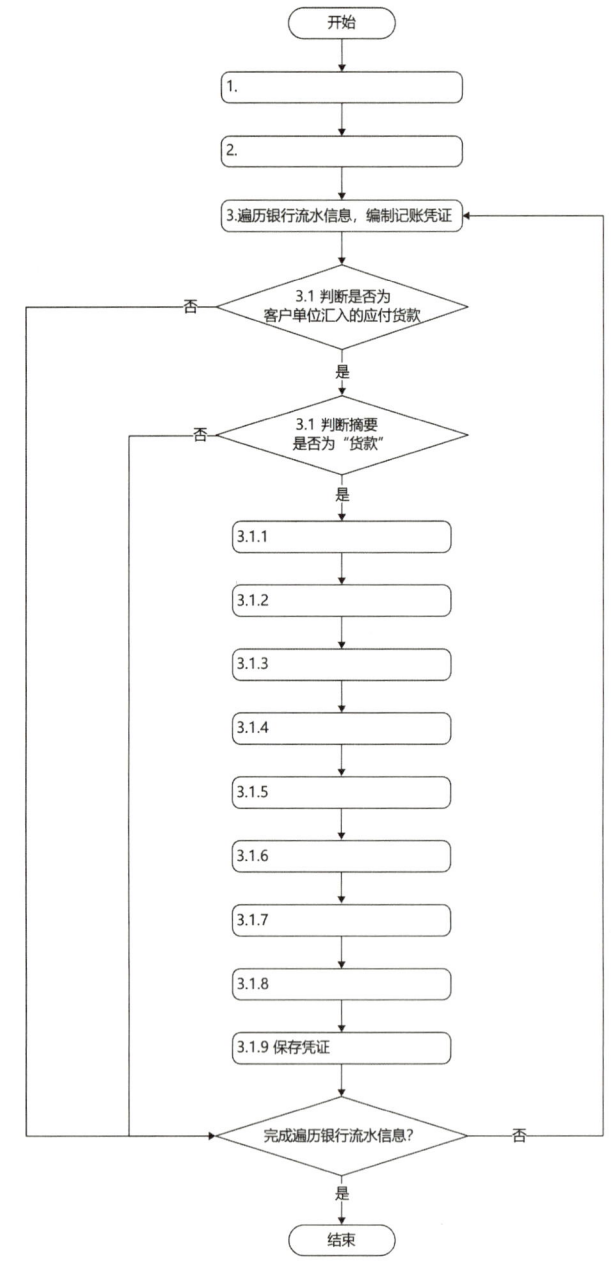

图 4-3-4　本实训流程图

流程图答案
4-3

现在,聪明的你,能否根据设计流程图,开发一个"填制收款记账凭证"机器人? 让机器人根据银行流水付款信息,批量填制记账凭证。

四、 开发应用

如果你不清楚用哪些命令来开发"填制付款记账凭证"机器人,请你在表 4-3-2 中挑选相关命令,并参照图 4-3-5 中的本实训案例命令框架,在 UiBot 中完成 RPA 机器人的开发设计。

图 4-3-5 本实训案例命令框架

表 4-3-2　本实训案例命令库

序号	命令	说明	可视化样例
1	启动新的浏览器 关键词： 启动、浏览器	启动一个新的浏览器，可以是 Internet Explorer、Chrome、FireFox、360、Edge、Laiye RPA浏览器。 举例： 启动 Google Chrome 浏览器并打开百度首页	浏览器类型 ⑦ Exp Google Chrome 打开链接 ⑦ Exp www.baidu.com
2	更改窗口显示状态 关键词： 更改、窗口	更改窗口的显示状态，可以是显示、隐藏、最大化、最小化等。 举例： 最大化显示百度窗口	目标 ⑦ Exp 窗口_百度一下，你就知道-Go... 显示状态 ⑦ Exp 最大化
3	点击目标 关键词： 点击、目标	单击指定的界面元素。 举例： 在百度窗口中点击"百度一下"按钮	目标 ⑦ Exp 按钮_百度一下 鼠标点击 ⑦ Exp 左键 点击类型 ⑦ Exp 单击
4	在目标中输入 关键词： 目标、输入	在指定的界面元素中输入文本。 举例： 在百度窗口的编辑框中输入文本 RPA	目标 ⑦ Exp 编辑框 写入文本 ⑦ Exp RPA 清空原内容 ⑦ Exp 是
5	在目标中按键 关键词： 目标、按键	在指定的界面元素中输入按键。 举例： 在编辑框中模拟键盘按下"回车"键	目标 ⑦ Exp 编辑框 模拟按键 ⑦ Exp Enter
6	输入文本 关键词： 输入、文本	自由输入文本。 举例： 输入文本 RPA	输入内容 ⑦ Exp RPA
7	打开 Excel 工作簿 关键词： 打开、Excel	通过指定路径打开一个 Excel 工作簿文件（如果文件不存在则会创建此文件），并返回 Excel 对象，支持 xls、xlsx、xlsm 格式。 举例： 打开 D 盘中"发票清单"文件夹里的"发票汇总表.xlsx"Excel 工作簿，取名为"发票汇总"	输出到 ⑦ {Ɏ} 发票汇总 × ^ 必选 文件路径 ⑦ Exp D:\发票清单\发票汇总表.xlsx 是否可见 ⑦ Exp 是 打开方式 ⑦ Exp Excel

（续表）

序号	命令	说明	可视化样例
8	关闭 Excel 工作簿 关键词： 关闭、Excel	关闭打开的 Excel 工作簿对象。 举例： 关闭使用"打开 Excel 工作簿"命令打开并取名为"发票汇总"的 Excel 文件	工作簿对象 ⑦ Exp 发票汇总 × 立即保存 ⑦ Exp 否
9	抽取指定长度字符 关键词： 抽取、字符	从字符串中抽取指定位置开始的指定数目的字符，位置从 1 开始。 举例： 在字符串 Uibot 中第 3 个位置开始，抽取 2 个字符	输出到 ⑦ Φ sRet × ^ 必选 目标字符串 ⑦ Exp Uibot 开始位置 ⑦ Exp 3 抽取长度 ⑦ Exp 2
10	读取区域 关键词： 读取、区域	读取工作表中指定区域的值，返回二维数组。 举例： 读取名为"发票汇总"的 Excel 文件 Sheet1 工作表中 A1 – B2 区域的值，存储为二维数组	工作簿对象 ⑦ Exp 发票汇总 × 工作表 ⑦ Exp Sheet1 区域 ⑦ Exp A1:B2
11	变量赋值 关键词： 变量	将等式右边的数据存入左边的变量，等式右侧可以为字符串、数值、表达式、命令输出等。 举例： 给变量 a 赋值字符串 Uibot，即 a ＝ "Uibot"	变量名 ⑦ Φ a 变量值 ⑦ Exp "Uibot"
12	依次读取数组中每个元素 关键词： 依次	循环遍历数组中的每一个元素，并对每一个元素执行特定的操作。 举例： 用 value 依次读取数组['U', 'i', 'B', 'o', 'T']中的每一个元素	值 ⑦ Φ value 数组 ⑦ Exp ['U','i','B','o','T']

（续表）

序号	命令	说明	可视化样例
13	获取行数 关键词： 获取、行数	获取工作表中已使用的行数。 举例： 获取 Excel 工作簿 Sheet1 工作表的已使用行数，存入 iRet 中	输出到 ⑦ ⌖ iRet ✕ ⌄ ∧ 必选 工作簿对象 ⑦ Exp objExcelWorkBook ✕ ⌄ 工作表 ⑦ Exp Sheet1 ✐
14	如果条件成立 关键词： 如果	如果条件表达式为真，则执行操作。 举例： 令变量 a 为 1，判断 a 是否等于 1，如果 a＝1，则打印 yes	🔒 令 a 的值为 1 🔒 根据条件判断 ⊟ 🔒 如果 a=1 则 　　▶ 向调试窗口输出：yes

　　现在，相信你应该可以开发一个"填制收款记账凭证"机器人了吧。让机器人根据银行流水付款信息，批量填制记账凭证

　　如果机器人在运行过程中出现问题，不用担心，可以翻阅本教材的后半部分，查看具体的操作步骤，来完善你的机器人。

项目五
hapter 5　应收账款管理

实训一　编制账龄分析表

一、业务说明

欢迎开启本次实训！我们先要明确本次实训的任务：帮助应收账款会计完成账龄分析表的编制工作。

2025 年 12 月 31 日，应收账款会计要编制本月应收账款账龄分析表（图 5-1-1），进而掌握本公司应收账款的具体情况。应收账款会计根据本月银行流水账（图 5-1-2）查找客户还款信息，根据从开票系统中导出的本月开票情况（图 5-1-3）记录新增应收账款信息，在 2025 年 11 月的账龄分析表的基础上，更新信息，完成本月账龄分析表的编制。

上海泓海电子有限公司应收账款账龄分析表（金额单位：元）												
统计日期	2025年11月30日									应收账款合计(元)		427588
客户名称	应收账款（单位：元）	数电票号码	开票日期	已欠款天数	≤30	31-60天	61-90天	91-120天	>120天	信用期限	是否超过信用期	超过信用期的天数
斯特测量设备贸易有限公司	14000	2431200000002423728	2025/8/29	93	-	-	-	14000	-	90	是	3
海信慧园有限公司	3600	2431200000000421068	2025/11/26	4	3600	-	-	-	-	60	否	-
科百特投资有限公司	6500	2431200000001621167	2025/9/24	67	-	-	6500	-	-	45	是	22
科百特投资有限公司	2300	2431200000019221165	2025/10/22	39	-	2300	-	-	-	45	否	-
启鼎智能电气有限公司	105000	2431200000001921159	2025/11/11	19	105000	-	-	-	-	60	否	-
北安斯行有限公司	16000	2431200000016271155	2025/11/3	27	16000	-	-	-	-	45	否	-
阿莉莎化妆品有限公司	860	2431200000018221150	2025/11/26	4	860	-	-	-	-	30	否	-
阿莉莎化妆品有限公司	1080	2431200000011251146	2025/10/13	48	-	1080	-	-	-	30	是	18
冠强电脑有限公司	5300	2431200000001921135	2025/9/30	61	-	-	5300	-	-	30	是	31
创之星信息科技有限公司	124000	2431200000002341132	2025/8/26	96	-	-	-	124000	-	60	是	36
源轩计算机系统工程有限公司	36000	2431200000002781129	2025/9/19	72	-	-	36000	-	-	60	是	12
鸣光广告有限公司	24800	2431200000002261152	2025/10/17	44	-	24800	-	-	-	30	是	14
轩仲电子科技有限公司	42240	2431200000006211126	2025/9/9	82	-	-	42240	-	-	45	是	37
轩仲电子科技有限公司	9160	2431200000010121123	2025/10/6	55	-	9160	-	-	-	45	是	10
通达科技有限公司	25500	2431200000000291199	2025/8/1	121	-	-	-	-	25500	30	是	91
启业信息技术有限公司	6968	2431200000000211192	2025/9/27	64	-	-	6968	-	-	60	是	4
宝爱丽家具有限公司	1000	2431200000000191195	2025/9/25	66	-	-	1000	-	-	30	是	36
丰源电子科技有限公司	3280	2431200000021701176	2025/11/22	8	3280	-	-	-	-	60	否	-

图 5-1-1　应收账款账龄分析表

在实训开始之前，请你先扫描二维码，下载本次实训的资料（图 5-1-4），做好实训准备。

招商银行账务明细清单
Statement Of Account

开户银行: 智慧支行

账号:512885356310879

账户名称: 上海泓海电子有限公司

货币: 人民币

上页余额:867,072.82

日期	业务类型	票据号	摘要	借方/贷方	余额	对手户名
20251201	汇入汇款		货款	6968.00	874,040.82	启业信息技术有限公司
20251202	网银费用		网银支付-跨行-异地手续费	-17.68	874,023.14	网上电子汇划收入
20251202	网银费用		网银支付-跨行-本地普通手续	-14.16	874,008.98	网上电子汇划收入
20251202	网银费用		网上企业银行-网上企业银行服	-25.00	873,983.98	对公中间业务收入-网上其他收
20251202	取现现金		备用金	-10000.00	863,983.98	
20251202	汇入汇款		货款	3600.00	867,583.98	海信慧园有限公司
20251202	对公转账	8309354330	维修费	-350.00	867,233.98	明兴办公设备有限公司
20251202	对公转账	8311498286	货款	-25350.00	841,883.98	牌海信息技术发展有限公司
20251202	税款	431016240200137306	实时缴税	-21731.20	820,152.78	国库待结算款项-暂收款
20251204	汇入汇款		货款	124000.00	944,152.78	创之星信息科技有限公司
20251204	对公转账	8311498287	转账	-350000.00	594,152.78	鸣光广告有限公司
20251204	汇入汇款		货款	105000.00	699,152.78	启鼎智能电气有限公司
20251205	汇入汇款	6308595680	货款	24800.00	723,952.78	鸣光广告有限公司
20251206	取现现金			-10000.00	713,952.78	
20251206	取现现金			-40000.00	673,952.78	
20251206	汇入汇款		货款	42240.00	716,192.78	轩仲电子科技有限公司
20251206	对公提回			19850.00	736,042.78	科百特投资有限公司
20251207	汇入汇款		货款	1000.00	737,042.78	宝爱丽家家具有限公司
20251207	税款	3310162402001690044	实时缴税	-53070.52	683,972.26	国库待结算款项-暂收款
20251207	对公转账	8311498288	货款	-14085.00	669,887.26	恒志科技有限公司
20251207	对公转账	8311498289	货款	-2000.00	667,887.26	昆盛电子信息科技有限公司
20251208	取现现金		差旅费	-30000.00	637,887.26	

图 5-1-2　银行流水账

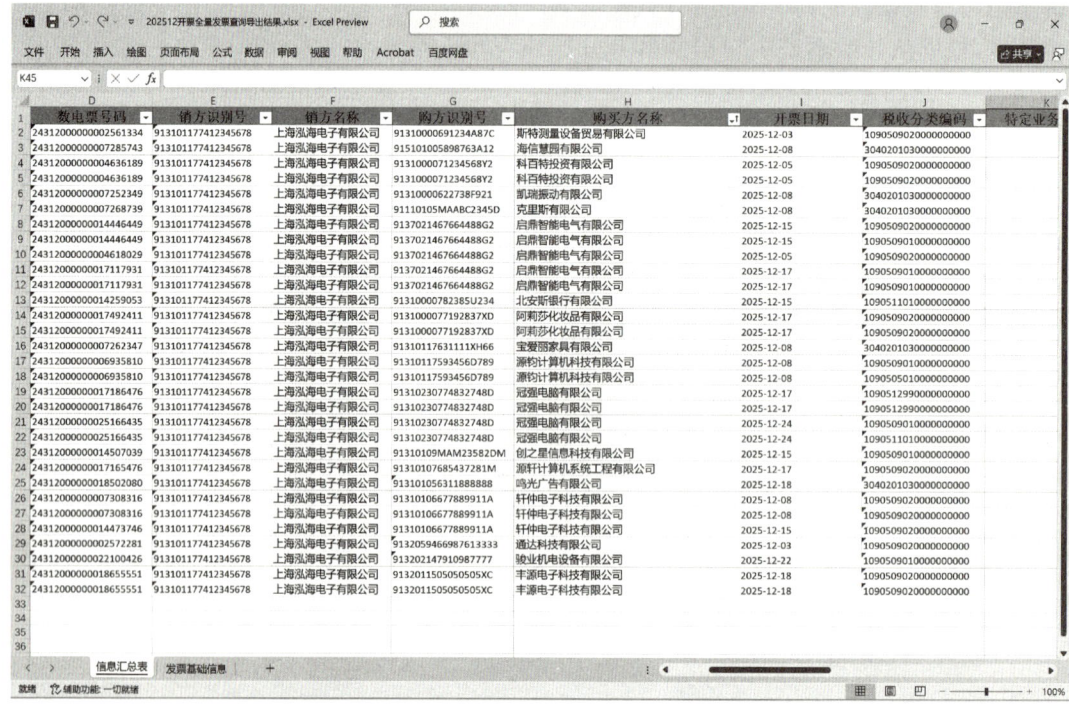

图 5-1-3　开票系统导出的本月开票情况

图 5-1-4 实训资料

你能根据实训资料,帮助应收账款会计设计一个"编制账龄分析表"RPA 财务机器人,让机器人根据本月的应收账款情况更新应收账款账龄分析表吗?

别急,在设计之前,先来了解一下应收账款会计是怎么处理的吧。

应收账款会计主要负责公司的应收账款管理,定期编制应收账款账龄分析表。在编制本月账龄分析表时,应收账款会计可以通过查阅本月银行流水账,找到本月客户的还款情况,在应收账款账龄分析表中,删除客户已还款的信息;通过开票系统导出开票信息,在账龄分析表中,新增本月新发生的应收账款情况,从而完成本月账龄分析表的编制。

首先,应收账款会计打开应收账款账龄分析表,更改统计日期。

其次,应收账款会计先打开本月银行流水账,逐行查找业务类型为"汇入汇款"、摘要为"货款"的信息,此类信息表示收到客户的还款,再查看该行的客户和金额,在账龄分析表中找到该客户和金额,如有信息一致的数据,则将其信息从账龄分析表中删除。

再次,应收账款会计打开从开票系统中导出的开票表,本月开票信息表示本月新增的客户应收账款,将"客户名称""应收账款""数电票号码""开票日期"等信息,逐一新增至应收账款账龄分析表中。

然后,应收账款会计统计所有应收账款的账龄分析数据。为确保账龄划分能够准确反映应收账款的风险状况,将账龄区间分为 30 天以内、31～60 天、61～90 天、90～120 天、120 天以上,并统计每笔款项是否超过信用期,以及超过信用期的天数,从而能一目了然地掌握客户应收账款情况。

最后,全部信息填完后,另存为当月的账龄分析表。通过账龄分析表,可及时掌握客户的应收账款欠款时间,判断逾期账款的风险程度,为管理层提供决策依据。

 课程思政

财务人员在编制应收账款账龄分析表时,应具备哪些职业素养呢?

在编制应收账款账龄分析表时,财务人员必须严格遵循一系列职业规范,以保障应收账款分析表的质量和效用,为企业财务管理提供坚实的数据支撑与决策依据。

数据准确规范是基础。财务人员要确保会计原始凭证及账簿的数据源真实、完整且可追溯,严格遵循会计准则及企业内部会计政策。编制前应仔细核对总账与明细账,以及财务记录与业务部门数据,确保账账相符、账实一致。

账龄划分规范要求依据企业业务特性、行业通行做法和管理实际需求,科学合理地设置账龄区间,如常见的 30 天以内、31~60 天等。应根据账款实际发生与收款情况,遵循先进先出等原则,准确判定每笔账款的账龄归属,杜绝随意篡改账龄。

完整性与保密性规范方面,应收账款账龄分析表需涵盖企业所有应收账款,不得有任何遗漏,保证分析的全面性。同时,严守企业保密制度,妥善保管包含客户信息、销售数据等商业机密,防止信息泄露。分析与报告时,运用科学方法客观分析评价,编制的账龄分析表应格式规范、内容清晰、数据准确,报告应对重要数据和异常情况进行详细说明并提供管理建议。

财务人员在编制过程中需保持独立的职业判断,不受外界干扰,确保分析的公正性,坚决杜绝编制虚假或具有误导性的应收账款账龄分析表。

如果能开发一个"编制账龄分析表"机器人,其能解决财务人员的什么"痛点"呢?

开发"编制账龄分析表"机器人,能解决财务人员多方面"痛点":

(1)数据处理烦琐。财务人员手工编制账龄分析表时,需从海量的应收账款明细账、销售发票、收款记录等数据中提取、整理数据,过程烦琐且易出错。机器人能自动抓取、整合相关数据,快速完成数据处理,大幅提高效率。

(2)计算容易出错。账龄分析涉及复杂的账龄划分计算及应收账款周转率、平均收账期等财务指标计算,人工计算易因疏忽而导致错误。机器人基于预设算法,能精准无误地完成各类计算,保证数据的准确性。

(3)账龄划分不精准。人工划分账龄,可能因对准则理解出现偏差、业务判断出现失误或其他主观因素,导致账龄划分不准确,影响分析结果。机器人依据设定的统一标准和规则,能精准划分账龄,提供可靠数据。

(4)工作效率低下。人工编制应收账款账龄分析表,从数据收集、整理到计算、分析,再到最终成表,会耗费大量时间精力。机器人能快速生成分析表,让财务人员有更多时间投入财务分析、风险管控等更具价值的工作。

(5)数据保密性风险。手工编制过程中,若财务人员保密意识不强或操作不当,易造成数据泄露。机器人可通过设置严格的访问权限和加密措施,更好地保障数据安全,降低保密性风险。

勇于挑战的你,能不能根据业务说明,尝试开发一个"编制账龄分析表"机器人?让机器人根据银行流水信息和开票信息,确认应收账款的欠款和还款情况,并更新应收账款账龄分析表。

二、 设计思路

在了解业务场景后,请你将本实训案例的业务处理流程转化为 **RPA 机器人**的操作步骤。请你阅读以下步骤,思考如何设计"编制账龄分析表"机器人。

1. 让 RPA 机器人打开银行流水账 Excel 文件,读取本月银行流水信息(其中包括本月

「新专标」
系列教材 Xilie Jiaocai
Xinzhuanbiao

客户还款信息)。

2. 打开本月开票导出的 Excel 文件,读取本月开票信息(即本月新发生的应收信息)。

3. 打开上个月应收账款账龄分析表,读取尚欠款的客户名称和欠款金额。

4. 删除客户本月还款信息。

(1)先定位到账龄分析表中客户信息的前一行,即第 3 行。

(2)遍历账龄分析表中的客户应收账信息,在每次遍历前将行数+1,定位到当前遍历客户的行号。

(3)然后遍历银行流水信息,查找业务类型为"汇入汇款"、摘要为"货款"的信息,判断客户是否是账龄分析表中的当前客户。

(4)如果客户一致,再判断两边金额是否一致。

(5)如果金额一致,表示在上月账龄分析表中的当前开户尚未还款,但本月银行流水中显示出,我方公司收到了该客户还款,因此,在应收账款账龄分析表中,要删除当前客户信息行。同时,行号-1。跳出银行流水的循环,开始账龄分析表的下一行客户应收账款信息与银行流水的查询。

5. 增加开票信息。全部还款信息都删除完后,遍历开票信息。先将账龄分析表中的行数+1,表示新增行,并将当前开票信息新增到账龄分析表中,包括客户名称、应收账款金额、数电票号码、开票日期,表示本月又发生了新的应收账款信息。再将账龄分析表中的账龄分析数据,根据上一行的计算方法,自动填充本行。

6. 全部开票信息新增完后,另存账龄分析表,取名格式为:202512 应收账款账龄分析表.xlsx。

现在,乐于探索的你,能否根据以上设计思路,尝试开发一个"编制账龄分析表"机器人? 让机器人根据银行流水信息和开票信息,确认应收账款的欠款和还款情况,并更新应收账款账龄分析表。

三、 流程设计

如果你还不清楚具体的开发步骤,请从表 5-1-1 中挑选出对应的操作步骤,按顺序填入并完成设计流程图(图 5-1-5)。

表 5-1-1 本实训操作步骤与内容

操作步骤(乱序)	具体操作内容
A. 读取本月客户还款信息	(1)打开银行流水账 Excel 文件,取名为"银行流水账"; (2)获取银行流水账总行数,取名为"银行流水行数"; (3)读取银行流水账中所有数据,取名为"银行流水信息"; (4)关闭银行流水账 Excel 文件
B. 另存应收账款账龄分析表	(1)获取银行流水账的名称,取名为"银行流水账名称"; (2)从银行流水账名称中抽取时间,取名为"月份"; (3)另存应收账款账龄分析表 Excel 文件,存入原应收账款账龄分析表的文件夹,命名格式为:202512 应收账款账龄分析表.xlsx

「新专标」

Xinzhuanbiao
系列教材 *Xilie Jiaocai*

操作步骤(乱序)	具体操作内容
C. 遍历欠款客户和金额,依次指向应收账款账龄分析表的当前客户行。	(1) 用 t 遍历欠款客户和金额,依次用客户和金额信息去查找银行流水账中的对应信息; (2) 在每一次遍历开始时,更新行号为行号+1,更新为当前客户的行号
D. 打开应收账款账龄分析表	(1) 打开应收账款账龄分析表 Excel 文件,取名为"应收账款账龄分析表"; (2) 获取应收账款账龄分析表总行数,取名为"账龄分析表行数"; (3) 读取应收账款账龄分析表中的客户和金额,取名为"欠款客户和金额"
E. 在银行流水账中找到与当前应收账款账龄分析表同一笔款项	如果银行流水账中的客户与应收账款账龄分析表中的客户一致: (1) 将银行流水账中还款金额转换为数值类型; (2) 将账龄分析表中欠款金额转换为数值类型; (3) 判断当前银行流水中的金额是否与当前应收账款账龄分析表中的金额一致
F. 删除已还款信息	如果银行流水账中的金额与应收账款账龄分析表中的金额一致,表示已还款: (1) 在应收账款账龄分析表中删除当前行; (2) 更新行号为:行号-1,为下一个遍历准备行号; (3) 跳出银行流水的循环,进入下一个欠款客户和金额的循环
G. 遍历银行流水账,在银行流水账中找到与当前账龄分析表一致的还款客户	(1) 用 y 遍历银行流水账,依次找到银行流水中的客户还款信息; (2) 在当前遍历的银行流水信息中,判断业务类型是否"汇入汇款"的信息; (3) 如果是,再判断摘要是否"货款"的信息; (4) 如果是,再查看银行流水中的客户是否与应收账款账龄分析表中的客户一致
H. 增加开票信息	(1) 用 k 遍历开票信息,依次在应收账款账龄分析表的新一行增加开票信息; (2) 在每一次遍历开始时,更新行号为行号+1,为新增数据做准备; (3) 在新一行,新增相关的开票信息,包括客户名称、应收账款金额、数电票号码、开票日期; (4) 自动填充这一行的账龄分析数据
I. 读取本月发生应收信息	(1) 打开本月开票导出文件,取名为"开票表"; (2) 获取开票表总行数,取名为"开票行数"; (3) 读取开票表中所有数据,取名为"开票信息"; (4) 关闭开票表 Excel 文件
J. 删除还款信息。设置即将删除行的行号初始值	设置一个变量,名为"行号",初始值为3

现在,聪明的你,能否根据设计流程图,开发一个"编制账龄分析表"机器人？让机器人根据银行流水信息和开票信息,确认应收账款的欠款和还款情况,并更新应收账款账龄分析表。

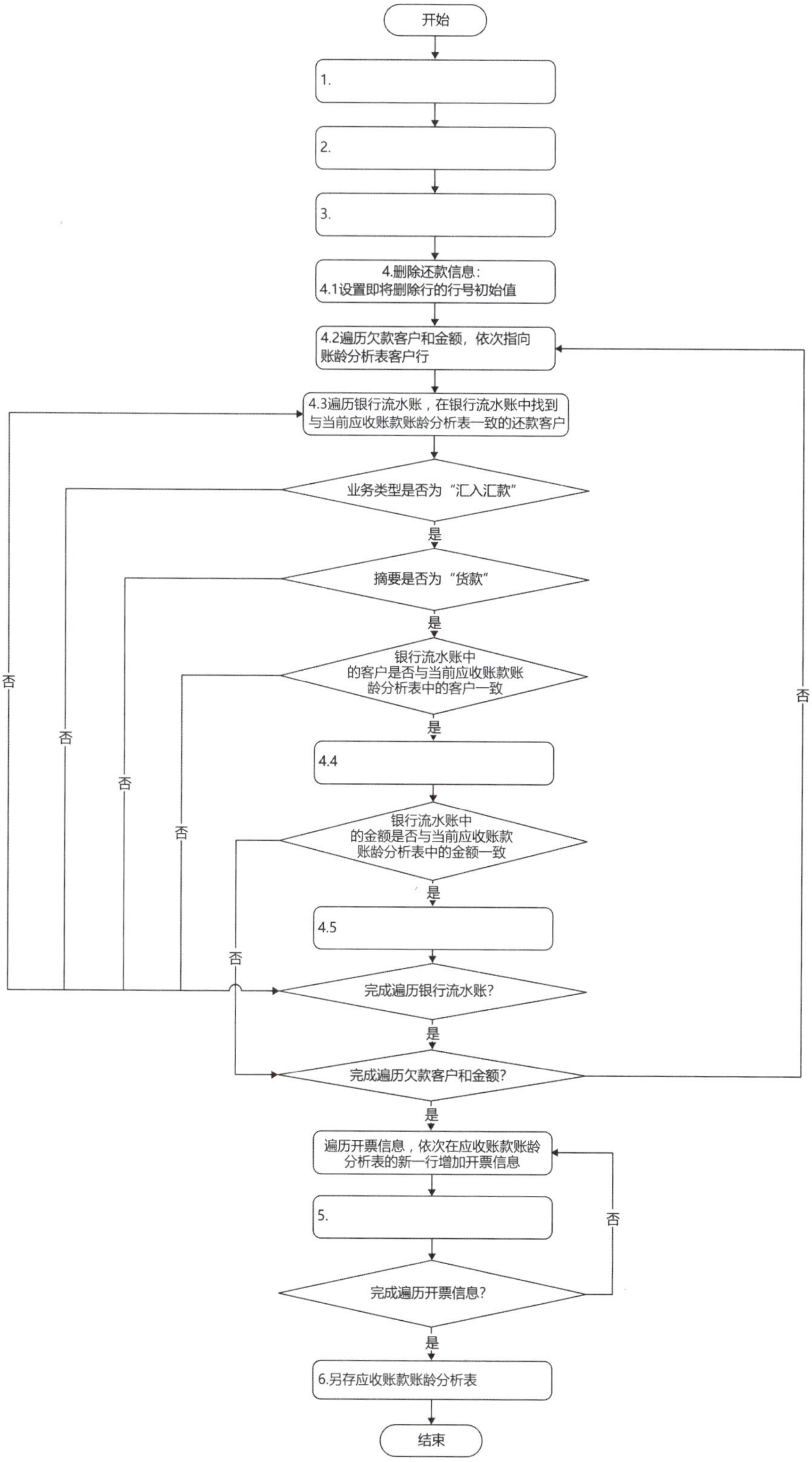

开始

1.

2.

3.

4.删除还款信息:
4.1设置即将删除行的行号初始值

4.2遍历欠款客户和金额,依次指向账龄分析表客户行

4.3遍历银行流水账,在银行流水账中找到与当前应收账款账龄分析表一致的还款客户

业务类型是否为"汇入汇款"

否

是

摘要是否为"货款"

否

是

银行流水账中的客户是否与当前应收账款账龄分析表中的客户一致

否

是

4.4

银行流水账中的金额是否与当前应收账款账龄分析表中的金额一致

否

是

4.5

完成遍历银行流水账?

否

是

完成遍历欠款客户和金额?

否

是

遍历开票信息,依次在应收账款账龄分析表的新一行增加开票信息

5.

完成遍历开票信息?

否

是

6.另存应收账款账龄分析表

结束

图 5-1-5 本实训流程图

流程图答案
5-1

四、 开发应用

如果你不清楚用哪些命令来开发"编制账龄分析表"机器人,请你在表 5-1-2 中挑选相关命令,并参照图 5-1-6 中的本实训案例命令框架,在 UiBot 中完成 RPA 机器人的开发设计。

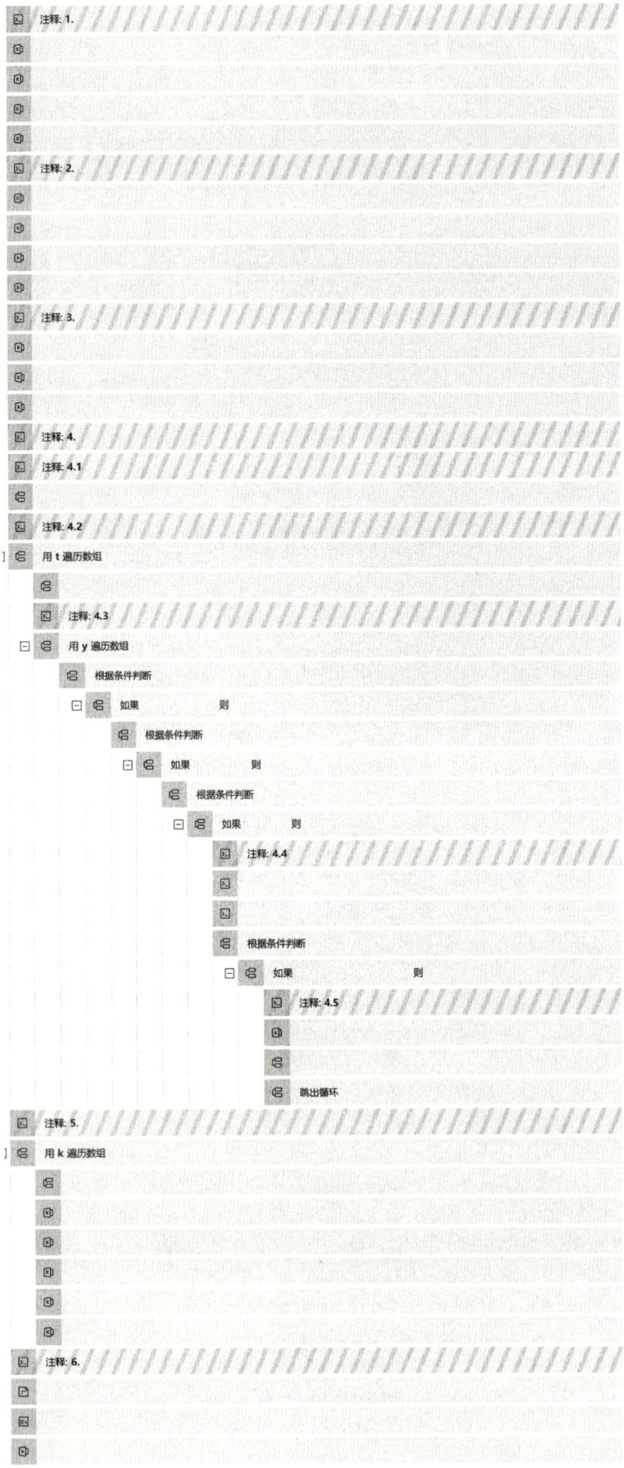

图 5-1-6　本实训案例命令框架

表 5-1-2　本实训案例命令库

序号	命令	说明	可视化样例
1	跳出循环 关键词： 跳出、循环	跳出计次循环、遍历数据,后面的循环将不会执行。 举例： 令数组 a=['U','i',1,'B','o','T'],遍历数组 a,当 value 为 1 时,退出循环,不再遍历 a	令 a 的值为 [1,2,3,4,5] 用 value 遍历数组 a 　弹出消息对话框,输出到 iRet 　根据条件判断 　　如果 a=3 则 　　　跳出循环
2	写入单元格 关键词： 写入、单元格	将数据写入工作表中指定的单元格(支持写入公式)。 举例： 在 Excel 对象 Sheet1 工作表的 A6 单元格写入数据"abcd"	工作簿对象 ⑦ Exp objExcelWorkBook X 工作表 ⑦ Exp Sheet1 单元格 ⑦ Exp A6 数据 ⑦ Exp abcd 立即保存 ⑦ Exp 否
3	获取名称 关键词： 获取、名称	指定一个文件或文件夹路径,获取路径对应文件或文件夹的名称。 举例： 获取"发票汇总表.xlsx"Excel 工作簿的名称,即"发票汇总表",存入 sName	输出到 ⑦ ⟐ sName X ︿ 必选 路径 ⑦ Exp D:\发票汇总表.xlsx 包含扩展名 ⑦ Exp 否
4	打开 Excel 工作簿 关键词： 打开、Excel	通过指定路径打开一个 Excel 工作簿文件(如果文件不存在则会创建此文件),并返回 Excel 对象,支持 xls、xlsx、xlsm 格式。 举例： 打开 D 盘中"发票清单"文件夹里的"发票汇总表.xlsx"Excel 工作簿,取名为"发票汇总"	输出到 ⑦ ⟐ 发票汇总 X ︿ 必选 文件路径 ⑦ Exp D:\发票清单\发票汇总表.xlsx 是否可见 ⑦ Exp 是 打开方式 ⑦ Exp Excel

（续表）

序号	命令	说明	可视化样例
5	获取行数 关键词： 获取、行数	获取工作表中已使用的行数。 举例： 获取 Excel 工作簿 Sheet1 工作表的已使用行数，存入 iRet	输出到 ⑦ Ⓕ iRet ✕ ⌄ ∧ 必选 工作簿对象 ⑦ Exp objExcelWorkBook ✕ ⌄ 工作表 ⑦ Exp Sheet1 ✎
6	读取区域 关键词： 读取、区域	读取工作表中指定区域的值，返回二维数组。 举例： 读取名为"发票汇总"的 Excel 文件 Sheet1 工作表中 A1－B2 区域的值，存储为二维数组	工作簿对象 ⑦ Exp 发票汇总 ✕ ⌄ 工作表 ⑦ Exp Sheet1 ✎ 区域 ⑦ Exp A1:B2 ✎
7	删除行 关键词： 删除、行	从工作表中删除一行。 举例： 删除 Excel 对象 Sheet1 工作表的 A1 所在行	工作簿对象 ⑦ Exp objExcelWorkBook ✕ ⌄ 工作表 ⑦ Exp Sheet1 ✎ 单元格或行号 ⑦ Exp A1 ✎ 立即保存 ⑦ Exp 否 ⌄
8	变量赋值 关键词： 变量	将等式右边的数据存入左边的变量，等式右侧可以为字符串、数值、表达式、命令输出等。 举例： 给变量 a 赋值字符串 Uibot，即 a＝"Uibot"	变量名 ⑦ Ⓕ a 变量值 ⑦ Exp "Uibot" ƒx ✎
9	依次读取数组中每个元素 关键词： 依次	循环遍历数组中的每一个元素，并对每一个元素执行特定的操作。 举例： 用 value 依次读取数组['U', 'i', 'B', 'o', 'T']中的每一个元素	值 ⑦ Ⓕ value 数组 ⑦ Exp ['U','i','B','o','T'] ƒx ✎

「新专标」系列教材 Xinzhuanbiao Xilie Jiaocai

（续表）

序号	命令	说明	可视化样例
10	如果条件成立 **关键词：** 如果	如果条件表达式为真，则执行操作。 **举例：** 令变量 a 为 1，判断 a 是否等于 1，如果 a＝1，则打印 yes	令 **a** 的值为 **1** 根据条件判断 　如果 **a=1** 则 　　向调试窗口输出：**yes**
11	转为小数数据 **关键词：** 转为、数据	将数据转换为小数（浮点数）类型。 **举例：** 将字符串 1.5 转换为浮点数，结果为 1.5，将结果存入"dRet"变量	输出到 ⑦ dRet x　　　　⌄ ∧必选 转换对象 ⑦ Exp "1.5"
12	抽取字符串中数字 **关键词：** 抽取、数字	抽取目标字符串中的所有数字。 **举例：** 抽取字符串 ABC123 中的数字，将 123 存入 sRet	输出到 ⑦ sRet x　　　　⌄ ∧必选 目标字符串 ⑦ Exp ABC123
13	另存 Excel 工作簿 **关键词：** 另存、Excel	将 Excel 工作簿文件另存为新的文件。该命令不能单独使用，需配合"打开 Excel 工作簿"命令一起使用才能正常使用，单独使用则会报错。 **举例：** 将已打开名为"发票汇总"Excel 文件另存到 D 盘并重命名为"另存文件.xlsx"	工作簿对象 ⑦ Exp 发票汇总 x 文件路径 ⑦ Exp D:\另存文件.xlsx

　　现在，相信你应该可以开发一个"编制账龄分析表"机器人了吧。让机器人根据银行流水信息和开票信息，确认应收账款的欠款和还款情况，并更新应收账款账龄分析表。

　　如果机器人在运行过程中出现问题，不用担心，可以翻阅本教材的后半部分，查看具体的操作步骤，来完善你的机器人。

实训二　发送对账邮件

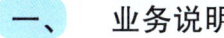

一、　业务说明

　　欢迎开启本次实训！我们先要明确本次实训的任务：帮助应收账款会计向客户发送邮

件进行往来对账工作。

2025 年 12 月 31 日，应收账款会计根据本月编制的应收账款账龄分析表(图 5-2-1)，汇总每家客户的应收账款总额，并向每家客户发送邮件告知其应收账款信息(图 5-2-2)(所有客户的邮箱信息在应收账款账龄分析表的 sheet2 工作表中)。

上海泓海电子有限公司应收账款账龄分析表(金额单位：元)												
统计日期	2025年12月31日									应收账款合计(元)		749580
客户名称	应收账款(单位：元)	数电票号码	开票日期	已欠款天数	<=30	31-60天	61-90天	91-120天	>120天	信用期限	是否超过信用期	超过信用期的天数
斯特测量设备贸易有限公司	14000	24312000000002423728	2025/8/29	124	-	-	-	-	14000	90	是	34
科百特投资有限公司	6500	24312000000001621167	2025/9/24	98	-	-	-	6500	-	45	是	53
科百特投资有限公司	2300	24312000000019221165	2025/10/22	70	-	-	2300	-	-	45	是	25
北安斯银行有限公司	16000	24312000000016271155	2025/11/3	58	-	16000	-	-	-	45	是	13
冠强电脑有限公司	5300	24312000000001921135	2025/9/30	92	-	-	-	5300	-	30	是	62
源轩计算机系统工程有限公司	36000	24312000000002781129	2025/9/19	103	-	-	-	36000	-	60	是	43
斯特测量设备贸易有限公司	8500	24312000000002561334	2025/12/3	28	8500	-	-	-	-	90	否	-
海信慧园有限公司	3000	24312000000007285743	2025/12/8	23	3000	-	-	-	-	60	否	-
科百特投资有限公司	24400	24312000000004636189	2025/12/5	26	24400	-	-	-	-	45	否	-
科百特投资有限公司	24400	24312000000004636189	2025/12/5	26	24400	-	-	-	-	45	否	-
凯瑞振动有限公司	3000	24312000000007252349	2025/12/8	23	3000	-	-	-	-	90	否	-
克里斯有限公司	800	24312000000007268739	2025/12/8	23	800	-	-	-	-	30	否	-
启鼎智能电气有限公司	6500	24312000000014446449	2025/12/15	16	6500	-	-	-	-	60	否	-
启鼎智能电气有限公司	26000	24312000000014446449	2025/12/15	16	26000	-	-	-	-	60	否	-
启鼎智能电气有限公司	6500	24312000000004618029	2025/12/5	26	6500	-	-	-	-	60	否	-
启鼎智能电气有限公司	130400	24312000000017117931	2025/12/17	14	130400	-	-	-	-	60	否	-
启鼎智能电气有限公司	105000	24312000000017117931	2025/12/17	14	105000	-	-	-	-	60	否	-
北安斯银行有限公司	1300	24312000000014259053	2025/12/15	16	1300	-	-	-	-	45	否	-
阿莉莎化妆品有限公司	1080	24312000000017492411	2025/12/17	14	1080	-	-	-	-	30	否	-
阿莉莎化妆品有限公司	860	24312000000017492411	2025/12/17	14	860	-	-	-	-	30	否	-
宝爱丽家具有限公司	1000	24312000000007262347	2025/12/8	23	1000	-	-	-	-	30	否	-
源钧计算机科技有限公司	8800	24312000000006935810	2025/12/8	23	8800	-	-	-	-	45	否	-
源钧计算机科技有限公司	6300	24312000000006935810	2025/12/8	23	6300	-	-	-	-	45	否	-
冠强电脑有限公司	1040	24312000000017186476	2025/12/17	14	1040	-	-	-	-	30	否	-
冠强电脑有限公司	120	24312000000017186476	2025/12/17	14	120	-	-	-	-	30	否	-
冠强电脑有限公司	10300	24312000000025166435	2025/12/24	7	10300	-	-	-	-	30	否	-
冠强电脑有限公司	720	24312000000025166435	2025/12/24	7	720	-	-	-	-	30	否	-
创之星信息科技有限公司	124000	24312000000014507039	2025/12/15	16	124000	-	-	-	-	60	否	-
源轩计算机系统工程有限公司	37500	24312000000017165476	2025/12/17	14	37500	-	-	-	-	60	否	-
鸣光广告有限公司	24800	24312000000018502080	2025/12/18	13	24800	-	-	-	-	30	否	-
轩仲电子科技有限公司	42240	24312000000007308316	2025/12/8	23	42240	-	-	-	-	45	否	-
轩仲电子科技有限公司	11680	24312000000007308316	2025/12/8	23	11680	-	-	-	-	45	否	-
轩仲电子科技有限公司	9160	24312000000014473746	2025/12/15	16	9160	-	-	-	-	45	否	-
通达科技有限公司	25500	24312000000002572281	2025/12/3	28	25500	-	-	-	-	30	否	-
骏业机电设备有限公司	19700	24312000000022100426	2025/12/22	9	19700	-	-	-	-	60	否	-
丰源电子科技有限公司	1600	24312000000018655551	2025/12/18	13	1600	-	-	-	-	60	否	-

图 5-2-1 应收账款账龄分析表

授予各客户的信用期限		
客户名称	邮箱地址	信用期限(天)
斯特测量设备贸易有限公司	64371234@mail.com	90
海信慧园有限公司	53621782@mail.com	60
科百特投资有限公司	54891278@mail.com	45
凯瑞振动有限公司	65742384@mail.com	90
克里斯有限公司	64738923@mail.com	30
启鼎智能电气有限公司	57483911@mail.com	60
北安斯银行有限公司	65783456@mail.com	45
阿莉莎化妆品有限公司	54673218@mail.com	30
宝爱丽家具有限公司	65788912@mail.com	30
源钧计算机科技有限公司	54328765@mail.com	45
冠强电脑有限公司	56732819@mail.com	30
创之星信息科技有限公司	67463622@mail.com	60
源轩计算机系统工程有限公司	65553333@mail.com	60
鸣光广告有限公司	54662221@mail.com	30
轩仲电子科技有限公司	54326555@mail.com	45
通达科技有限公司	68331122@mail.com	30
骏业机电设备有限公司	63448877@mail.com	60
丰源电子科技有限公司	53887766@mail.com	60

图 5-2-2 账龄分析表 Sheet2

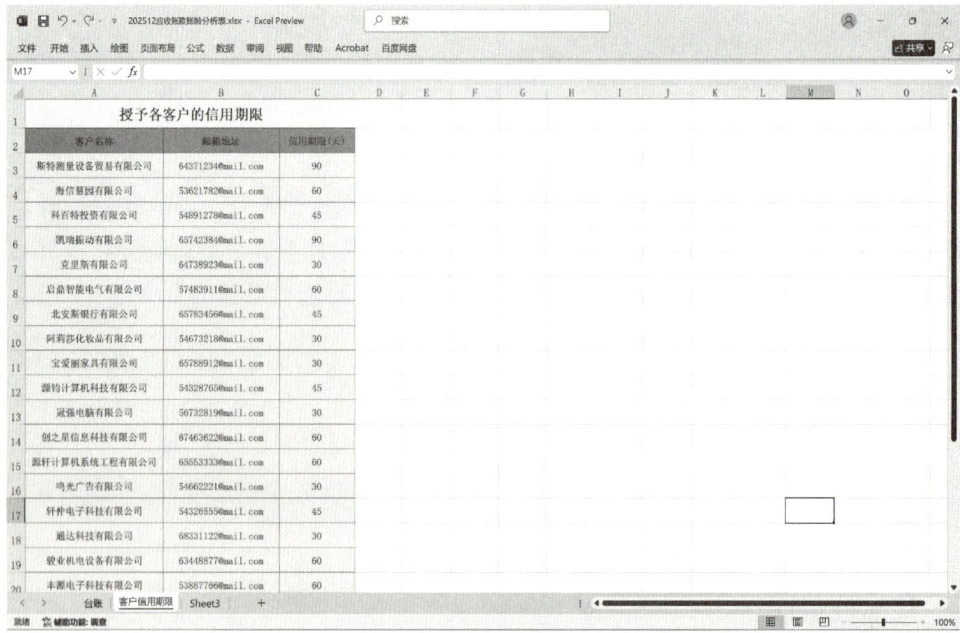

在实训开始之前,请你先扫描二维码,下载本次实训的资料(图 5-2-3),做好实训准备。

图 5-2-3　实训资料

本实训还需先配置邮箱 SMTP,以 QQ 邮箱配置为例,具体操作如下。

1. 登录 QQ 邮箱→点击【设置】→选择【账号】,如图 5-2-4 所示。

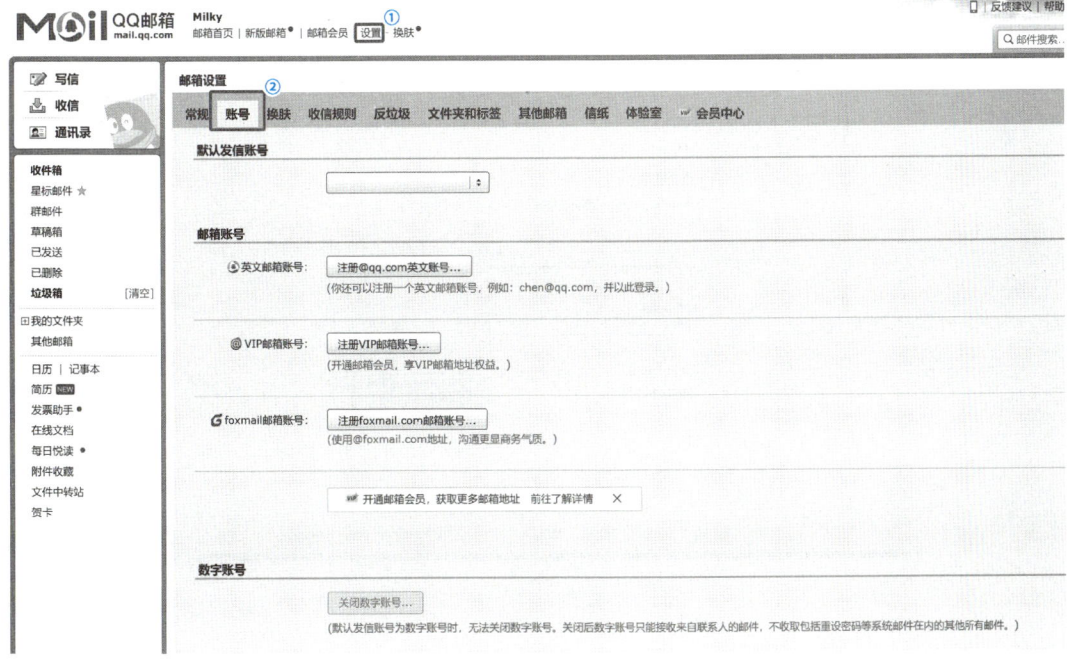

图 5-2-4　配置邮箱 1

2. 找到【POP3/IMAP/SMTP/Exchange/CardDAV/CalDAV 服务】→点击【开启服务】，如图 5-2-5 所示。

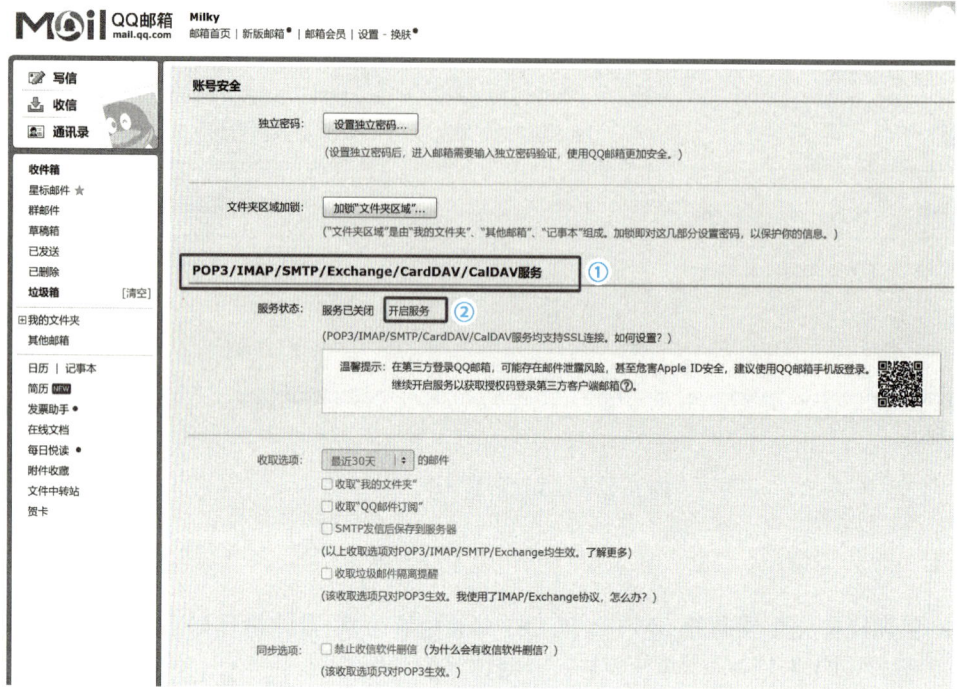

图 5-2-5　配置邮箱 2

3. 根据要求发送短信后→点击【我已发送】，如图 5-2-6 所示。

图 5-2-6　配置邮箱 3

4. 复制并保存授权码。该授权码为 SMTP 邮箱密码，要将其先记录下来，后续在 UiBot 中需要输入【邮箱密码】。点击【关闭页面】，邮箱 IMAP/SMTP 配置完成，如图 5-2-7 所示。

图 5-2-7　配置邮箱 4

你能根据实训资料,帮助应收账款会计设计一个"编制账龄分析表"RPA 财务机器人,让机器人根据本月的应收账款情况更新应收账款账龄分析表吗?

别急,在设计之前,先来了解一下应收账款会计是怎么处理的吧。

应收账款会计在编制完应收账款账龄分析表后,要汇总计算每家客户的应收账款总额,并发送邮件告知客户。

首先,应收账款会计打开的 sheet1,查看所有信息。

其次,打开应收账款账龄分析表 sheet2,新增一列,使用 Excel 的【Sumif(Range,Criteria,Sum_range)】函数,逐一计算每家客户的应收账款总额。其中,【Range】选取 sheet1 中的客户名称和应收账款的所有数据,表示数据范围;【Criteria】选取 sheet2 中要计算的客户名称,表示指向的客户;【Sum_range】选取 sheet1 中所有应收账款金额,表示要求和的数据范围。

最后,逐一向每家客户发送邮件,告知客户其应收账款的总额。

财务人员在向客户进行往来账对账时,应具备哪些职业素养呢?

在财务工作中,财务人员与客户进行往来账账实核对并通过邮件告知时,各环节均需严守职业规范。

(1)准备阶段,财务人员要依据会计准则,仔细检查企业的往来账目,确保账目清晰、准确、完整,做到账实相符。同时,要熟悉客户的基本信息、业务情况和以往对账情况,准备好对账单、发票、送货单、合同等相关资料,为账实核对做好充分准备。

(2)沟通阶段,与客户交流务必礼貌、专业、热情,运用规范且通俗易懂的语言。应按既定对账周期或业务实际需求,及时主动联系客户。应认真倾听客户意见,耐心解答疑问,全力营造良好对账氛围。

（3）邮件发送阶段，邮件内容要清楚、准确、完整，明确对账的目的、周期和主要结果等关键信息，对差异部分要详细解释，并附上证明材料。邮件格式要规范，标题要简洁明了，比如"[公司名称]与贵方[对账周期]往来账实核对结果"，正文段落要清晰，称呼和落款要恰当。语言表达要正式、严谨，避免口语化和容易产生歧义的表述。同时，要重视邮件安全，防止客户信息泄露。

（4）后续阶段，持续跟进未达账项等问题，督促相关部门和人员及时处理，保证往来账目准确。完成核对及邮件告知后，要全面总结分析，梳理问题、总结经验，完善往来账管理内控制度与流程。最后，将核对资料及邮件往来记录分类整理、妥善归档，为后续查阅、审计提供有力支持。

如果能开发一个"批量发送对账邮件"机器人，其能解决财务人员的什么"痛点"呢？

在财务工作中，"批量发送对账邮件"机器人可有效解决财务人员的诸多"痛点"。

（1）. 工作效率。传统手工发送对账邮件，财务人员需逐一录入收件人、编写邮件，耗时耗力。机器人能批量处理，瞬间完成大量邮件发送，把原本需数天的工作缩短至几小时，使财务人员从烦琐事务中脱身，专注于财务分析等重要工作。

（2）准确率。人工易因疲劳等出错，导致对账数据有误。机器人可精准提取财务系统的数据，保证邮件里的金额、账目明细等信息准确，还能统一邮件格式，使其符合财务规范，提升公司专业形象。

（3）沟通维护。机器人按预设时间准时发邮件，可避免人为遗忘延迟，维护与客户的良好沟通节奏。对于未回复客户，机器人可自动催办提醒，减少财务人员反复沟通的成本，加速对账流程。

（4）管理追溯。机器人自动记录邮件发送详情，如时间、收件人、内容等，形成完整日志，方便财务人员进行后续审计、查询。同时，机器人能统计发送数据，如发送数量、回复率等，助力财务人员掌握对账成效，为工作优化提供数据支撑。

勇于挑战的你，能不能根据业务说明，尝试开发一个"编制账龄分析表"机器人？让机器人根据银行流水信息和开票信息，确认应收账款的欠款和还款情况，并更新应收账款账龄分析表。

二、 设计思路

在了解业务场景后，请你将本实训案例的业务处理流程转化为 RPA 机器人的操作步骤。请你阅读以下步骤，思考如何设计"编制账龄分析表"机器人。

1. 让 RPA 机器人打开应收账款账龄分析表 Excel 文件。

2. 在应收账款账龄分析表的 sheet1"台账"中，获取所有数据的总行数。

3. 在应收账款账龄分析表的 sheet2"客户信用期限"中，读取所有客户名称。

4. 在应收账款账龄分析表的 sheet2"客户信用期限"中，新开一列，并写入标题"应收账款总额"。

5. 定位到第一个客户名称的行号，后续将在这一行中的新开列，填入该客户的应收账款总额。

6. 弹出一个对话框，请用户输入发送人的邮箱账号，即邮箱地址；再弹出一个对话框，请用户输入发送人的邮箱密码，即邮箱授权码。注意，在此之前，用户需在邮箱网站上配置完成邮箱 SMTP。

7. 遍历客户名称，依次计算各客户的应收账款总金额，并向客户发送邮件。

（1）逐一在 sheet1 中找到该客户的所有应收账款金额并相加，在 sheet2 中的新增列对应的单元格填入，应收账款总额。

（2）读取该客户的客户邮箱和应收账款总额。

（3）让 RPA 机器人发送邮箱给该客户，告知客户目前的应收账款余额。

邮件标题格式为：

某某客户应收款对账

邮件正文格式为：

尊敬的某某公司：您好！
　　贵公司本期的应收账款余额为××××元。请核查！
　　本函仅为复核账目之用，并非催款结算。款项无论相符与否，仍请及时函复为盼。

（4）更新行号为行号＋1，准备下一个客户的操作。

现在，乐于探索的你，能否根据以上设计思路，尝试开发一个"编制账龄分析表"机器人？让机器人根据银行流水信息和开票信息，确认应收账款的欠款和还款情况，并更新应收账款账龄分析表。

三、　流程设计

如果你还不清楚具体的开发步骤，请从表 5-2-1 中挑选出对应的操作步骤，按顺序填入并完成设计流程图（图 5-2-8）。

表 5-2-1　本实训操作步骤与内容

操作步骤（乱序）	具体操作内容
A. 写入标题	在账龄分析表 sheet2"客户信用期限"中的新一列的第二行，即 D2 单元格，写入标题"应收账款总额"，为后续本列中计算各客户应收账款总额做准备
B. 对话框输入发送人邮箱信息	（1）弹出对话框，输入发送人的邮箱账号，即邮箱地址，取名为"邮箱账号"； （2）弹出对话框，输入发送人的邮箱密码，即邮箱授权码，取名为"邮箱密码"
C. 打开账龄分析表	打开应收账款账龄分析表 Excel 文件，取名为"账龄分析表"
D. 读取所有客户名称	读取账龄分析表 sheet2"客户信用期限"中所有客户名称，取名为"客户名称"
E. 计算应收账款总额	在账龄分析表 sheet2"客户信用期限"中的 D 列，利用 Excel 的 sumif() 函数，逐一将本次遍历的客户应收账款总额计算出来，并填入单元格
F. 获取台账总行数	获取账龄分析表 sheet1"台账"中所有数据的总行数，取名为"总行数"
G. 定位行号	设置一个变量，名为"行号"，初始值为3，为后续填入各客户应收账款总额做准备
H. 遍历客户名称，向客户发送邮件	用 v 遍历客户名称，依次计算各客户的应收账款总金额，并向客户发送邮件

（续表）

操作步骤（乱序）	具体操作内容
I. 发送邮件	在发送邮件前，先确认是否已完成配置邮箱 SMTP。如果已经配置好，编辑如下邮件信息： ① 邮件标题格式为：某某客户应收款对账 ② 邮件正文格式为： 　　尊敬的某某公司：您好！ 　　　　贵公司本期的应收账款余额为××××元。请核查！ 　　　　本函仅为复核账目之用，并非催款结算。款项无论相符与否，仍请及时函复为盼
J. 更新行号	更新行号为行号＋1，到下一行，准备下一个客户的操作
K. 读取客户信息	填完客户的应收账款总额后： （1）读取本行中的客户邮箱，取名为"客户邮箱"； （2）读取本行中的应收账款总额，取名为"应收账款总额"

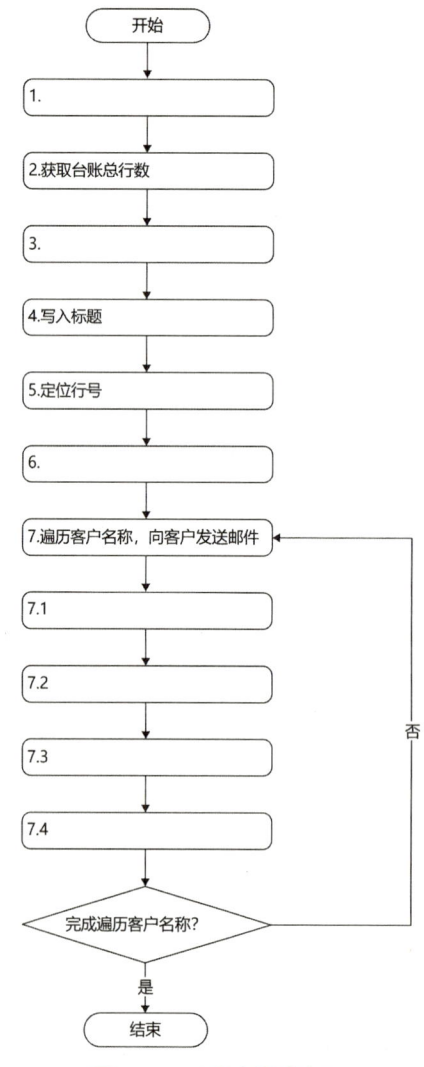

图 5-2-8　本实训流程图

流程图答案
5-2

现在,聪明的你,能否根据设计流程图,开发一个"编制账龄分析表"机器人?让机器人根据银行流水信息和开票信息,确认应收账款的欠款和还款情况,并更新应收账款账龄分析表。

四、 开发应用

如果你不清楚用哪些命令来开发"编制账龄分析表"机器人,请在表5-2-2中挑选相关命令,并参照图5-2-9中的本实训案例命令框架,在UiBot中完成RPA机器人的开发设计。

表5-2-2 本实训案例命令库

序号	命令	说明	可视化样例
1	输入对话框 关键词: 输入、对话框	弹出输入对话框,返回用户在对话框中输入的内容。 举例: 弹出标题为"Laiye Automation"的对话框,对话框中显示"这是一个对话框",用户输入的内容存入sRet	输出到 ⑦ 中 sRet × ∧ 必选 消息内容 ⑦ Exp 这是一个对话框 对话框标题 ⑦ Exp Laiye Automation 默认内容 ⑦ Exp 请在这里输入内容 仅支持数字 ⑦ Exp 否
2	写入单元格 关键词: 写入、单元格	将数据写入工作表中指定的单元格(支持写入公式)。 举例: 在Excel对象Sheet1工作表的A6单元格写入数据"abcd"	工作簿对象 ⑦ Exp objExcelWorkBook × 工作表 ⑦ Exp Sheet1 单元格 ⑦ Exp A6 数据 ⑦ Exp abcd 立即保存 ⑦ Exp 否
3	读取单元格 关键词: 读取	读取工作表中指定单元格的值。 举例: 读取名为"发票汇总"的Excel文件Sheet1工作表中A1单元格的值	工作簿对象 ⑦ Exp 发票汇总 × 工作表 ⑦ Exp Sheet1 单元格 ⑦ Exp A1

（续表）

序号	命令	说明	可视化样例
4	打开 Excel 工作簿 关键词： 打开、Excel	通过指定路径打开一个 Excel 工作簿文件（如果文件不存在则会创建此文件），并返回 Excel 对象，支持 xls、xlsx、xlsm 格式。 举例： 打开 D 盘中"发票清单"文件夹里的"发票汇总表.xlsx"Excel 工作簿，取名为"发票汇总"	输出到 ⑦ 发票汇总 ✕ ∧ 必选 文件路径 ⑦ Exp D:\发票清单\发票汇总表.xlsx 是否可见 ⑦ Exp 是 打开方式 ⑦ Exp Excel
5	获取行数 关键词： 获取、行数	获取工作表中已使用的行数。 举例： 获取 Excel 工作簿 Sheet1 工作表的已使用行数，存入 iRet	输出到 ⑦ iRet ✕ ∧ 必选 工作簿对象 ⑦ Exp objExcelWorkBook ✕ 工作表 ⑦ Exp Sheet1
6	读取区域 关键词： 读取、区域	读取工作表中指定区域的值，返回二维数组。 举例： 读取名为"发票汇总"的 Excel 文件 Sheet1 工作表中 A1－B2 区域的值，存储为二维数组	工作簿对象 ⑦ Exp 发票汇总 ✕ 工作表 ⑦ Exp Sheet1 区域 ⑦ Exp A1:B2
7	变量赋值 关键词： 变量	将等式右边的数据存入左边的变量，等式右侧可以为字符串、数值、表达式、命令输出等。 举例： 给变量 a 赋值字符串 Uibot，即 a＝"Uibot"	变量名 ⑦ a 变量值 ⑦ Exp "Uibot"

（续表）

序号	命令	说明	可视化样例
8	关闭 Excel 工作簿 关键词： 关闭、Excel	关闭打开的 Excel 工作簿对象。 举例： 关闭使用"打开 Excel 工作簿"命令打开并取名为"发票汇总"的 Excel 文件	工作簿对象 ⑦ Exp　发票汇总 ×　　　∨ 立即保存 ⑦ Exp　否　　　∨
9	依次读取数组中每个元素 关键词： 依次	循环遍历数组中的每一个元素,并对每一个元素执行特定的操作。 举例： 用 value 依次读取数组['U', 'i', 'B', 'o', 'T']中的每一个元素	值 ⑦ ◁▷ value 数组 ⑦ Exp　['U','i','B','o','T']　　fx ✎
10	发送邮件 关键词： 发送、邮件	发送邮件到指定邮箱。 举例： 发送邮件到 13579@outlook.com,并抄送 1357924680@outlook.com。邮件标题为"发票信息核对",邮件正文为"发票见附件,烦请核对,谢谢!"并附上附件	发件人邮箱 ⑦ Exp　24680@outlook.com　✎ 收信邮箱 ⑦ Exp　13579@outlook.com　✎ 邮件标题 ⑦ Exp　发票信息核对　✎ 邮件正文 ⑦ Exp　发票见附件,烦请核对,谢谢!　✎ 邮件格式 ⑦ Exp　text　　　∨ 邮件附件 ⑦ Exp　D:\发票清单\发票汇总表.xlsx　📁 抄送邮箱 ⑦ Exp　1357924680@outlook.com　✎ 密件抄送邮箱 ⑦ Exp　请输入内容　✎

现在,相信你应该可以开发一个"编制账龄分析表"机器人了吧。让机器人根据银行流水信息和开票信息,确认应收账款的欠款和还款情况,并更新应收账款账龄分析表。

如果机器人在运行过程中出现问题,不用担心,可以翻阅本教材的后半部分,查看具体的操作步骤,来完善你的机器人。

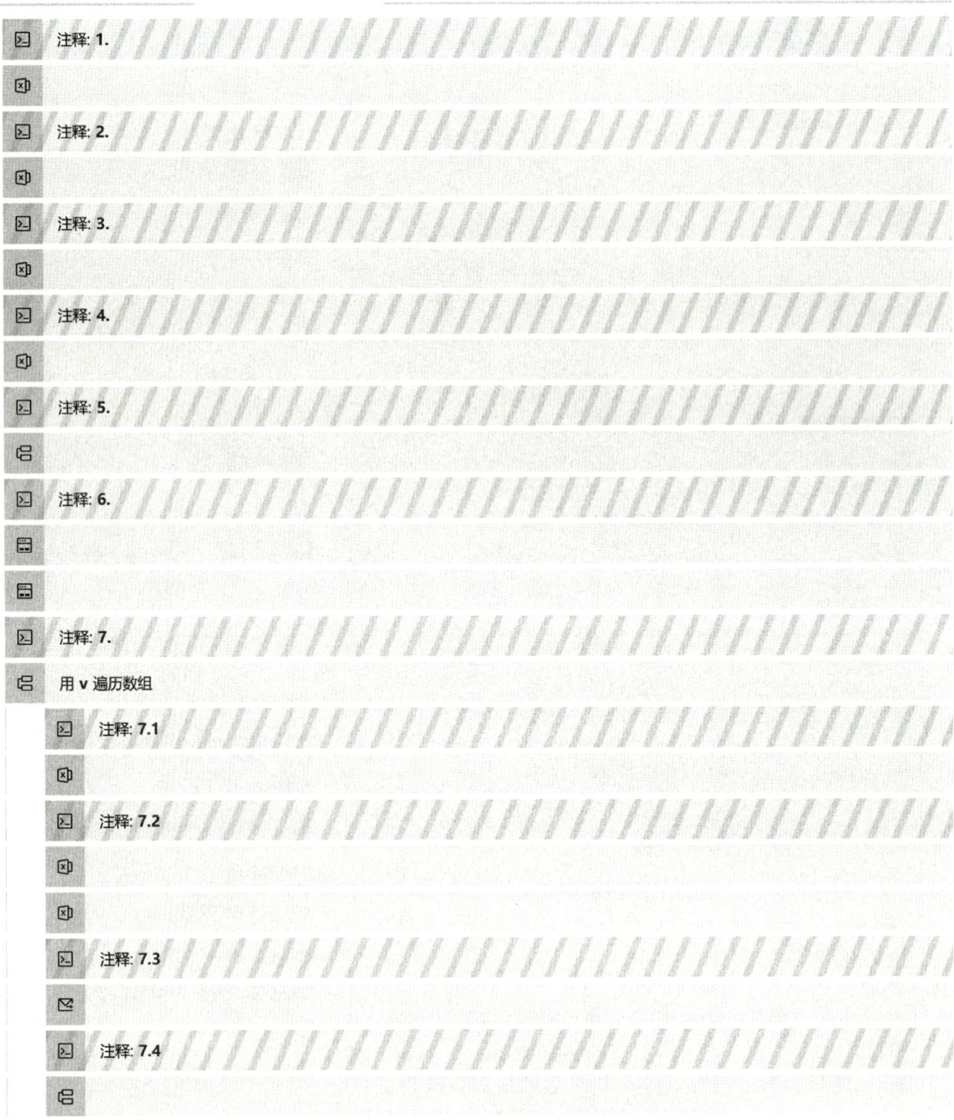

注释: 1.

注释: 2.

注释: 3.

注释: 4.

注释: 5.

注释: 6.

注释: 7.

用 v 遍历数组

注释: 7.1

注释: 7.2

注释: 7.3

注释: 7.4

图 5-2-9　本实训案例命令框架

操作步骤

项目六

Chapter 6 差旅费报销管理操作步骤

实训一　审核报销单据操作步骤

一、前期准备

（一）新建流程块

打开 UiBot Creator，新建【审核报销单据】流程，选中新建的流程块，编辑基本信息，保存文件，如图 6-1-1 所示。

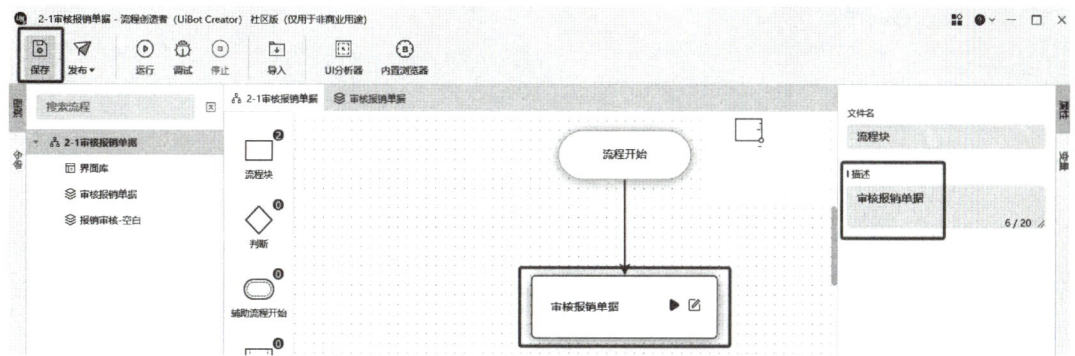

图 6-1-1　新建【审核报销单据】流程

（二）存放实训资源

关闭当前界面，返回到主页，打开对应的文件夹路径。将相关文件存放在流程文件夹"res"目录下，以便财务机器人使用，如图 6-1-2 所示。

二、指令设置

打开 UiBot Creator，进入【审核报销单据】流程界面，点击【审核报销单据】流程块的编辑按钮，进入命令设置界面，开始设置由机器人执行的指令。

图 6-1-2　存放资料

步骤 1，读取住宿标准。

（1）打开 Excel 文件。添加【打开 Excel 工作簿】命令→在【属性】中更改【文件路径】为【差旅费住宿标准.xlsx】存放的路径→更改【输出到】为【差旅费住宿标准文件】，如图 6-1-3 所示。

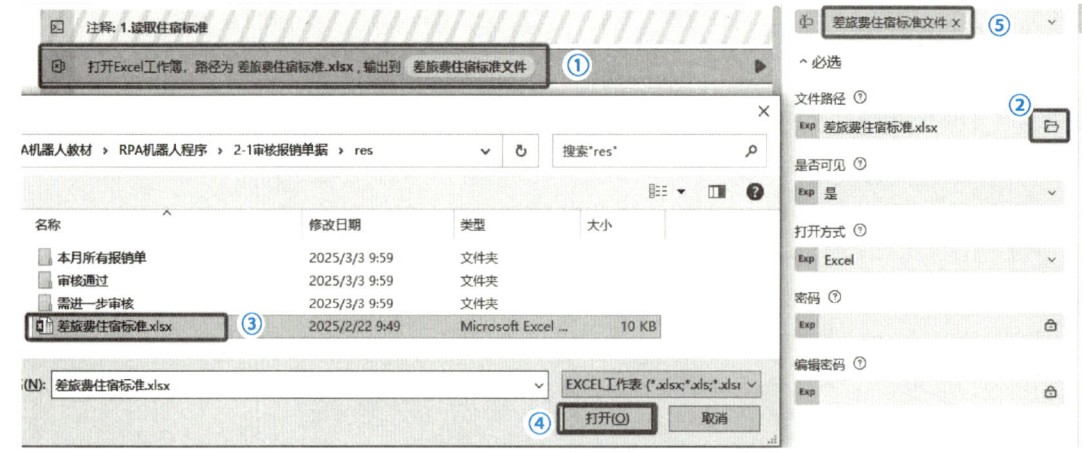

图 6-1-3　打开报销付款汇总表

（2）读取住宿标准数据。添加【读取区域】命令→在【属性】中更改【工作簿对象】为【差旅费住宿标准文件】→更改【工作簿】下的【Exp】为蓝色并填写【0】→更改【区域】为【B3：C34】→更改【输出到】为【住宿标准】，如图 6-1-4 和图 6-1-5 所示。

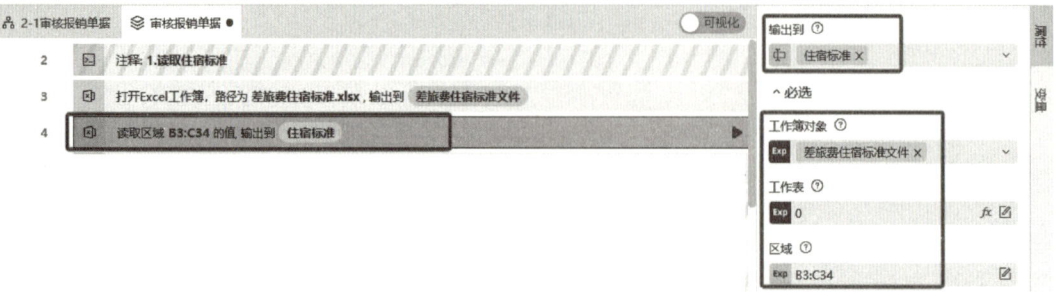

图 6-1-4　读取住宿标准数据

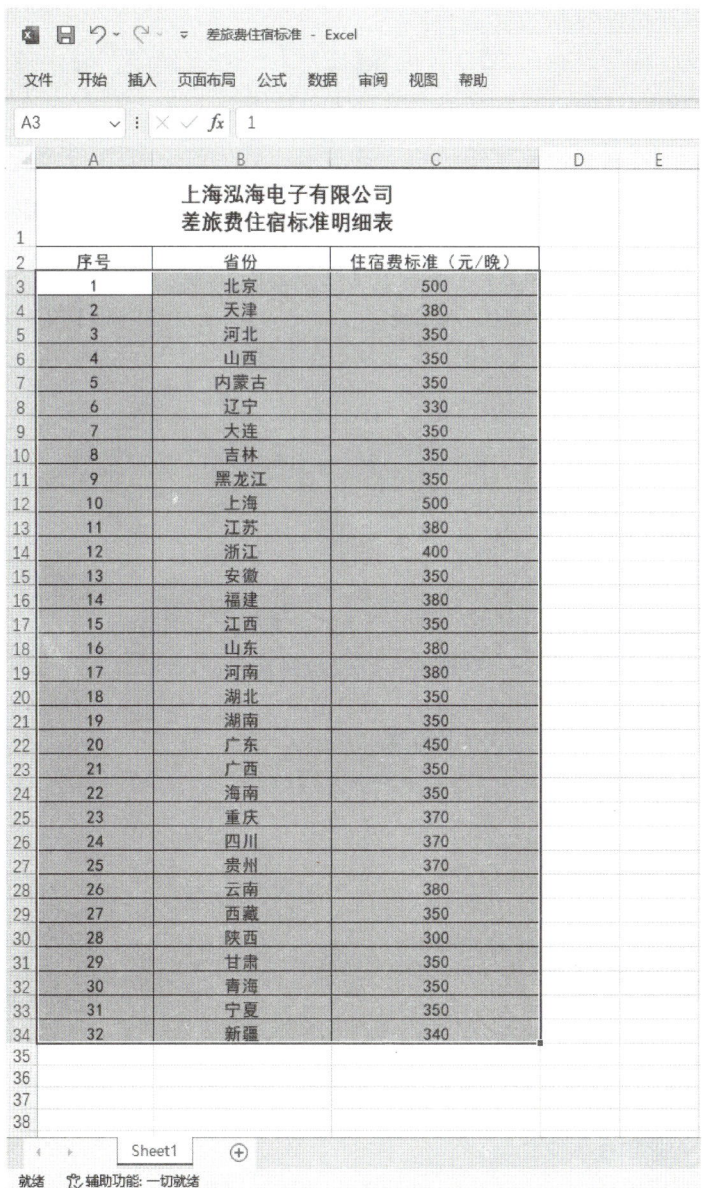

图 6-1-5　差旅费住宿标准文件

（3）关闭 Excel 文件。添加【关闭 Excel 工作簿】命令→在【属性】中更改【工作簿对象】为【差旅费住宿标准文件】→更改【立即保存】为【是】，如图 6-1-6 所示。

注释：1.读取住宿标准	工作簿对象 ⑦
打开Excel工作簿，路径为 差旅费住宿标准.xlsx，输出到 差旅费住宿标准文件	Exp 差旅费住宿标准文件 ×
读取区域 B3:C34 的值，输出到 住宿标准	立即保存 ⑦
关闭Excel工作簿 ▶	Exp 是

图 6-1-6　关闭 Excel 文件

步骤2，获取"所有报销单"文件夹。

添加【获取文件或文件夹列表】命令→在【属性】中更改【路径】为【本月所有报销单】文件夹存放的路径→更改【输出到】为【报销单文件夹】，如图6-1-7所示。

图6-1-7　获取文件路径

步骤3，遍历"报销单文件夹"中的报销单。

添加【依次读取数组中每个元素】命令→用【v】遍历"报销单文件夹"中的每一份Excel报销单文件，如图6-1-8所示。

图6-1-8　遍历"报销单文件夹"

步骤3.1，获取报销单的文件名。

添加【获取名称】命令→在【属性】中更改【路径】下的【Exp】为蓝色并填写【v】→更改【输出到】为【报销单文件名】，如图6-1-9所示。

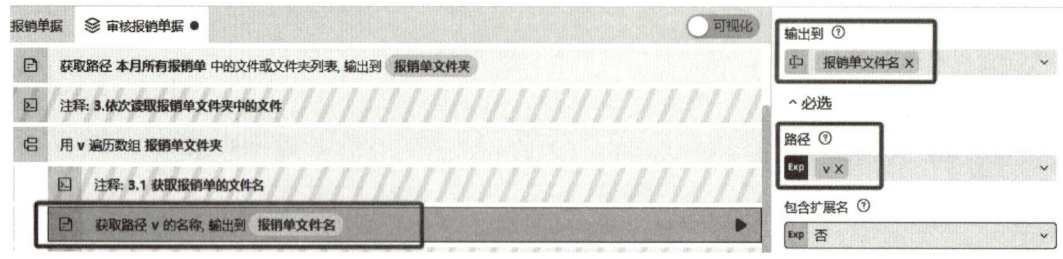

图6-1-9　获取"报销单文件名"

步骤 3.2,打开本次遍历的报销单。

添加【打开 Excel 工作簿】命令→在【属性】中点击【文件路径】下的【Exp】为蓝色并填写【v】→更改【输出到】为【报销单】,如图 6-1-10 和图 6-1-11 所示。

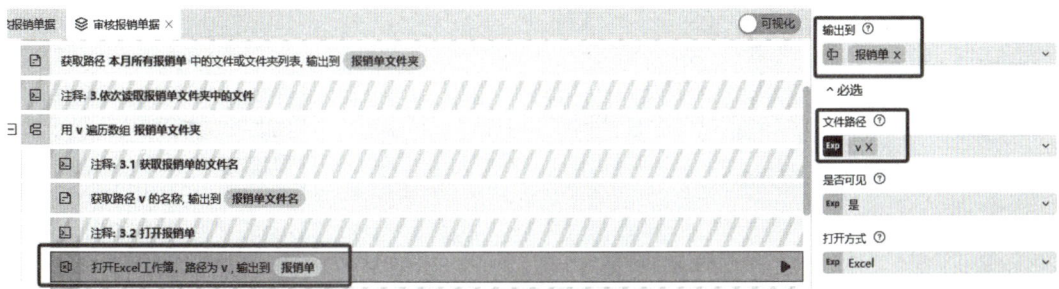

图 6-1-10　打开报销单

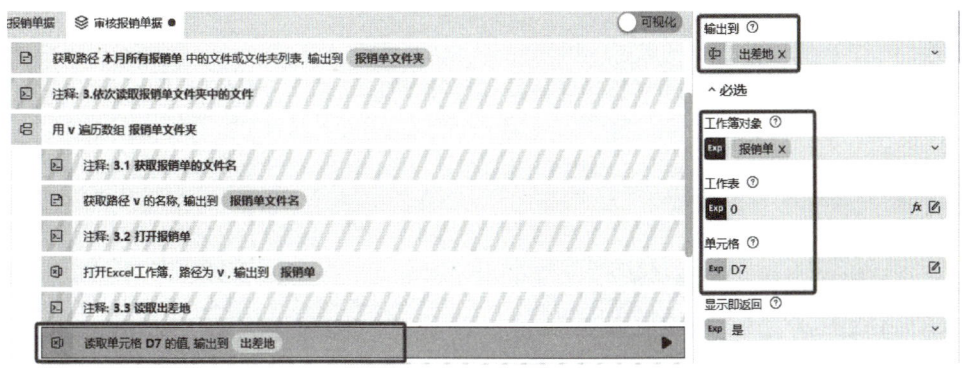

图 6-1-11　报销单样式

步骤 3.3,读取出差地。

添加【读取单元格】命令→在【属性】中更改【工作簿对象】为【报销单】→点击【工作表】下的【Exp】为蓝色并填写【0】→更改【单元格】为【D7】→更改【输出到】为【出差地】,如图 6-1-12 所示。

图 6-1-12　读取报销信息

步骤 3.4,读取出差天数、餐饮费和住宿费。

(1) 读取出差天数。添加【读取单元格】命令→在【属性】中更改【工作簿对象】为【报销单】→点击【工作表】下的【Exp】为蓝色并填写【0】→更改【单元格】为【U10】→更改【输出到】为【出差天数】,如图 6-1-13 所示。

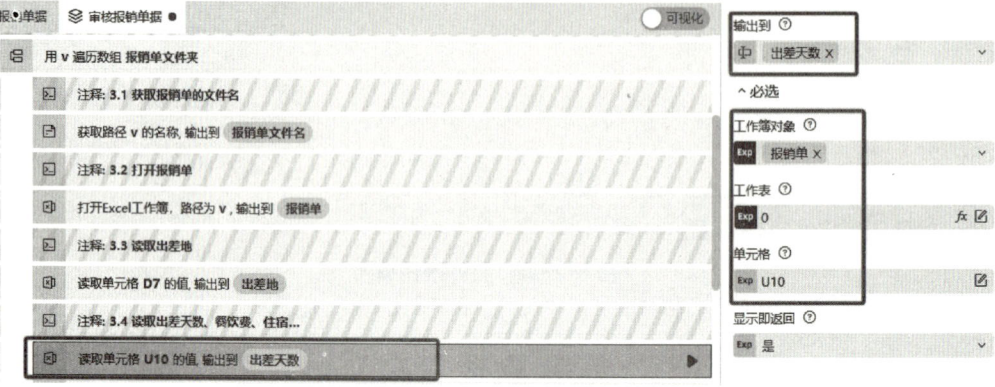

图 6-1-13 读取出差天数

(2) 把出差天数转换为整数类型。添加【转为整数数据】命令→在【属性】中更改【转换对象】为【出差天数】→更改【输出到】为【出差天数整数】,如图 6-1-14 所示。

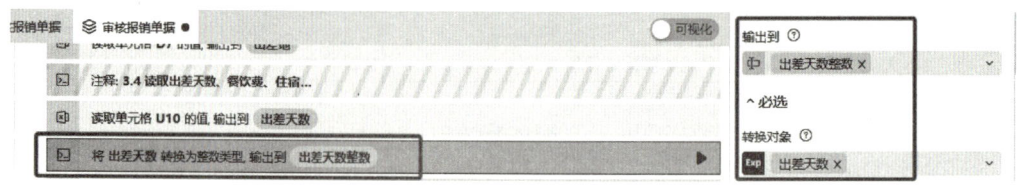

图 6-1-14 转为整数数据

(3) 读取餐饮费。添加【读取单元格】命令→在【属性】中更改【工作簿对象】为【报销单】→点击【工作表】下的【Exp】为蓝色并填写【0】→更改【单元格】为【L10】→更改【输出到】为【餐饮费】,如图 6-1-15 所示。

图 6-1-15 读取餐饮费

（4）把餐饮费转换为数值类型。添加【转为小数数据】命令→在【属性】中更改【转换对象】为【餐饮费】→更改【输出到】为【餐饮费数值】，如图 6-1-16 所示。

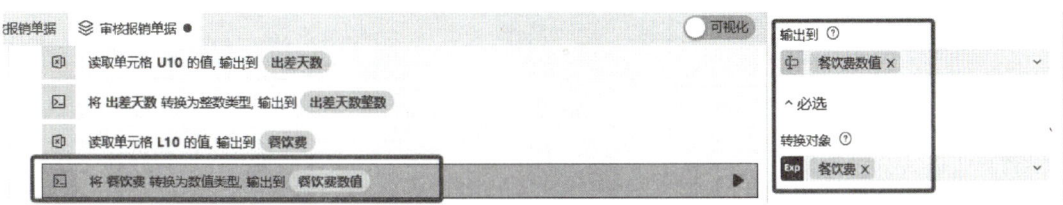

图 6-1-16　转为数值类型

（5）读取住宿费。添加【读取单元格】命令→在【属性】中更改【工作簿对象】为【报销单】→点击【工作表】下的【Exp】为蓝色并填写【0】→更改【单元格】为【P10】→更改【输出到】为【住宿费】，如图 6-1-17 所示。

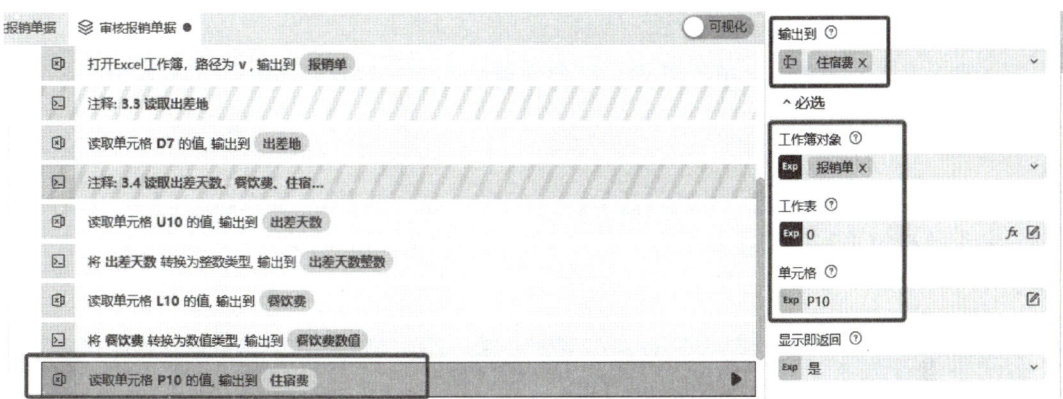

图 6-1-17　读取住宿费

（6）把住宿费转换为数值类型。添加【转为小数数据】命令→在【属性】中更改【转换对象】为【住宿费】→更改【输出到】为【住宿费数值】，如图 6-1-18 所示。

图 6-1-18　转为数值类型

步骤 3.5，计算餐饮费单价和住宿费单价。

（1）计算餐饮费单价。添加【变量赋值】命令→在【属性】中更改【变量名】为【餐饮费单价】→更改【变量值】下的【Exp】为蓝色并填写【餐饮费数值/出差天数整数】，如图 6-1-19 所示。

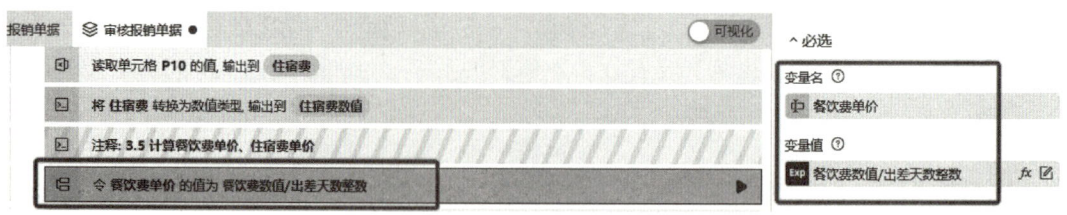

图 6-1-19　计算餐饮费单价

（2）计算住宿费单价。添加【变量赋值】命令→在【属性】中更改【变量名】为【住宿费单价】→更改【变量值】下的【Exp】为蓝色并填写【住宿费数值/(出差天数整数-1)】，如图 6-1-20 所示。

图 6-1-20　计算住宿费单价

步骤 3.5.1,如果餐饮费单价超过标准,将报销单另存到"需进一步审核"文件夹中。

（1）设置如果条件。添加【如果条件成立】命令→在【属性】中更改【判断表达式】为【餐饮费单价＞100】。

（2）另存报销单。在【如果】下,添加【另存 Excel 工作簿】命令→在【属性】中更改【工作簿对象】为【报销单】→更改【文件路径】下的【Exp】为蓝色并填写【@res"需进一步审核\\"&报销单文件名 &".xls"】,如图 6-1-21 所示。

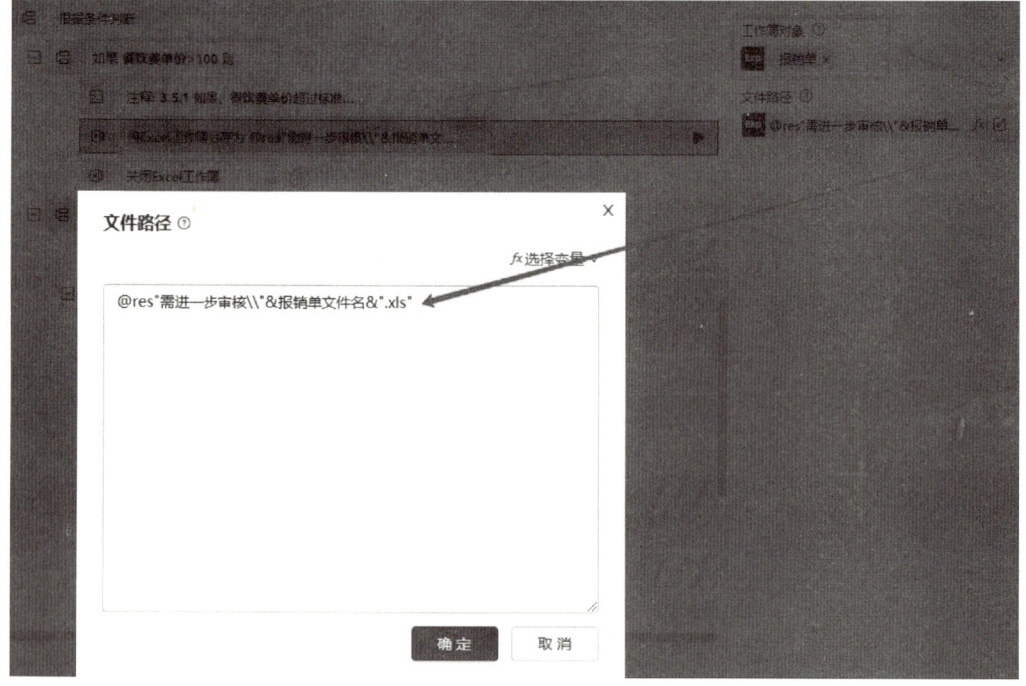

图 6-1-21　另存报销单

（3）关闭报销单。添加【关闭 Excel 工作簿】命令→在【属性】中更改【工作簿对象】为【报销单】。

步骤 3.5.2,否则,依次遍历住宿标准。

（1）设置否则条件。添加【否则执行后续操作】命令。

（2）遍历住宿标准。在【否则】下,添加【依次读取数组中每个元素】命令→用指针【b】遍历【住宿标准】中的每一行数据,如图 6-1-22 所示。

图 6-1-22　遍历住宿标准

步骤 3.5.2.1,判断"出差地"字符串是否以本次遍历的省份为开头。

在遍历下,添加【判断以制定前缀开头】命令→在【属性】中更改【目标字符串】为【出差地】→更改【前缀字符串】下的【Exp】为蓝色并填写【b[0]】→更改【输出到】为【出差省份】,如图 6-1-23 所示。

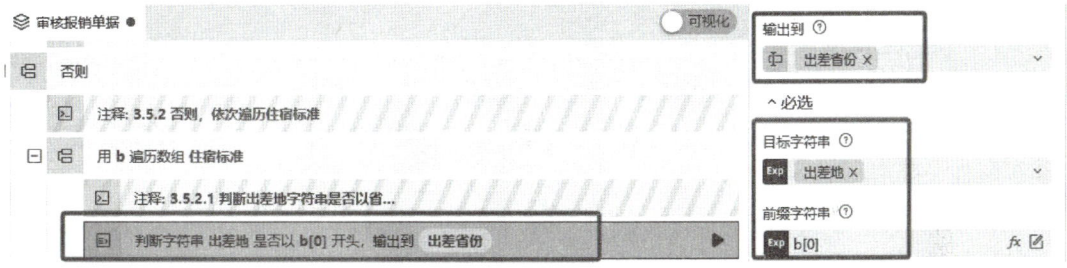

图 6-1-23　判断字符串

步骤 3.5.2.1.1,如果是,将省份对应的住宿标准金额转化为整数。

（1）设置如果条件。添加【如果条件成立】命令→在【属性】中更改【判断表达式】为【出差省份＝true】。

（2）转化整数类型。添加【转为整数数据】命令→在【属性】中更改【转换对象】为【b[1]】→更改【输出到】为【住宿标准金额】,如图 6-1-24 所示。

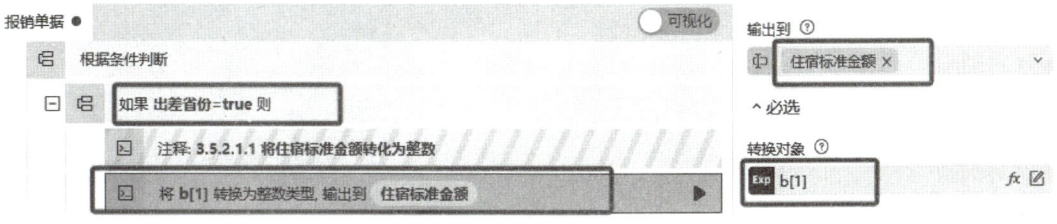

图 6-1-24　判断表达式

步骤 3.5.2.1.2,判断是否符合住宿标准。

步骤 3.5.2.1.2.1,如果超过住宿标准,将报销单另存到"需进一步审核"文件夹中。

(1)设置如果条件。添加【如果条件成立】命令→在【属性】中更改【判断表达式】为【住宿费单价＞住宿标准金额】。

(2)另存报销单。在【如果】下,添加【另存 Excel 工作簿】命令→在【属性】中更改【工作簿对象】为【报销单】→更改【文件路径】下的【Exp】为蓝色并填写【@res"需进一步审核\\"&报销单文件名 &".xls"】,如图 6-1-25 所示。

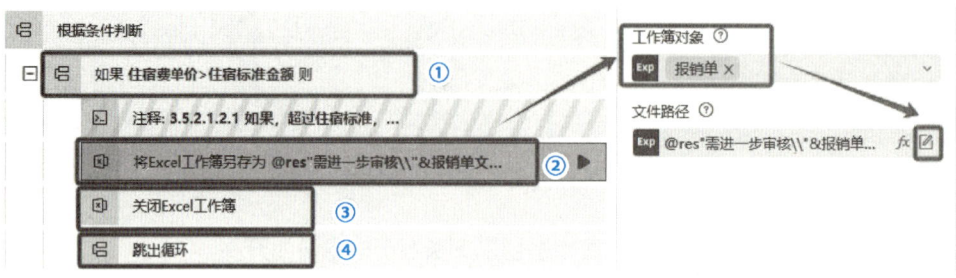

图 6-1-25　另存报销单

(3)关闭报销单。添加【关闭 Excel 工作簿】命令→在【属性】中更改【工作簿对象】为【报销单】。

(4)跳出本次循环,继续下一张报销单审核。添加【跳出循环】命令。

步骤 3.5.2.1.2.2,否则,将报销单另存到"审核通过"文件夹中。

(1)设置否则命令。添加【如果条件成立】命令→在【属性】中更改【判断表达式】为【住宿费单价＞住宿标准金额】。

(2)另存报销单。在【如果】下,添加【另存 Excel 工作簿】命令→在【属性】中更改【工作簿对象】为【报销单】→更改【文件路径】下的【Exp】为蓝色并填写【@res"审核通过\\"& 报销单文件名 &".xls"】,如图 6-1-26 所示。

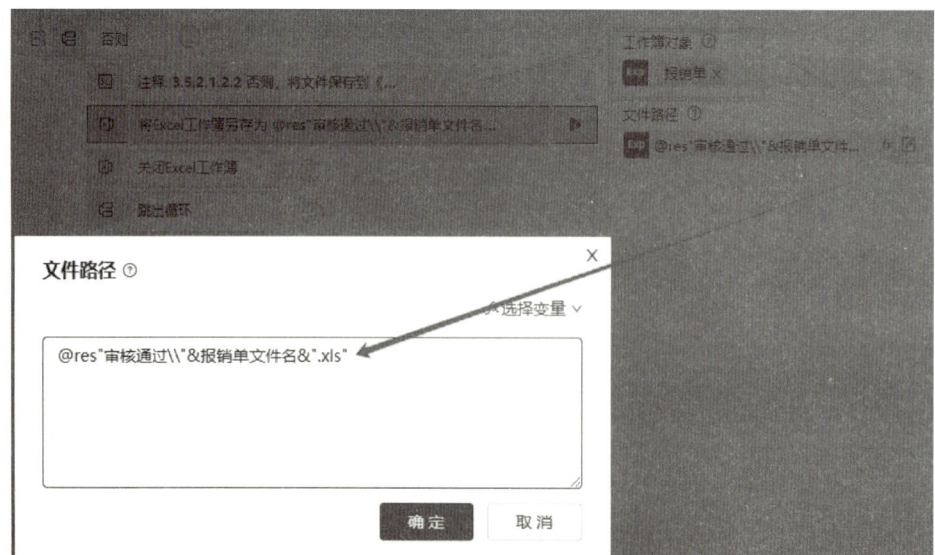

图 6-1-26　设置否则命令

（3）关闭报销单。添加【关闭 Excel 工作簿】命令→在【属性】中更改【工作簿对象】为【报销单】。

（4）跳出本次循环，继续下一张报销单审核。添加【跳出循环】命令。

步骤 4，保存流程。

在当前流程开发界面，点击【　保存　】图标，保存本流程命令。

命令答案
6-1

三、　运行效果

完成 RPA 机器人开发后，点击【运行】，RPA 机器人自动审核"本月所有报销单"文件夹中每一张报销单，如图 6-1-27 和图 6-1-28 所示，并将其筛选入"审核通过"文件夹和"需进一步审核"文件夹。

名称	修改日期	类型	大小
报销单1.xls	2025/2/12 9:39	Microsoft Excel ...	27 KB
报销单2.xls	2025/2/11 16:47	Microsoft Excel ...	27 KB
报销单3.xls	2025/2/12 9:40	Microsoft Excel ...	27 KB
报销单4.xls	2025/2/11 22:41	Microsoft Excel ...	27 KB
报销单5.xls	2025/2/11 22:41	Microsoft Excel ...	27 KB
报销单6.xls	2025/2/11 22:41	Microsoft Excel ...	27 KB
报销单7.xls	2025/2/11 22:41	Microsoft Excel ...	27 KB
报销单8.xls	2025/2/11 22:42	Microsoft Excel ...	27 KB
报销单9.xls	2025/2/11 22:42	Microsoft Excel ...	27 KB

图 6-1-27　"审核通过"文件夹

名称	修改日期	类型	大小
报销单2.xls	2025/3/4 16:01	Microsoft Excel ...	27 KB
报销单3.xls	2025/3/4 16:01	Microsoft Excel ...	27 KB

图 6-1-28　"需进一步审核"文件夹

实训二　汇总报销信息操作步骤

一、　前期准备

1. 新建流程块

打开 UiBot Creator，新建【汇总报销信息】流程，选中新建的流程块，编辑基本信息，保存文件，如图 6-2-1 所示。

2. 存放实训资源

关闭当前界面，返回到主页，打开对应的文件夹路径。将开票申请表文件夹存放在流程文件夹"res"目录下，以便财务机器人使用，如图 6-2-2 所示。

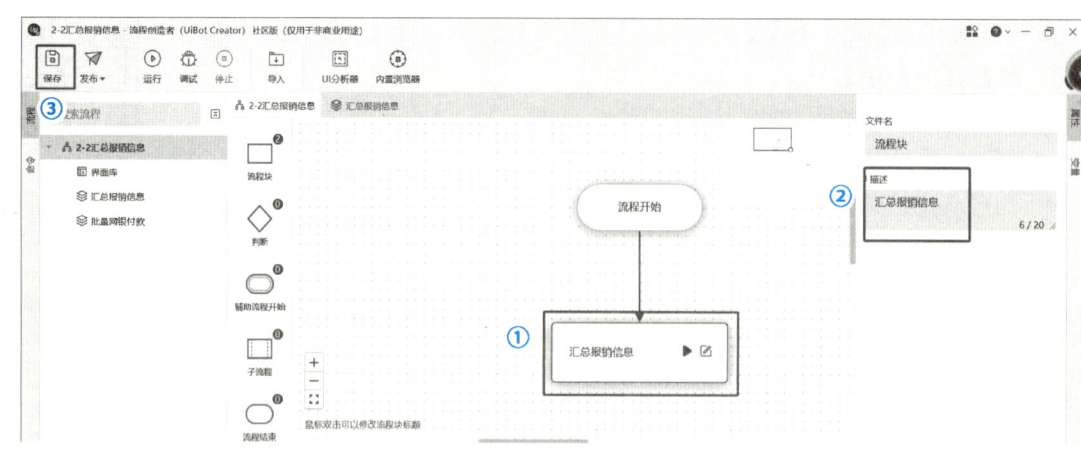

图 6-2-1　新建流程

图 6-2-2　存放资料

实训资料
6-2

二、　指令设置

打开 UiBot Creator，进入【汇总报销信息】流程界面，点击【汇总报销信息】流程块的编辑按钮，进入命令设置界面，开始设置由机器人执行的指令。

步骤 1，获取文件夹路径。

添加【获取文件或文件夹列表】命令→在【属性】中更改【路径】为【审核通过】文件夹存放的路径→更改【输出到】为【文件夹】，如图 6-2-3 所示。根据本条指令，机器人可自动获

图 6-2-3　获取文件夹路径

取文件夹路径,并将文件夹取名为【文件夹】。

步骤2,打开汇总表。

添加【打开 Excel 工作簿】命令→在【属性】中更改【文件路径】为【报销付款汇总表.xlsx】存放的路径→更改【输出到】为【汇总表】,如图 6-2-4 所示。根据本条指令,机器人会打开 Excel 文件"报销付款汇总表.xlsx",样式如图 6-2-5 所示,并将文件命名为"汇总表"。

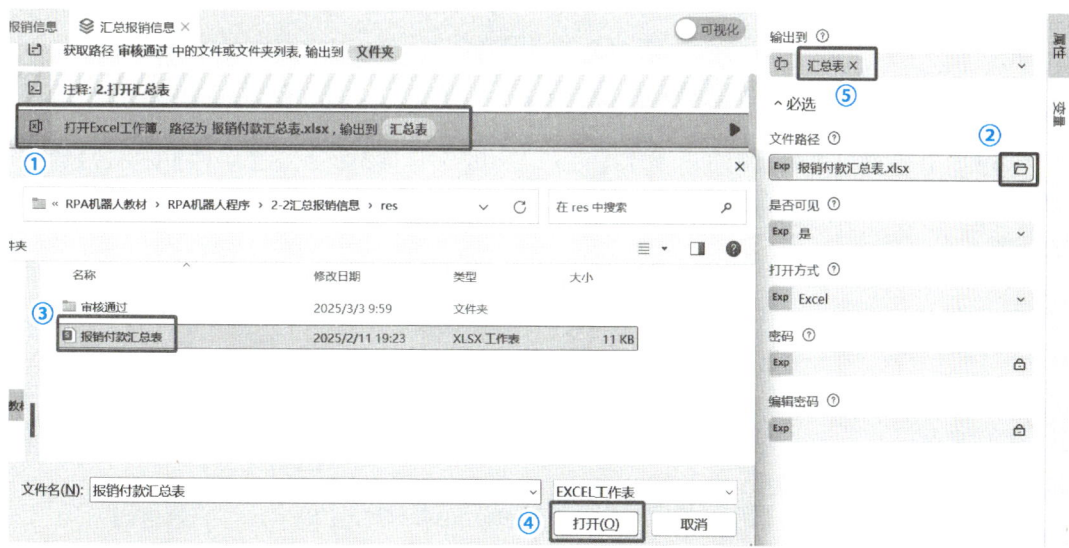

图 6-2-4　打开报销付款汇总表

序号	报销申请人	报销单号	申请日期	申请部门	员工工号	开户行	银行卡号	报销事由	报销金额
1									
2									
3									
4									
5									
6									
7									

图 6-2-5　报销付款汇总表样式

步骤3,遍历文件夹中的每一张报销单。

(1) 新增一个变量【序号】,值为1。添加【变量赋值】命令→在【属性】中更改【变量名】为【序号】→更改【变量值】为【1】,如图 6-2-6 所示。

图 6-2-6　遍历报销单

（2）遍历文件夹。添加【依次读取数组中每个元素】命令→让指针【v】遍历【文件夹】中的每一份 Excel 报销单文件，如图 6-2-7 所示。

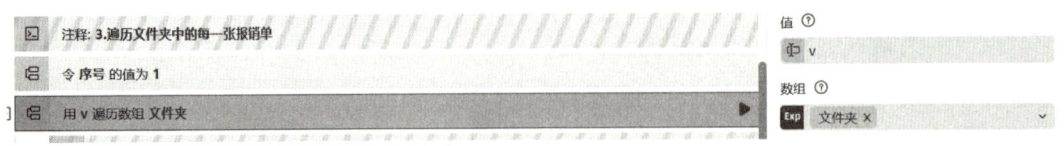

图 6-2-7　遍历文件夹

步骤 3.1，读取报销单。

（1）打开本次遍历的报销单。添加【打开 Excel 工作簿】命令，在【属性】中更改【输出到】为【报销单】→点击【文件路径】下的【Exp】为蓝色并填写【v】，如图 6-2-8 所示，报销单样式如图 6-2-9 所示。

图 6-2-8　打开报销单

差 旅 费 报 销 单

附件：　2 张　　　　2025年12月12日　　　　NO: 01011

出差人	刘红	共	1	人	职务	采购员	部门	采购部门	审批人	李红

出差事由	采购		出差	自2025 年 12 月 4 日
到达地点	湖南长沙		日期	至2025 年 12 月 6 日 共　3 天

项目金额	交通工具				其 他		住宿费			出差补助	
	火车	汽车	轮船	飞机	餐饮费	会议费	住宿	2	天	天 数	金 额
				1345	300		700			3	300

总计人民币（大写）	贰仟陆佰肆拾伍元整	￥2645.00

银行卡号	6013820800037482917	开户行	中国银行五里桥支行
员工工号	7123476631	交结余或超支金额	￥

会计主管　李欣　　　　　　会计　徐建芳　　　　　　出纳员　沈晓丽

图 6-2-9　报销单样式

（2）依次读取报销信息。添加【读取单元格】命令→在【属性】中更改【输出到】为【报销申请人】→更改【工作簿对象】为【报销单】→点击【工作表】下的【Exp】为蓝色并填写【0】→更改【单元格】为【D5】，如图 6-2-10 所示。

同上操作,依次读取报销单中的其余信息。

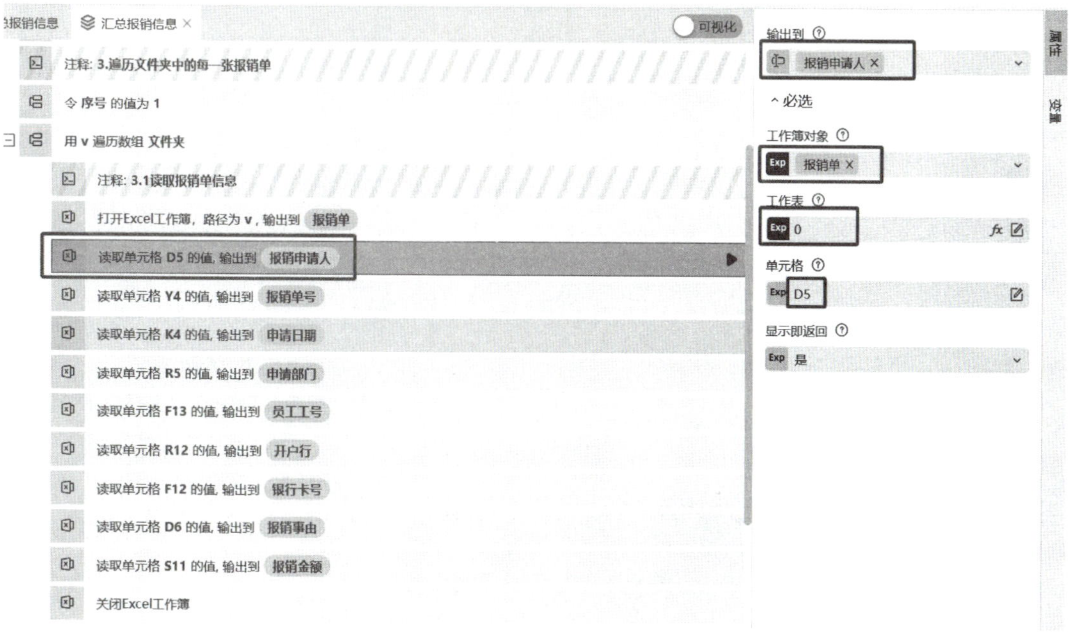

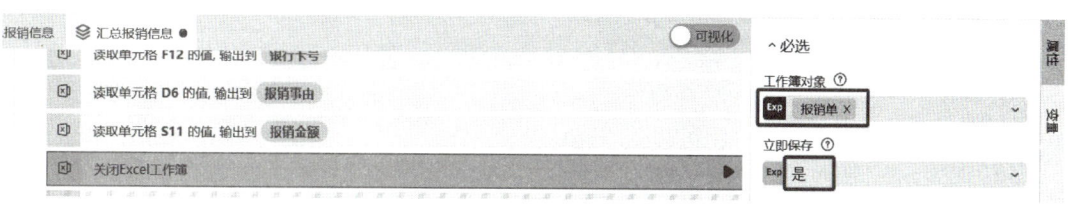

图 6-2-10 读取报销信息

(3)关闭报销单。添加【关闭 Excel 工作簿】命令→在【属性】中更改【工作簿对象】为【报销单】→更改【立即保存】为【是】,如图 6-2-11 所示。

图 6-2-11 关闭报销单

步骤 3.2,写入汇总表。

(1)设置变量数组。添加【变量赋值】命令→在【属性】中更改【变量名】为【报销信息】→更改【变量值】为【[序号,报销申请人,报销单号,申请日期,申请部门,员工工号,开户行,银行卡号,报销事由,报销金额]】,如图 6-2-12 所示。

(2)写入报销信息。添加【写入行】命令→在【属性】中更改【工作簿对象】为【汇总表】→更改【工作表】为【0】→点击【单元格】下的【Exp】为蓝色并填写【"A"&2+序号】→更改【数据】为【报销信息】,如图 6-2-13 所示。

(3)更新序号。添加【变量赋值】命令→在【属性】中更改【变量名】为【序号】→更改【变量值】为【序号+1】,如图 6-2-14 所示。

步骤 4,保存流程。

在当前流程开发界面,点击【保存】图标,保存本流程命令。

命令答案
6-2

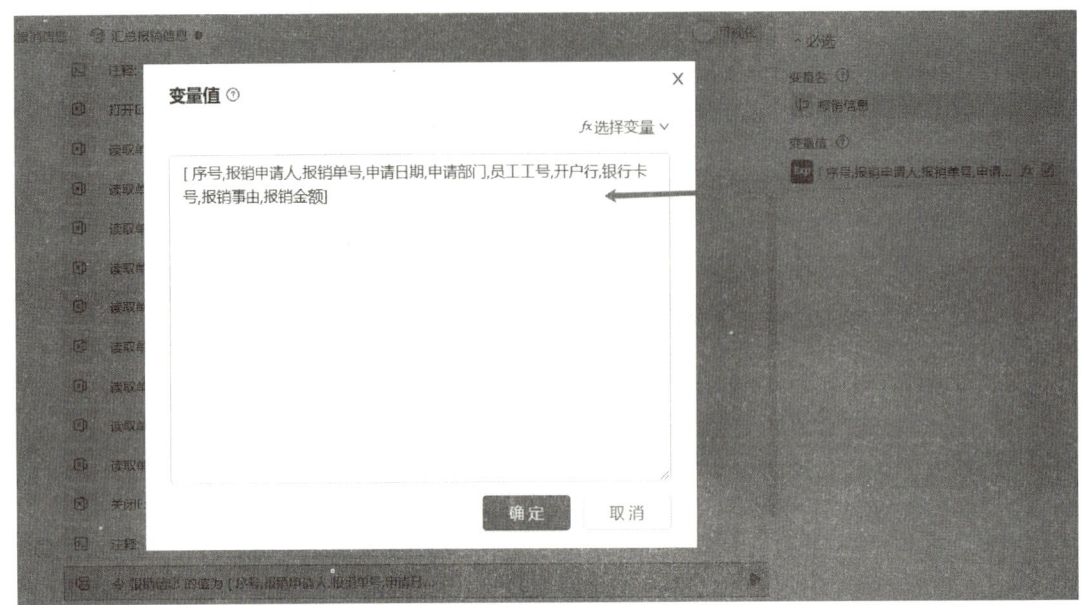

图 6-2-12 汇总报销信息

图 6-2-13 写入报销信息

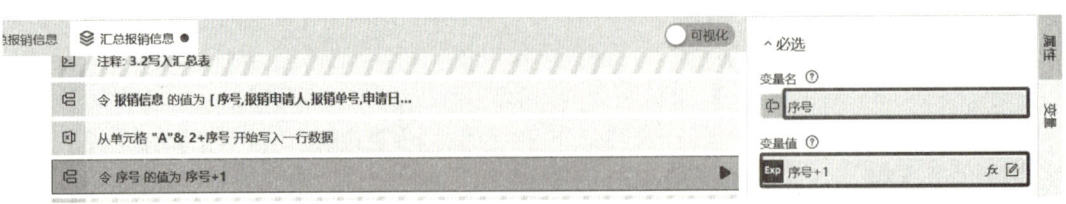

图 6-2-14 更新序号

三、 运行效果

完成 RPA 机器人开发后,点击【运行】,RPA 机器人自动读取"审核通过"文件夹中每一张报销单,并将其中的报销信息逐行填入"报销付款汇总表",如图 6-2-15 所示。

报销付款汇总表

报销申请人	报销单号	申请日期	申请部门	员工工号	开户行	银行卡号	报销事由	报销金额
刘红	01011	2025年12月12日	采购部门	7123476631	中国银行五里桥支	6013820800037482917	采购	2645.00
江钤	01017	2025年12月16日	采购部门	7123476639	国农业银行江湾支	6230520039482736824	采购	4020.00
刘浩辰	01046	2025年12月12日	行政部门	7123476628	国建设银行长桥支	4367374827583920573	培训	2530.00
张兴薇	01028	2025年12月17日	销售部门	71234766028	国银行天销桥路支	6013820800047281728	销售	4730.00
吕斌	01229	2025年12月24日	行政部门	71234766019	中国银行华发路支	6013820800084729184	培训	3780.00
王宏	01381	2025年12月15日	销售部门	71234766039	中国银行五里桥支	6013820800067283942	销售	3190.00
林宝强	01021	2025年12月24日	销售部门	71234766019	国银行天销桥路支	6013820800059283719	销售	3320.00

图 6-2-15　报销付款汇总表

实训三　填制报销记账凭证操作步骤

 一、　前期准备

1. 新建流程块

(1) 新建流程。打开 UiBot Creator,新建【填制报销记账凭证】流程,如图 6-3-1 所示。新建完成后,系统自动进入流程界面。

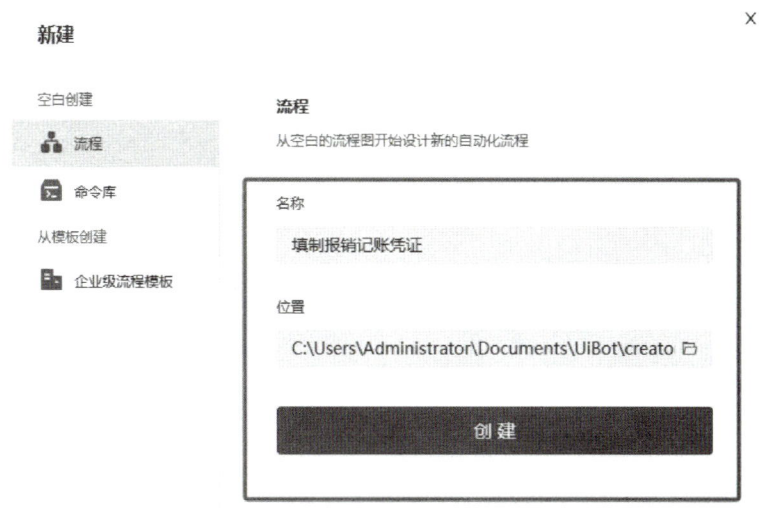

图 6-3-1　新建流程

(2) 编辑流程块。选中新建的流程块,编辑基本信息,保存文件,如图 6-3-2 所示。

2. 存放实训资源

(1) 关闭当前界面,返回到主页。打开对应的文件夹路径,如图 6-3-3 所示。

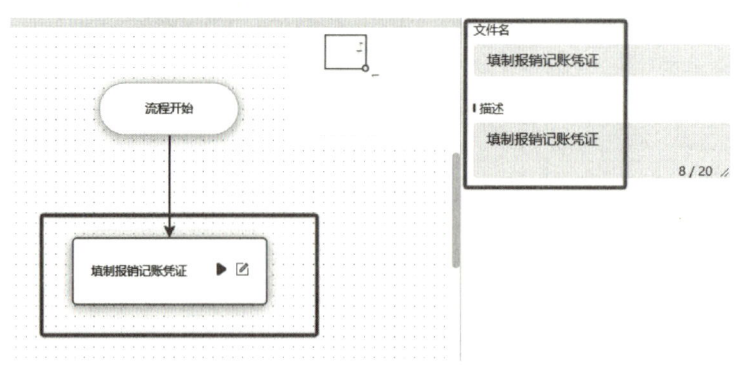

图 6-3-2　编辑流程块

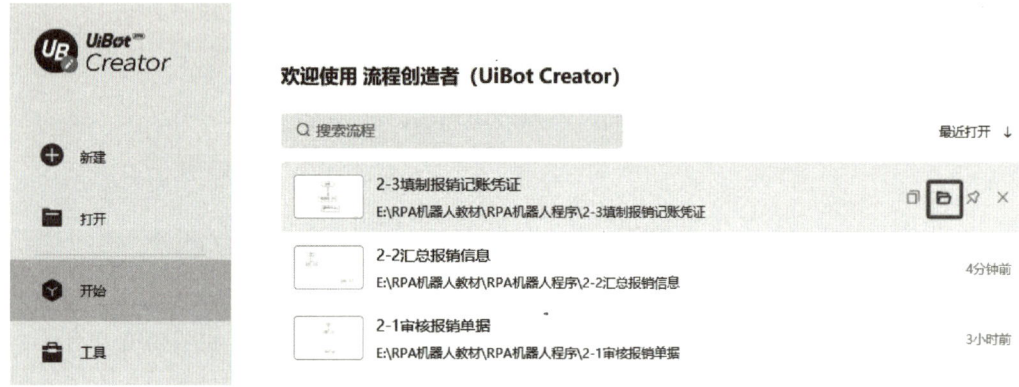

图 6-3-3　打开文件夹

（2）将"报销付款汇总表"Excel 文件存放在流程文件夹"res"目录下，以便机器人使用，如图 6-3-4 所示。

图 6-3-4　存放资料

实训资料
6-3

二、　指令设置

打开 UiBot Creator，进入【填制差旅记账凭证】流程界面，点击【编制差旅记账凭证】流程块的编辑按钮，进入命令设置界面，开始设置由机器人执行的指令。

步骤 1，打开记账凭证界面。

（1）打开浏览器。添加【启动新的浏览器】命令→在【属性】中更改【浏览器类型】为

【Google Chrome】→【打开链接】为【https：//jzpz.honjoin.com/】,如图 6-3-5 所示。

图 6-3-5　打开浏览器

（2）最大化窗口。添加【更改窗口显示状态】命令→点击【未指定】并选择【从界面上选取】→点击界面的任意位置→在【属性】中更改【显示状态】为【最大化】,如图 6-3-6 所示。

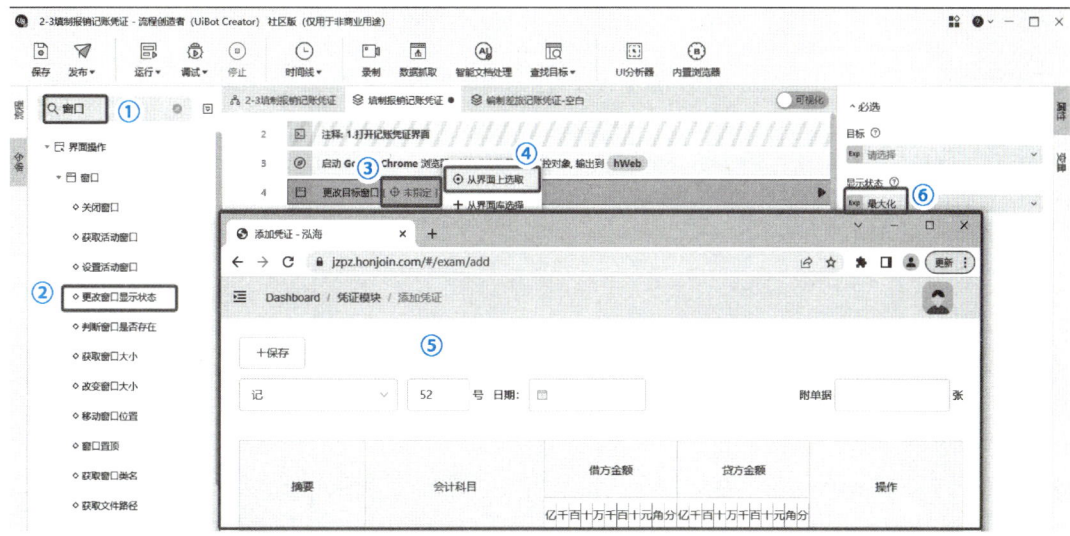

图 6-3-6　最大化窗口

步骤 2,读取报销信息。

（1）打开"报销付款汇总表"Excel 文件。添加【打开 Excel 工作簿】命令→在【属性】中更改【文件路径】为"报销付款汇总表.xlsx"存放的路径→更改【输出到】为【报销付款汇总表】,如图 6-3-7 所示。

（2）获取报销付款汇总表总行数。添加【获取行数】命令→在【属性】中更改【工作簿对象】为【报销付款汇总表】→更改【工作表】下的【Exp】为蓝色并填写【0】→更改【输出到】为【行数】,如图 6-3-8 所示。

（3）读取报销信息。添加【读取区域】命令→在【属性】中更改【工作簿对象】为【报销付款汇总表】→更改【工作表】下的【Exp】为蓝色并填写【0】→更改【区域】下的【Exp】为蓝色并填写【"A3：J"& 行数】→更改【输出到】为【报销信息】,如图 6-3-9 所示。

（4）关闭"报销付款汇总表"Excel 文件。添加【关闭 Excel 工作簿】命令→在【属性】中更改【工作簿对象】为【报销付款汇总表】,如图 6-3-10 所示。

「新专标」
系列教材
Xinzhuanbiao
Xilie Jiaocai

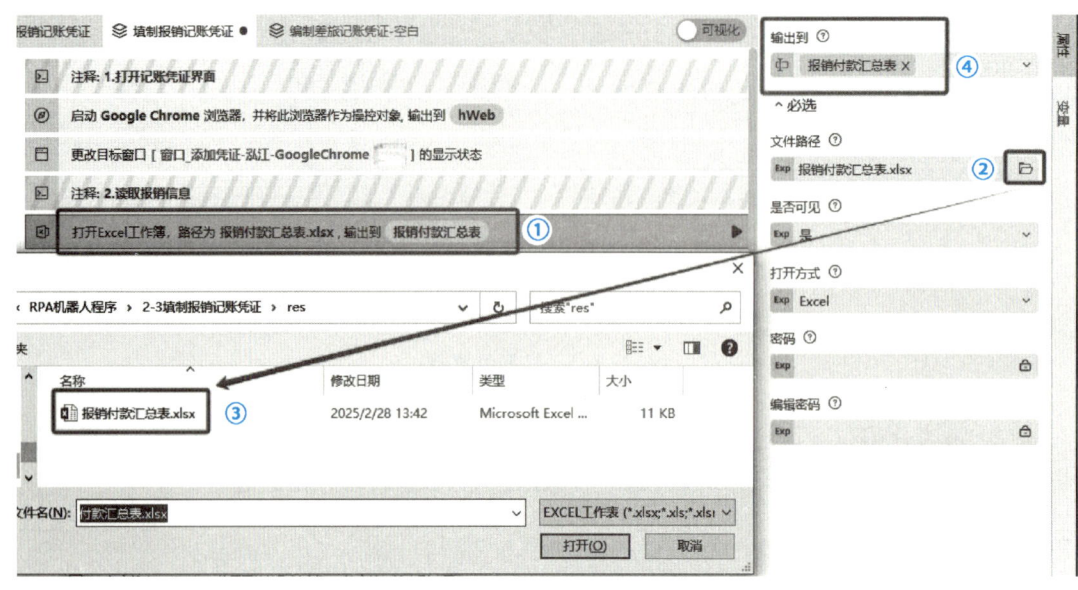

图 6-3-7　获取文件路径

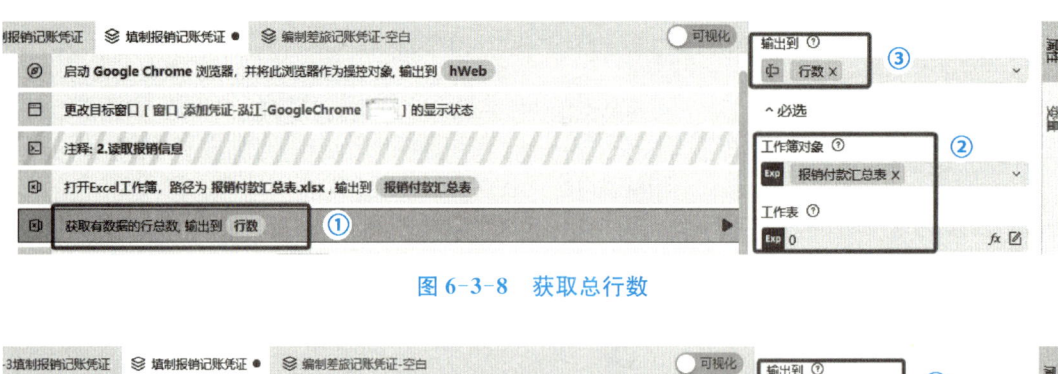

图 6-3-8　获取总行数

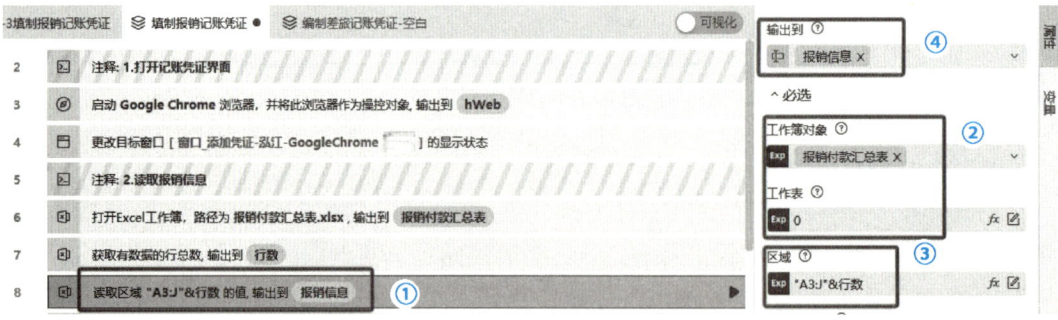

图 6-3-9　读取报销信息

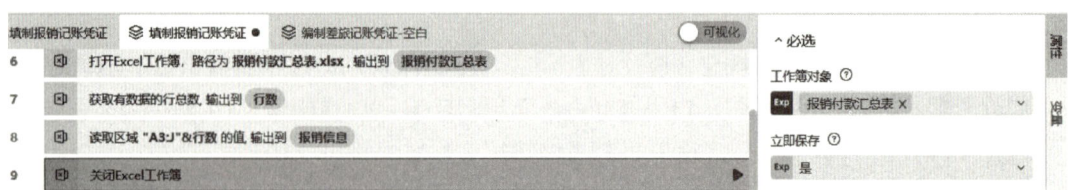

图 6-3-10　关闭 Excel 文件

步骤3,遍历报销信息,填制记账凭证。

添加【依次读取数组中每个元素】命令→在【属性】中更改【值】为【v】→更改【数组】为【报销信息】,如图6-3-11所示。

图 6-3-11　遍历报销信息

步骤3.1,输入日期。

(1) 转换日期格式。

① 抽取年份。添加【抽取制定长度字符】命令→在【属性】中更改【目标字符串】下的【Exp】为蓝色并填写【v[3]】→更改【开始位置】为【1】→更改【抽取长度】为【4】→更改【输出到】为【年】,如图6-3-12所示。

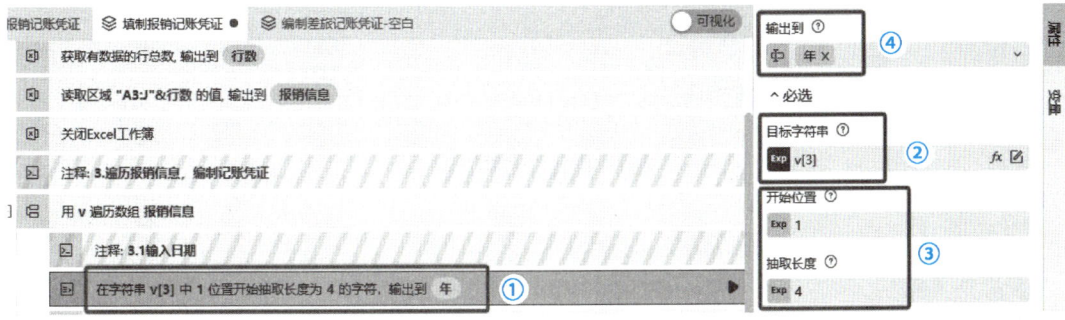

图 6-3-12　抽取年份

② 抽取月份。添加【抽取制定长度字符】命令→在【属性】中更改【目标字符串】下的【Exp】为蓝色并填写【v[3]】→更改【开始位置】为【6】→更改【抽取长度】为【2】→更改【输出到】为【月】,如图6-3-13所示。

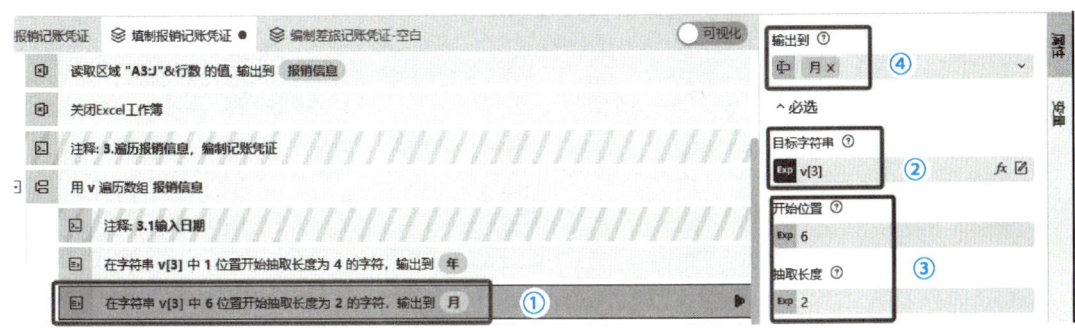

图 6-3-13　抽取月份

125

③ 抽取日。添加【抽取制定长度字符】命令→在【属性】中更改【目标字符串】下的【Exp】为蓝色并填写【v[3]】→更改【开始位置】为【9】→更改【抽取长度】为【2】→更改【输出到】为【日】，如图 6-3-14 所示。

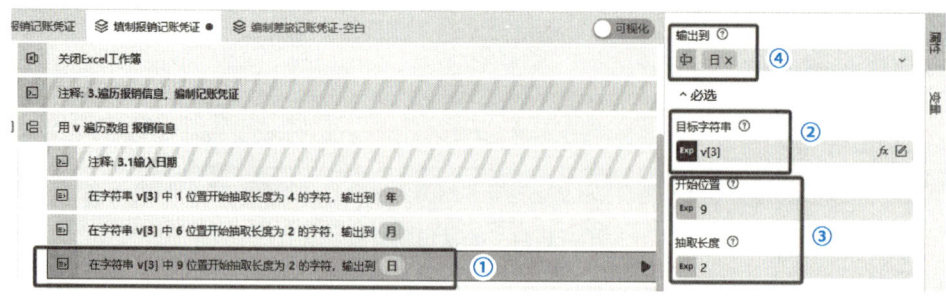

图 6-3-14　抽取日

④ 合并日期。添加【变量赋值】命令→在【属性】中更改【变量值】下的【Exp】为蓝色并填写【年 &"-"& 月 &"-"& 日】→更改【变量名】为【日期】，如图 6-3-15 所示。

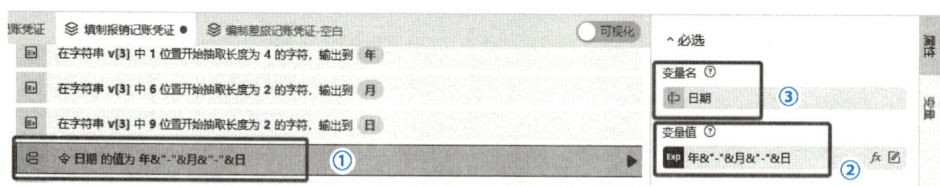

图 6-3-15　合并日期

（2）输入日期并按"回车"键。

① 添加【在目标中输入】命令→点击【未指定】并选择【从界面上选取】→选择界面中的【日期】输入控件〈input〉→在【属性】中更改【写入文本】下的【Exp】为蓝色并填写【日期】，如图 6-3-16 所示。

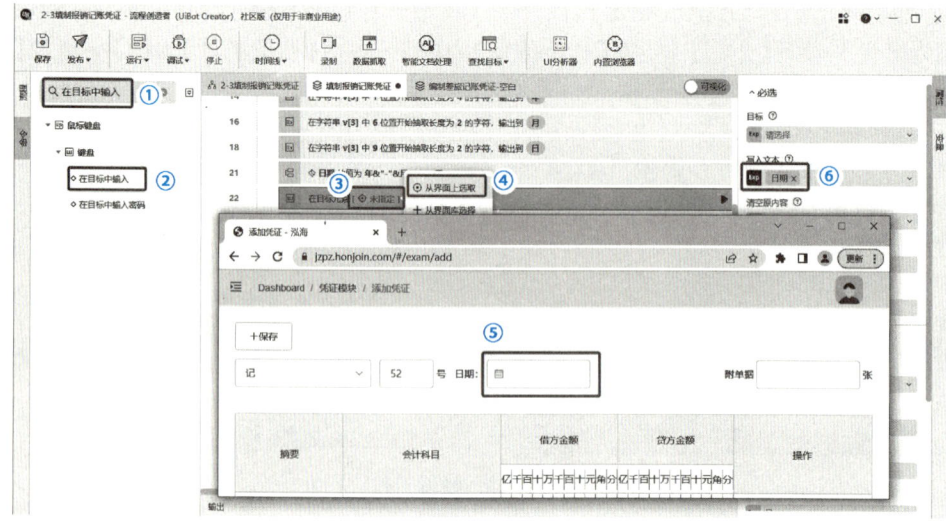

图 6-3-16　输入日期

② 添加【在目标中按键】命令→点击【未指定】并选择【在界面上选取】→选择界面中的【日期】输入控件〈input〉，如图 6-3-17 所示。

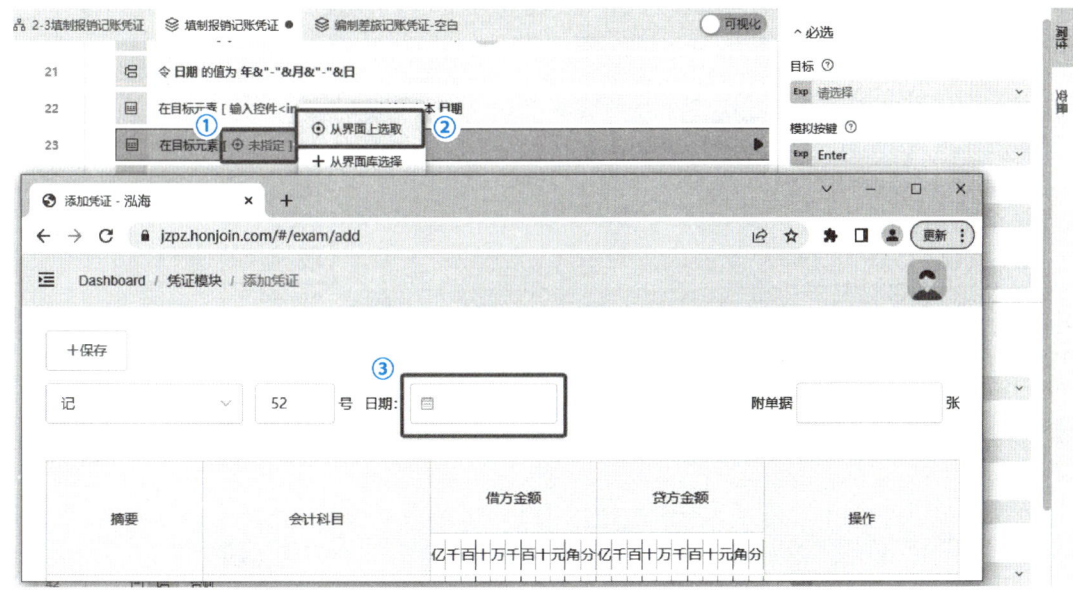

图 6-3-17　输入控件

步骤 3.2，输入附单据数。

添加【在目标中输入】命令→点击【未指定】并选择【从界面上选取】→选择界面中的【附单据】输入控件〈input〉→在【属性】中更改【写入文本】为【1】，如图 6-3-18 所示。

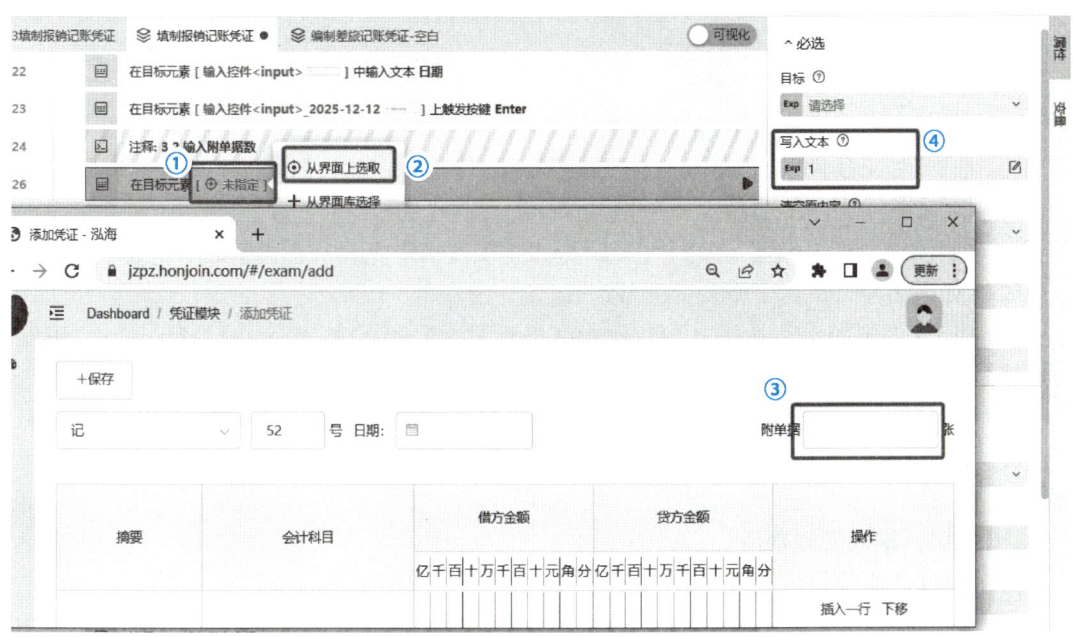

图 6-3-18　输入附单据数

步骤 3.3,输入借方摘要。

添加【在目标中输入】命令→点击【未指定】并选择【从界面上选取】→选择界面中的第一行摘要(块级元素〈div〉)→在【属性】中更改【写入文本】下的【Exp】为蓝色并填写【v[4] &v[1]&"出差报销"】,如图 6-3-19 所示。

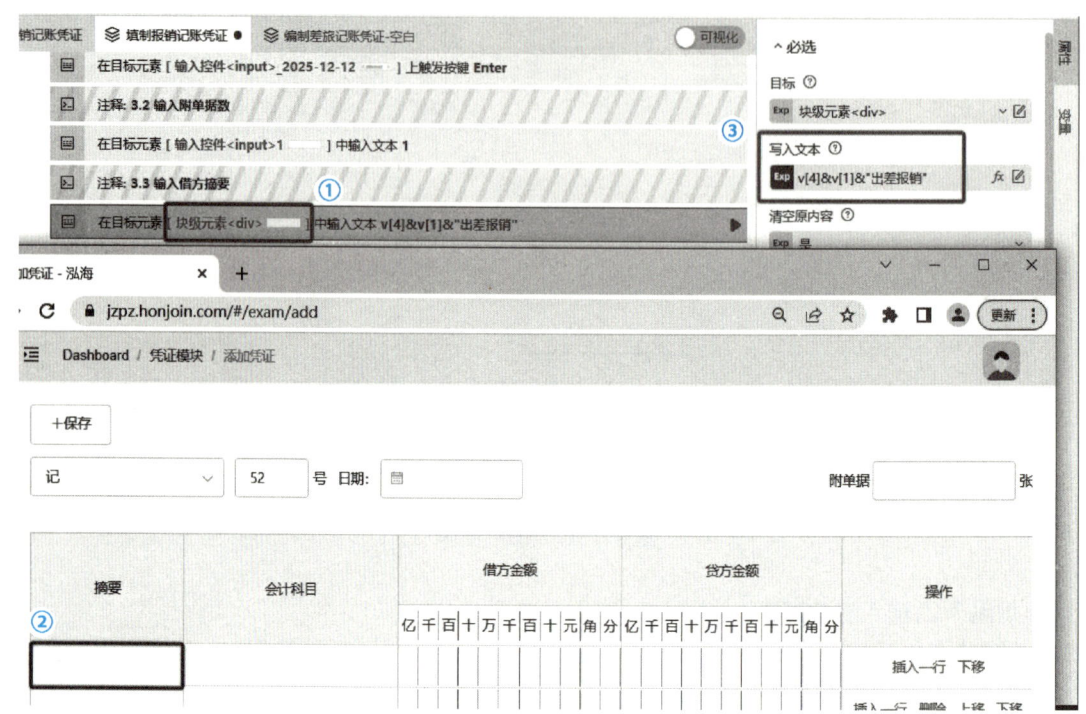

图 6-3-19　输入借方摘要

步骤 3.4,判断并输入借方科目。

(1)如果出差人员属于销售部门,输入销售费用。

① 添加【如果条件成立】命令→在【属性】中更改【判断表达式】为【v[4]="销售部门"】。

② 添加【在目标中输入】命令→点击【未指定】并选择【从界面上选取】→选择界面中的第一行科目(块级元素〈div〉)→在【属性】中更改【写入文本】为【销售费用_差旅费】,如图 6-3-20 所示。

(2)如果出差人员属于研发部门,输入研发支出。

① 添加【否则如果条件成立】命令→在【属性】中更改【判断表达式】为【v[4]="研发部门"】。

② 添加【在目标中输入】命令→点击【未指定】并选择【从界面上选取】→选择界面中的第一行科目(块级元素〈div〉)→在【属性】中更改【写入文本】为【研发支出】,如图 6-3-21 所示。

(3)其他,输入管理费用。

① 添加【否则执行后续操作】命令。

② 添加【在目标中输入】命令→点击【未指定】并选择【从界面上选取】→选择界面中的第一行科目(块级元素〈div〉)→在【属性】中更改【写入文本】为【管理费用_差旅费】,如图 6-3-22 所示。

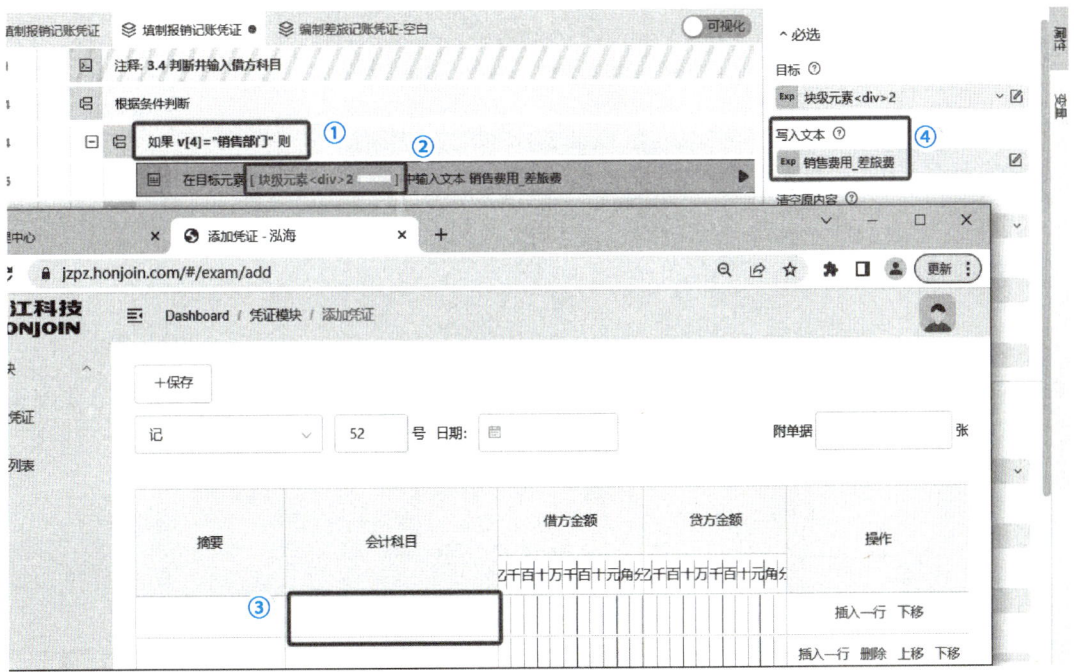

图 6-3-20　输入销售费用

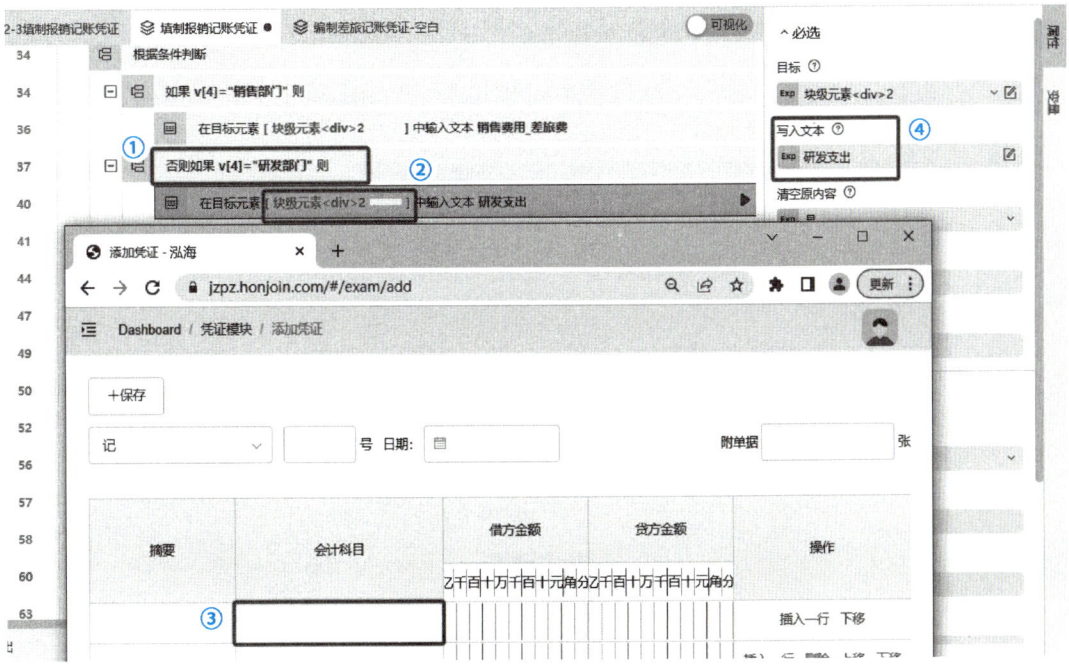

图 6-3-21　输入研发支出

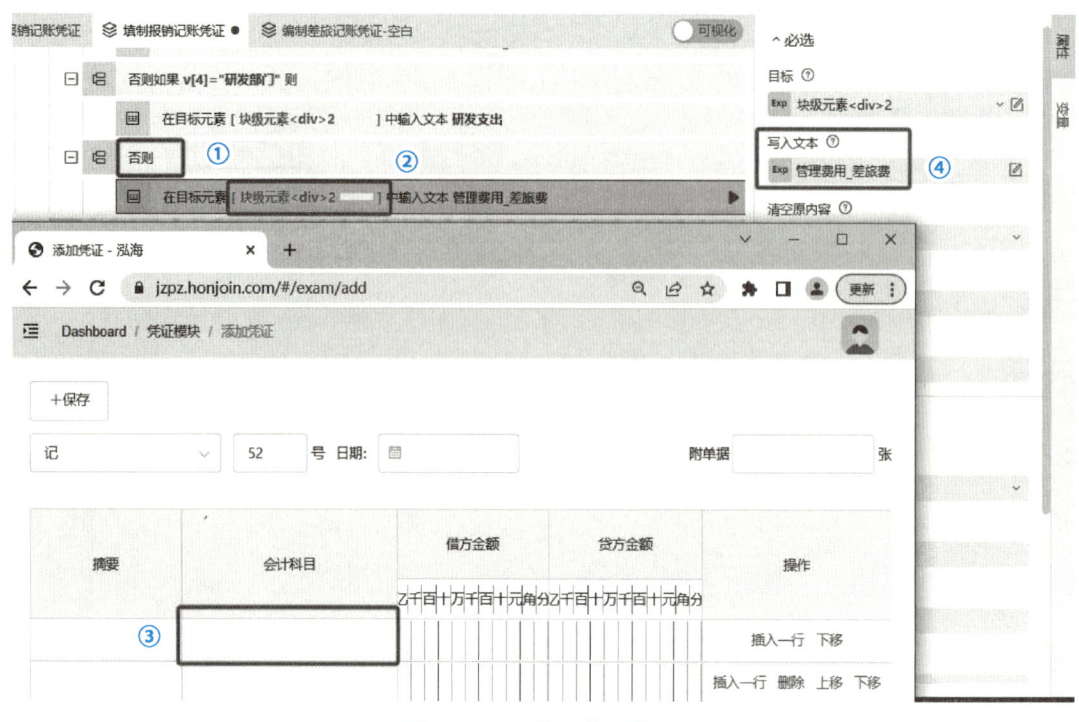

图 6-3-22　输入管理费用

步骤 3.5,输入借方金额。

（1）点击借方金额框。添加【点击目标】→点击【未指定】并选择【从界面上选取】→选择界面中第一行借方金额框（表格单元〈td〉），如图 6-3-23 所示。

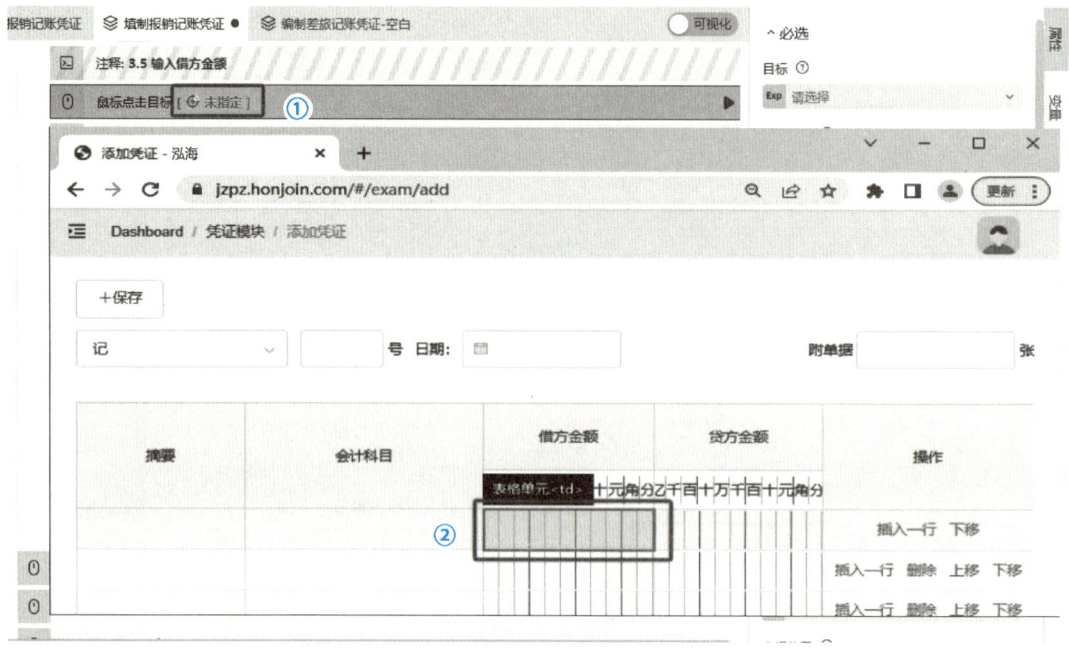

图 6-3-23　点击借方金额框

（2）输入借方金额。添加【输入文本】→在【属性】中更改【输入内容】下的【Exp】为蓝色并填写【v[9]】，如图 6-3-24 所示。

图 6-3-24　输入借方金额

步骤 3.6,输入贷方摘要。

添加【在目标中输入】命令→点击【未指定】并选择【从界面上选取】→选择界面中的第二行摘要(块级元素〈div〉)→在【属性】中更改【写入文本】下的【Exp】为蓝色并填写【v[4]&v[1]&"出差报销"】，如图 6-3-25 所示。

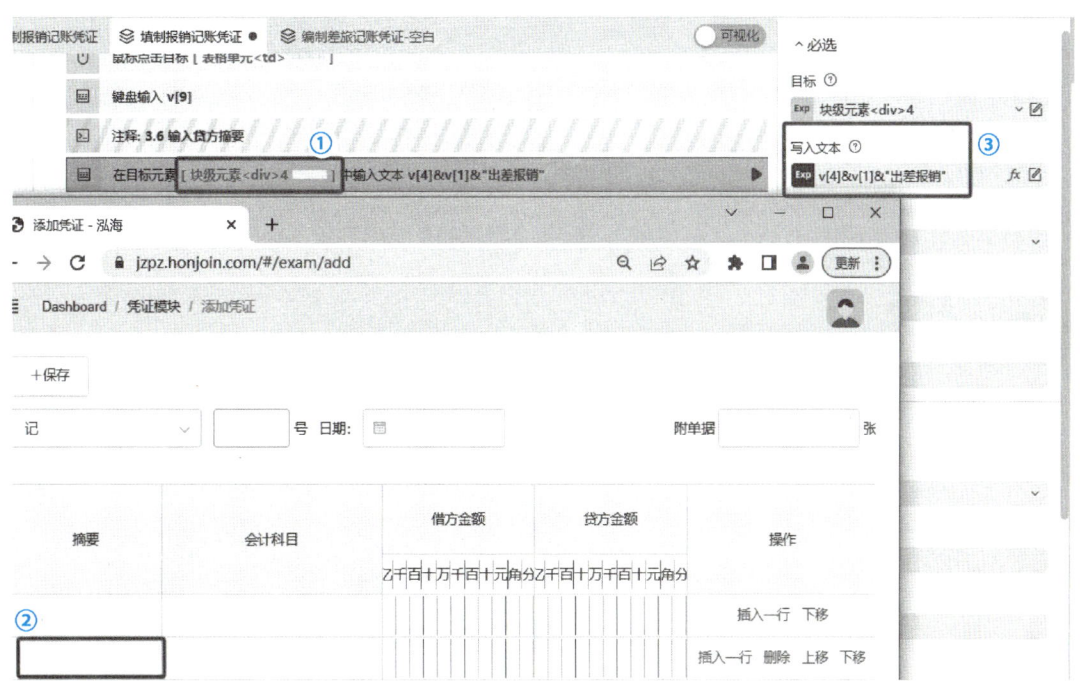

图 6-3-25　输入贷方摘要

步骤 3.7,输入贷方科目。

添加【在目标中输入】命令→点击【未指定】并选择【从界面上选取】→选择界面中的第二行科目(块级元素〈div〉)→在【属性】中更改【写入文本】下的【Exp】为蓝色并填写【"其他应付款_"&v[1]】，如图 6-3-26 所示。

步骤 3.8,输入贷方金额。

（1）点击贷方金额框。添加【点击目标】点击【未指定】并选择【从界面上选取】→选择界面中第二行贷方金额框(表格单元〈td〉)，如图 6-3-27 所示。

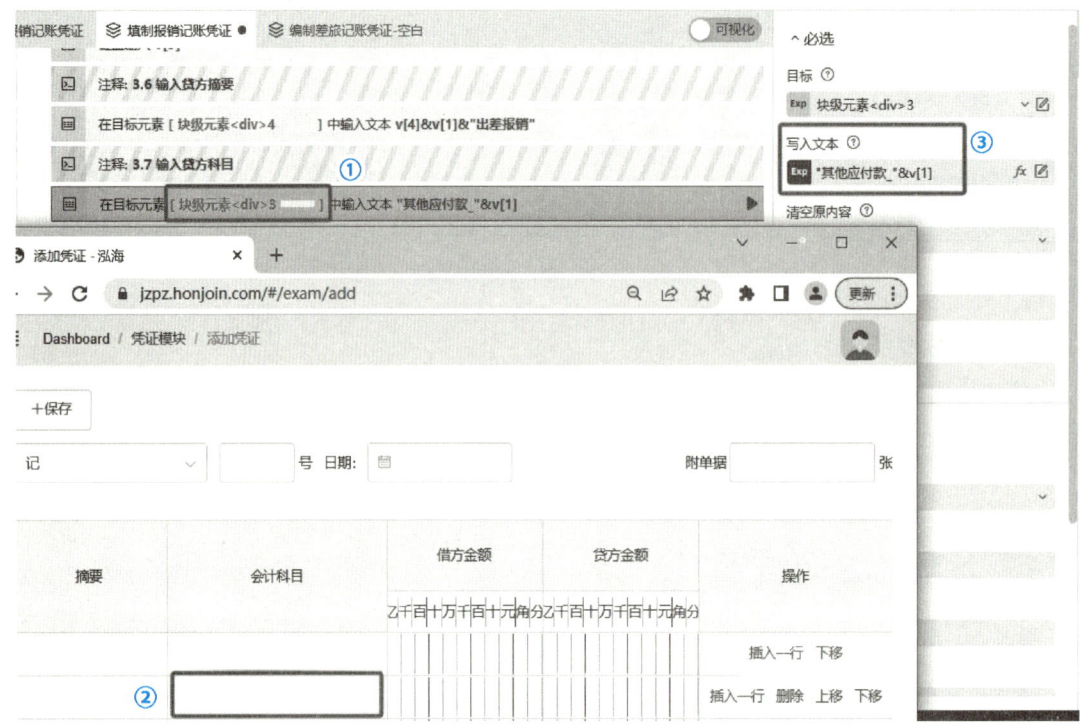

图 6-3-26　输入贷方科目

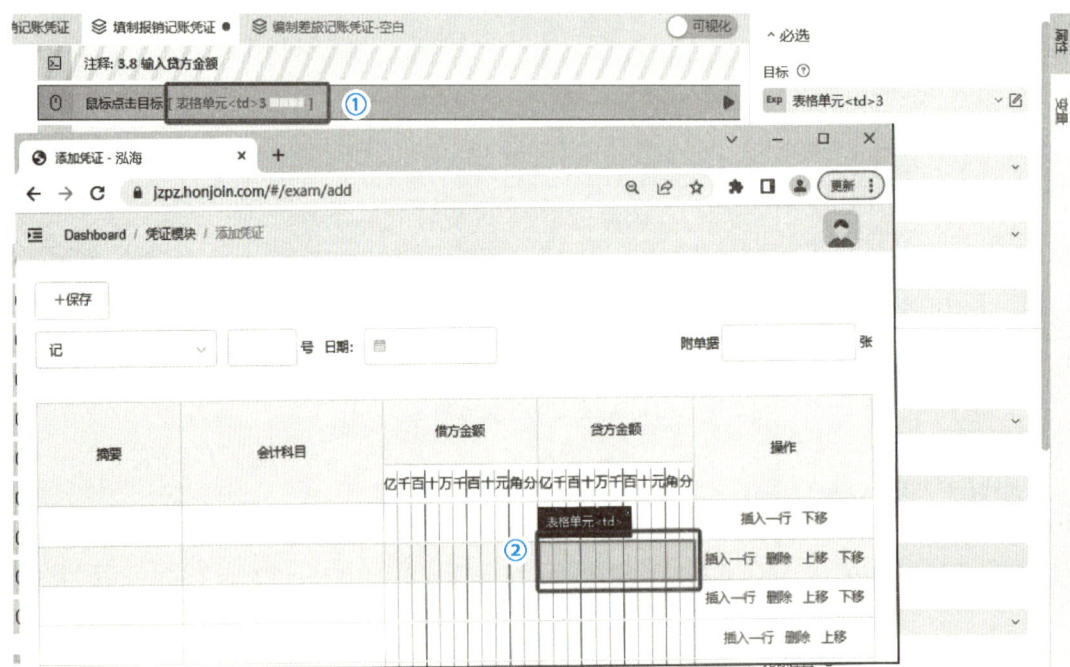

图 6-3-27　点击贷方金额框

[新专标]

Xinzhuanbiao
系列教材 Xilie Jiaocai

（2）输入贷方金额。添加【输入文本】→在【属性】中更改【输入内容】下的【Exp】为蓝色并填写【v[9]】，如图 6-3-28 所示。

图 6-3-28 输入贷方金额

步骤 3.9,保存凭证。

添加【点击目标】→点击【未指定】并选择【从界面上选取】→选择界面中的【保存】按钮，如图 6-3-29 所示。

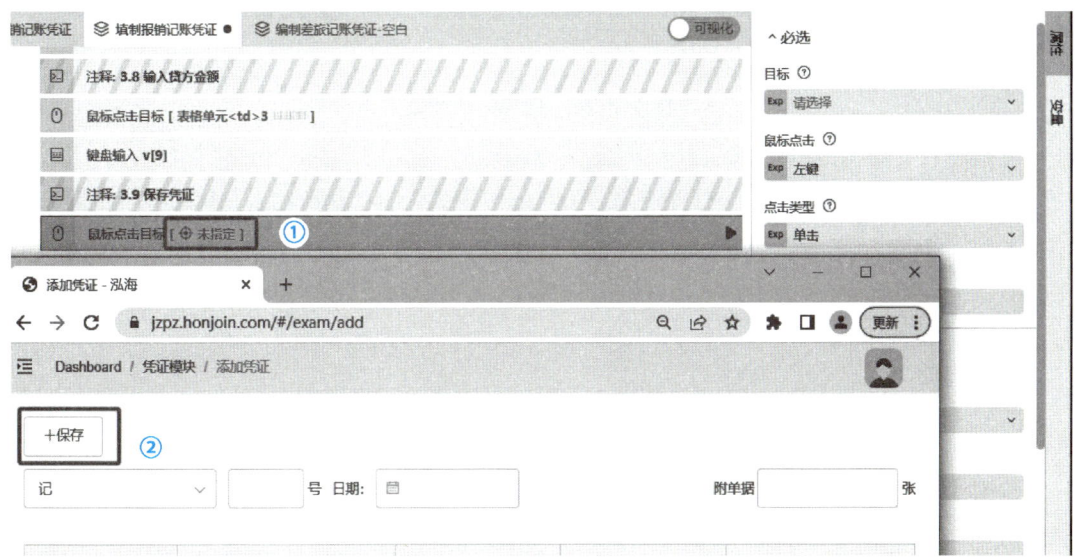

图 6-3-29 保存凭证

步骤 4,保存并退出。

命令答案
6-3

在当前流程开发界面,点击【💾】图标,保存本流程命令。

三、 运行效果

完成 RPA 机器人开发后,点击【运行】,RPA 机器人自动启动浏览器,进入记账凭证界面,读取"报销付款汇总表"文件信息,逐一填制记账凭证。完成后,凭证列表中显示所有填制成功的报销记账凭证,如图 6-3-30 所示。

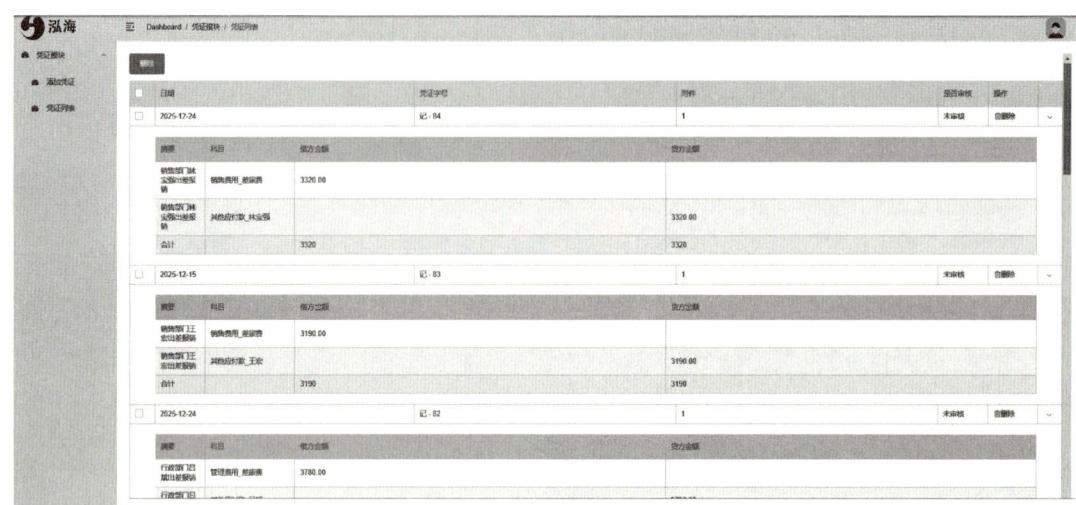

图 6-3-30　报销记账凭证

项目七
Chapter 7   报销付款管理操作步骤

实训一　批量网银付款操作步骤

一、　前期准备

1. 新建流程块

（1）新建流程。打开 UiBot Creator，新建【批量网银付款】流程，如图 7-1-1 所示。新建完成后，系统自动进入流程界面。

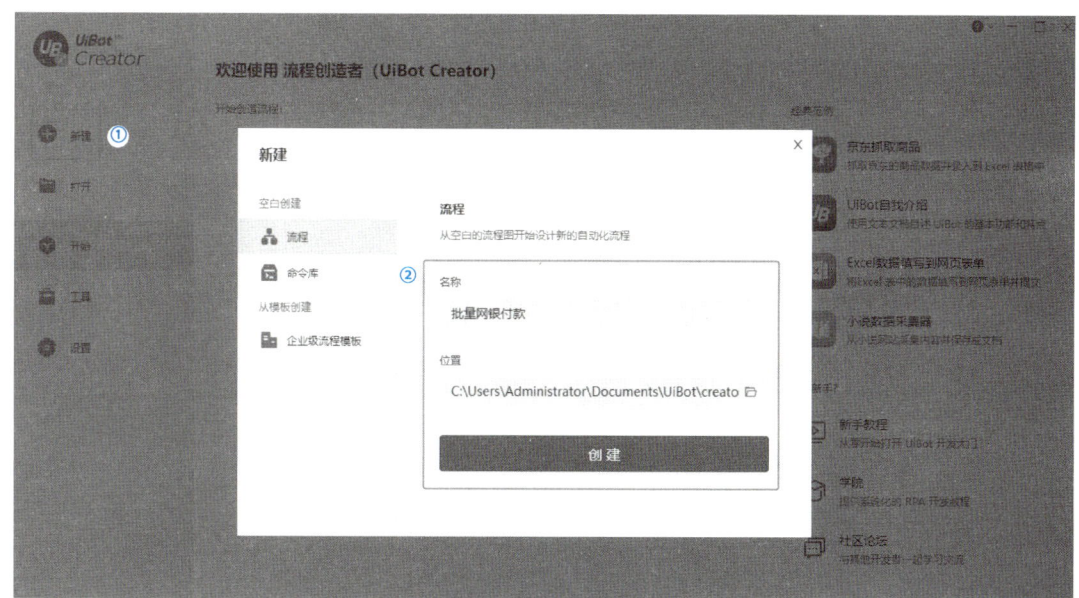

图 7-1-1　新建流程

（2）编辑流程块。选中新建的流程块，编辑基本信息，保存文件，如图 7-1-2 所示。

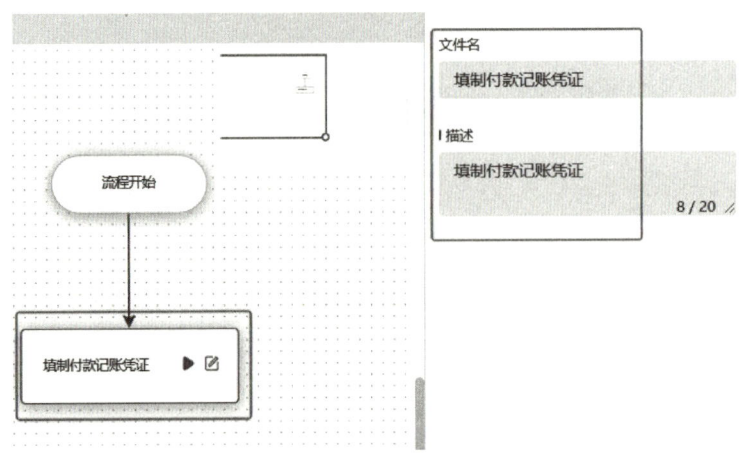

图 7-1-2　编辑流程块

2. 存放实训资源

（1）关闭当前界面，返回到主页，打开对应的文件夹路径，如图 7-1-3 所示。

图 7-1-3　打开文件夹

（2）将"本公司银行信息"和"报销付款汇总表"Excel 文件存放在流程文件夹"res"目录下，以便机器人使用，如图 7-1-4 所示。

图 7-1-4　存放资料

实训资料
7-1

二、 指令设置

打开 UiBot Creator，进入【网银付款】流程界面，点击【网银付款】流程块的编辑按钮，进入命令设置界面,开始设置由机器人执行的指令。

步骤 1,登录网页。

（1）打开浏览器。添加【启动新的浏览器】命令→在【属性】中更改【浏览器类型】为【Google Chrome】→更改【打开链接】为【http://123.60.60.103：28087】,如图 7-1-5 所示。

图 7-1-5　打开浏览器

（2）最大化窗口。添加【更改窗口显示状态】命令→点击【未指定】并选择【从界面上选取】→点击网银付款界面的任意位置→在【属性】中更改【显示状态】为【最大化】,如图 7-1-6 所示。

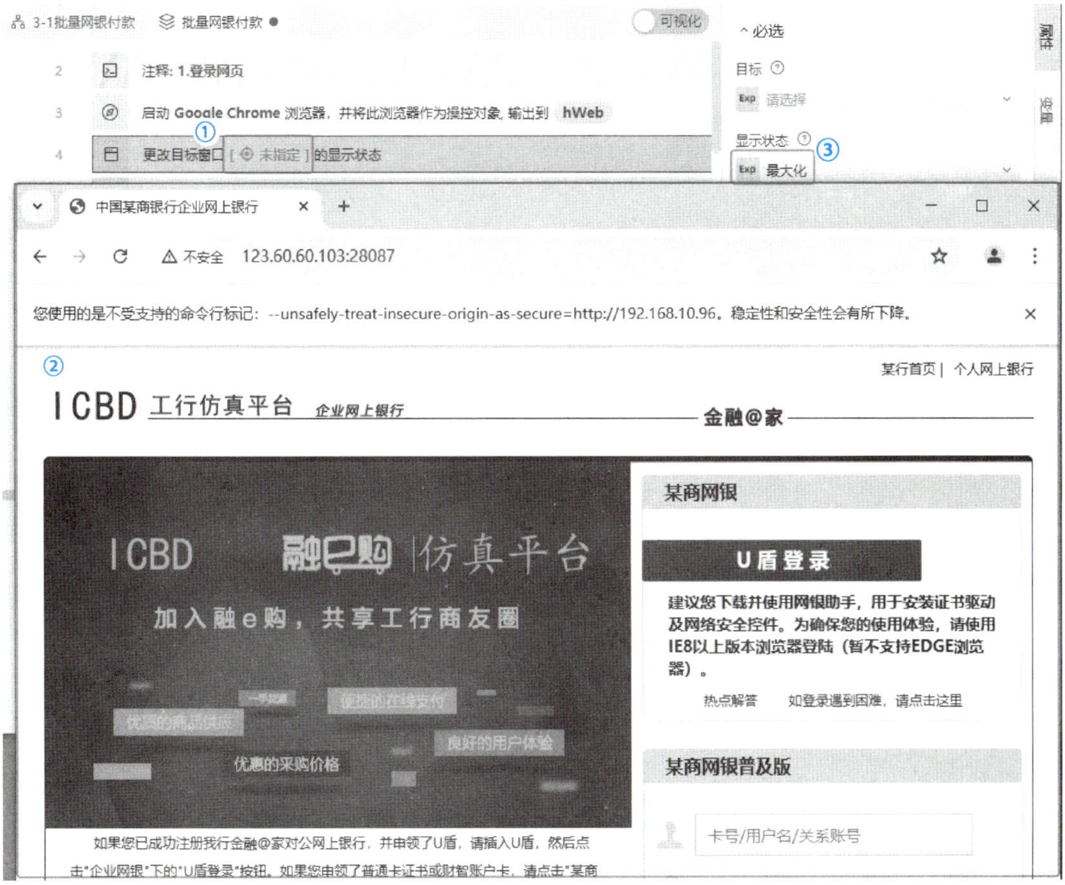

图 7-1-6　最大化窗口

（3）登录付款界面。添加【点击目标】命令→点击【未指定】并选择【从界面上选取】→选择网银系统的【U盾登录】块级元素〈div〉，如图7-1-7所示。

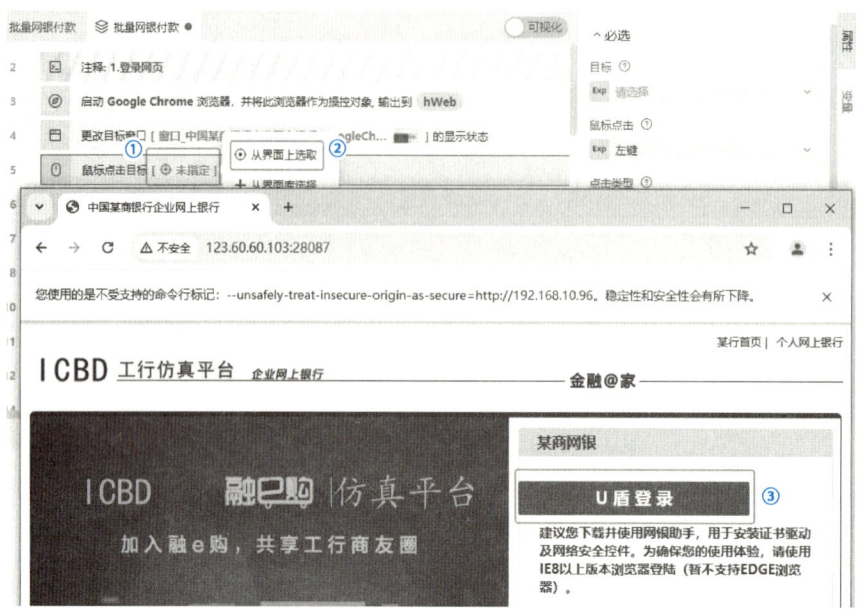

图7-1-7　点击登录

（4）点击【逐笔汇款】。添加【点击目标】命令→点击【未指定】并选择【从界面上选取】→选择网银系统的【逐笔汇款】链接〈a〉，如图7-1-8所示。

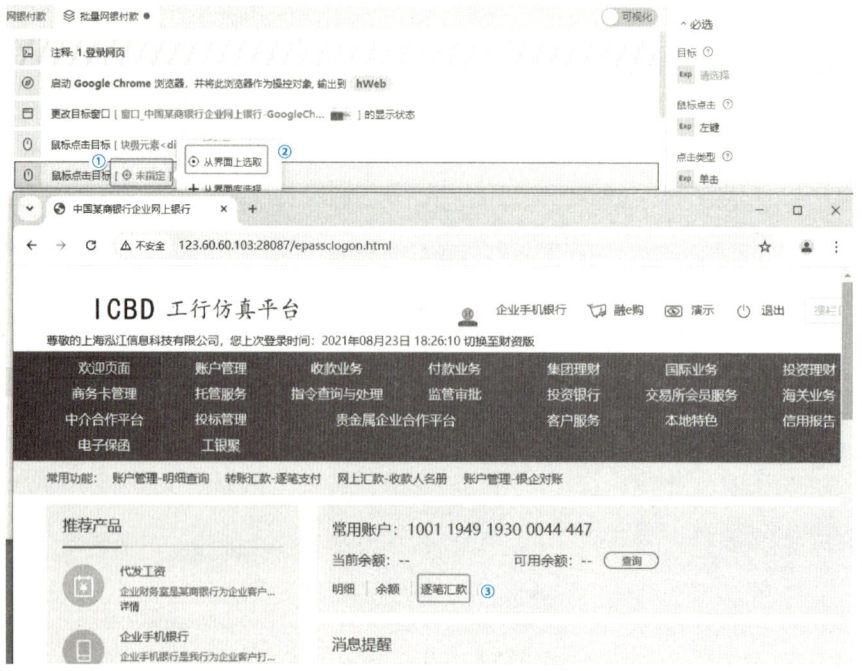

图7-1-8　点击汇款

步骤2,读取本公司信息。

(1)打开"本公司银行信息"Excel 文件。添加【打开 Excel 工作簿】命令→在【属性】中更改【文件路径】为【本公司银行信息.xlsx】存放的路径→更改【输出到】为【本公司银行信息表】,如图 7-1-9 所示。

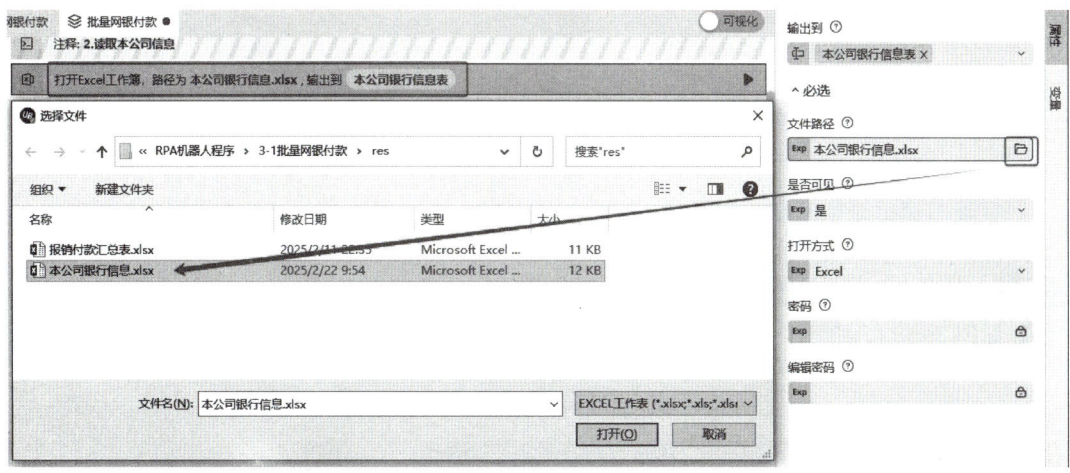

图 7-1-9　获取文件路径

(2)读取汇款信息。添加【读取单元格】命令→在【属性】中更改【工作簿对象】为【本公司银行信息表】→更改【工作表】下的【EXP】为蓝色并填写【0】→更改【单元格】为【A3】→更改【输出到】为【汇款公司名称】,如图 7-1-10 所示。同理,设置读取"汇款公司账号"内容。

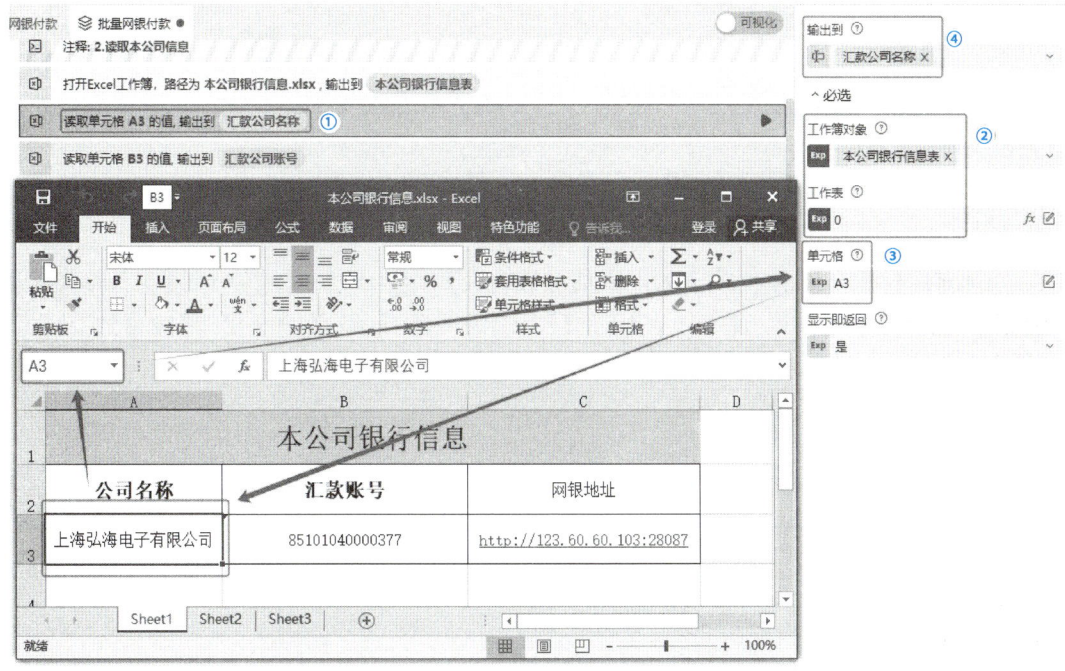

图 7-1-10　读取汇款信息

（3）关闭"本公司银行信息"Excel 文件。添加【关闭 Excel 工作簿】命令→在【属性】中更改【工作簿对象】为【本公司银行信息表】，如图 7-1-11 所示。

图 7-1-11　关闭 Excel 文件

步骤 3，读取付款信息。

（1）打开"报销付款汇总表"Excel 文件。添加【打开 Excel 工作簿】命令→在【属性】中更改【文件路径】为"报销付款汇总表.xlsx"存放的路径→更改【输出到】为【报销付款汇总表】，如图 7-1-12 所示。

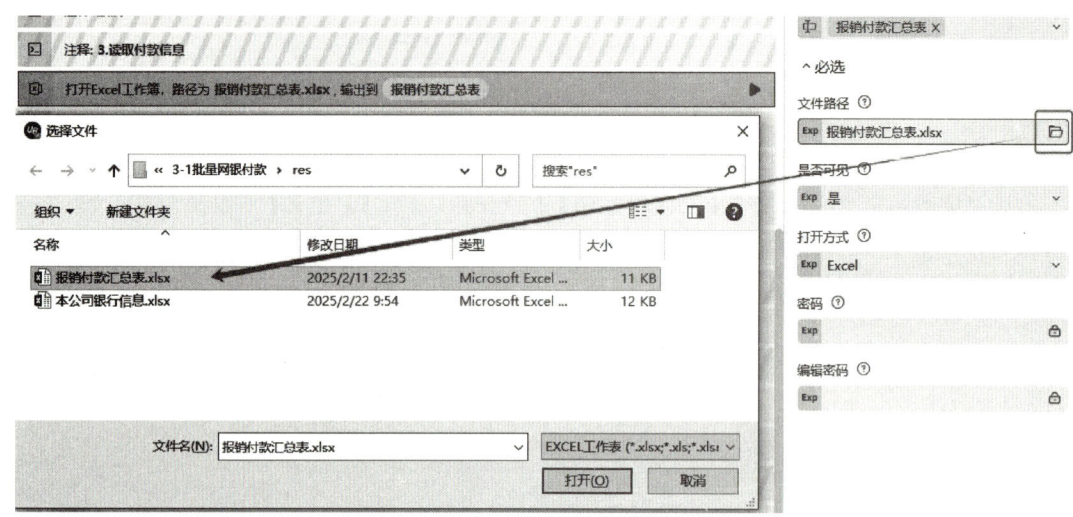

图 7-1-12　获取文件路径

（2）获取付款申请信息总行数。添加【获取行数】命令→在【属性】中更改【工作簿对象】为【报销付款汇总表】→更改【工作表】下的【EXP】为蓝色并填写【0】→更改【输出到】为【总行数】，如图 7-1-13 所示。

图 7-1-13　获取数据总行数

（3）读取付款申请信息内容。添加【读取区域】命令→在【属性】中更改【工作簿对象】为【报销付款汇总表】→更改【工作表】下的【EXP】为蓝色并填写【0】→更改【区域】下的【Exp】为蓝色并填写【"A3：J"& 总行数】→更改【输出到】为【付款信息】，如图 7-1-14 所示。

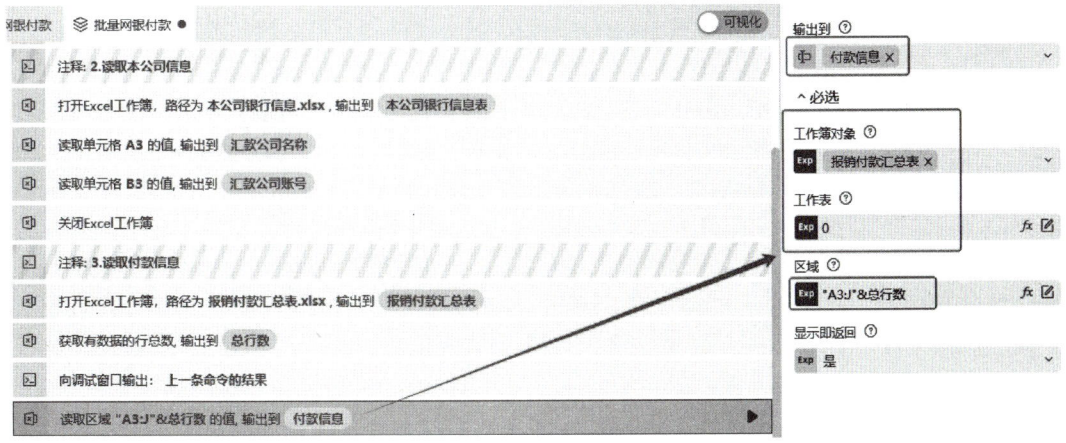

图 7-1-14　读取信息

（4）关闭"报销付款汇总表"Excel 文件。添加【关闭 Excel 工作簿】命令→在【属性】中更改【工作簿对象】为【报销付款汇总表】，如图 7-1-15 所示。

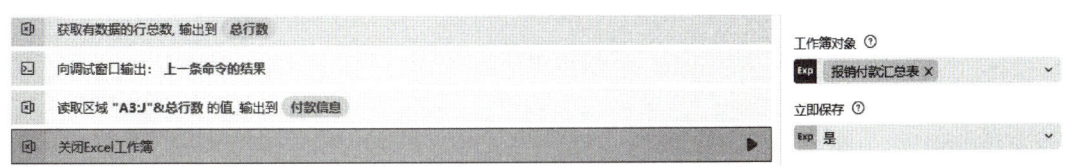

图 7-1-15　关闭 Excel 文件

步骤 4，遍历付款申请信息，批量付款。

添加【依次读取数组中每个元素】命令→在【属性】中更改【值】为【v】→更改【数组】为【付款信息】，如图 7-1-16 所示。

图 7-1-16　遍历付款信息

步骤 4.1，写入汇款单位信息。

添加【在目标中输入】命令→点击【未指定】并选择【从界面上选取】→选择付款界面的【汇款单位】输入控件〈input〉→在【属性】中更改【写入文本】下的【Exp】为蓝色并填写【汇款公司名称】，如图 7-1-17 所示。

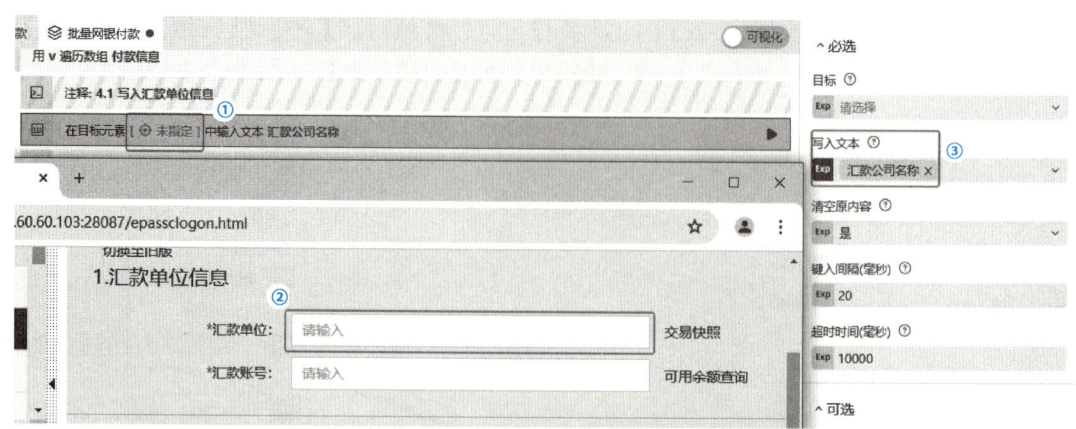

图 7-1-17　输入汇款单位

同上,添加【在目标中输入】命令→点击【未指定】并选择【从界面上选取】→选择付款界面的【汇款账号】输入控件〈input〉→在【属性】中更改【写入文本】下的【Exp】为蓝色并填写【汇款公司账号】。

步骤 4.2,写入收款单位。

添加【在目标中输入】命令→点击【未指定】并选择【从界面上选取】→选择付款界面的【收款单位】输入控件〈input〉→在【属性】中更改【写入文本】下的【Exp】为蓝色并填写【v[1]】,即写入付款信息的第 2 个信息"报销申请人"信息,如图 7-1-18 所示。

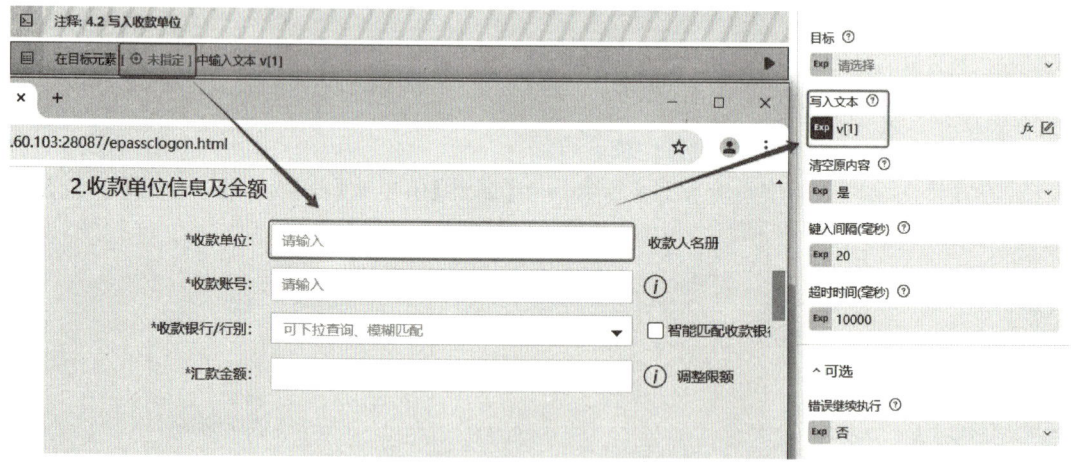

图 7-1-18　输入收款单位

步骤 4.3,写入收款账号。

添加【在目标中输入】命令→点击【未指定】并选择【从界面上选取】→选择付款界面的【收款账号】输入控件〈input〉→在【属性】中更改【写入文本】下的【Exp】为蓝色并填写【v[7]】,即写入付款信息的第 8 个信息"银行卡号"信息,如图 7-1-19 所示。

「新专标」
系列教材 Xilie Jiaocai
Xinzhuanbiao

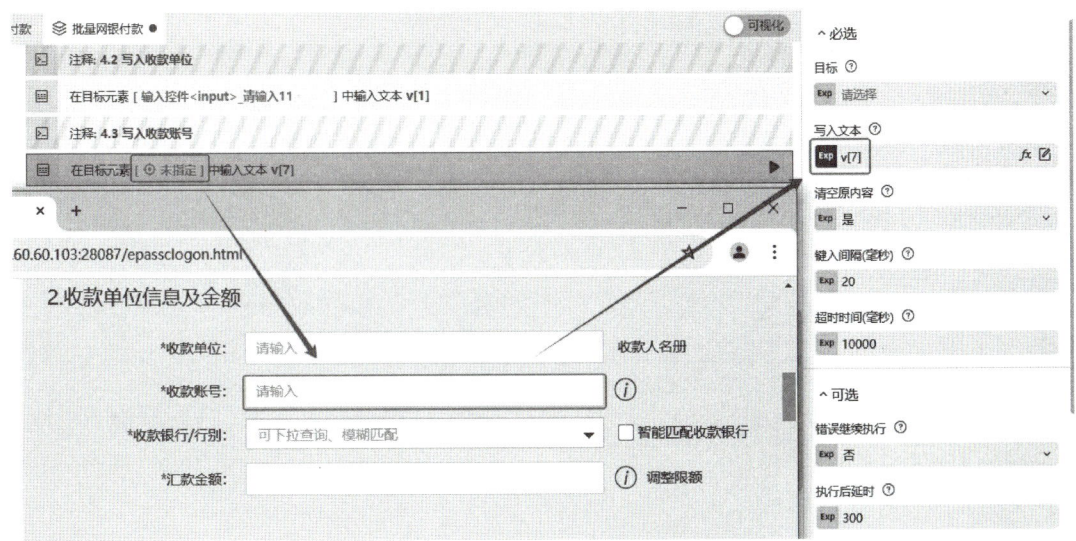

图 7-1-19　输入收款账号

步骤 4.4,写入收款银行。

Excel 表中提取的开户行信息包括开户银行和支行,而平台中只需输入开户银行,因此通过【分割字符串】命令,舍去"银行"两字及之后的字符,只保留开户银行名称信息。

(1) 分割字符。添加【分割字符串】命令→在【属性】中更改【目标字符串】下的【Exp】为蓝色并填写【v[6]】→更改【分隔符】为【银行】→更改【输出到】为【银行简称】,如图 7-1-20所示。根据本条指令,机器人将分割出"银行"两字前和后的字符串,两个字符串以两个数组元素存放入数组【银行简称】中。

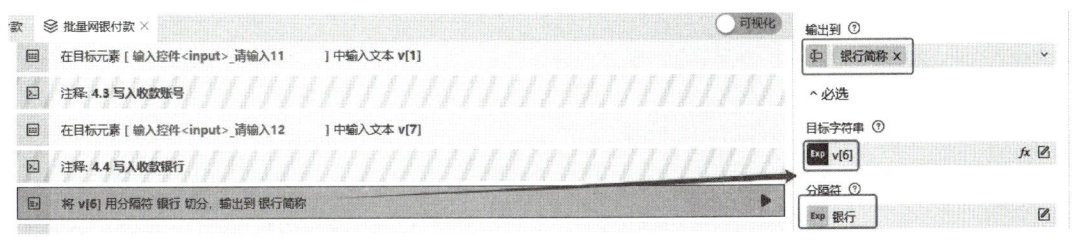

图 7-1-20　分割字符

(2) 输入银行信息。添加【在目标中输入】命令→点击【未指定】并选择【从界面上选取】→选择付款界面中的【收款银行/行别】输入框→在【属性】中更改【写入文本】下的【Exp】为蓝色并填写【银行简称[0]&"银行"】,如图 7-1-21 所示。根据本条指令,机器人将"银行"两字添加到【银行简称】数组中的第一个元素之后,并将该银行信息填入【收款银行/行别】输入框。

(3) 回车确认。输入银行信息后,按下"回车"键,平台会显示【是否汇至个人账户】。因此,此处需添加回车命令。添加【键盘】下的【模拟按键】命令→在【属性】中更改【模拟按键】为【Enter】,如图 7-1-22 所示。

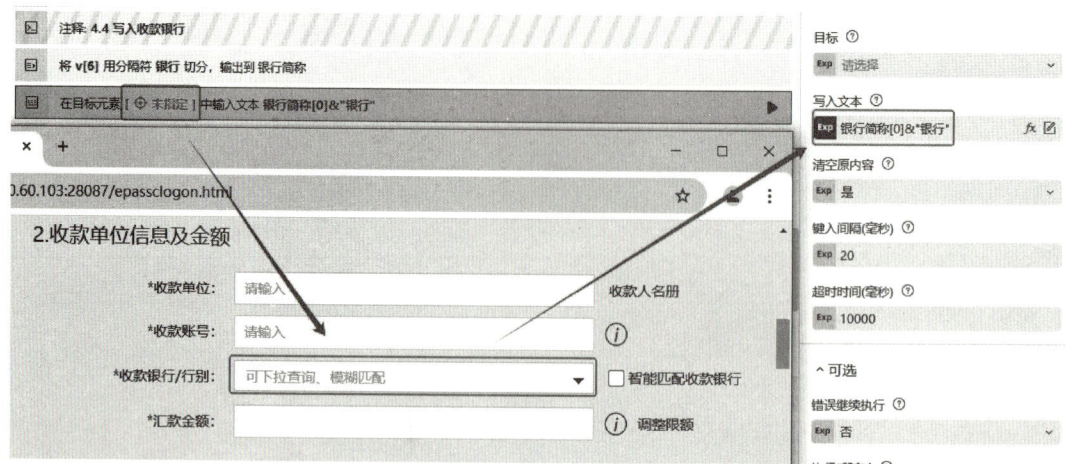

图 7-1-21　输入银行信息

图 7-1-22　回车确认

步骤 4.5,是否汇入个人账户。

选择【汇至个人账户】为【是】。添加【点击目标】命令→点击【未指定】并选择【从界面上选取】→选择付款界面的【汇至个人账户】为【是】文本〈span〉,如图 7-1-23 所示。

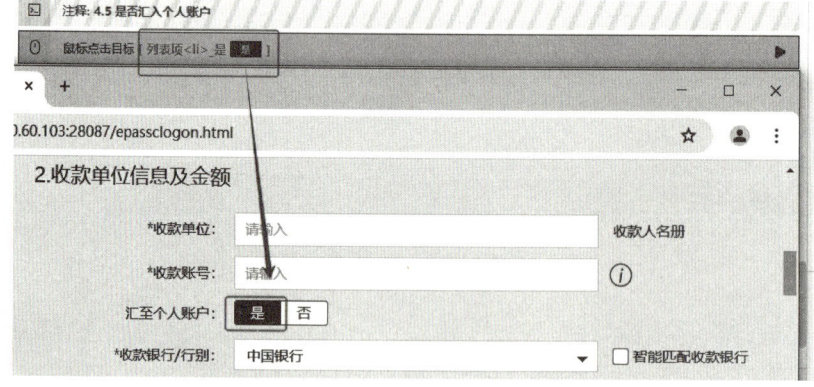

图 7-1-23　选择是否汇至个人账户

步骤 4.6,写入汇款金额。

添加【在目标中输入】命令→点击【未指定】并选择【从界面上选取】→选择付款界面的【汇款金额】输入控件〈input〉→在【属性】中更改【写入文本】下的【Exp】为蓝色并填写【v[9]】,即写入付款信息的第 10 个信息"报销金额"信息,如图 7-1-24 所示。

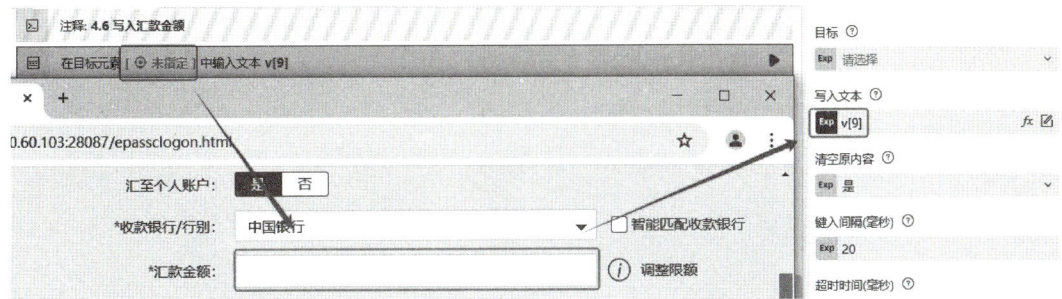

图 7-1-24　输入汇款金额

步骤 4.7,写入汇款用途。

添加【在目标中输入】命令→点击【未指定】并选择【从界面上选取】→选择付款界面的【汇款用途】输入控件〈input〉→在【属性】中更改【写入文本】为【差旅费】,如图 7-1-25 所示。

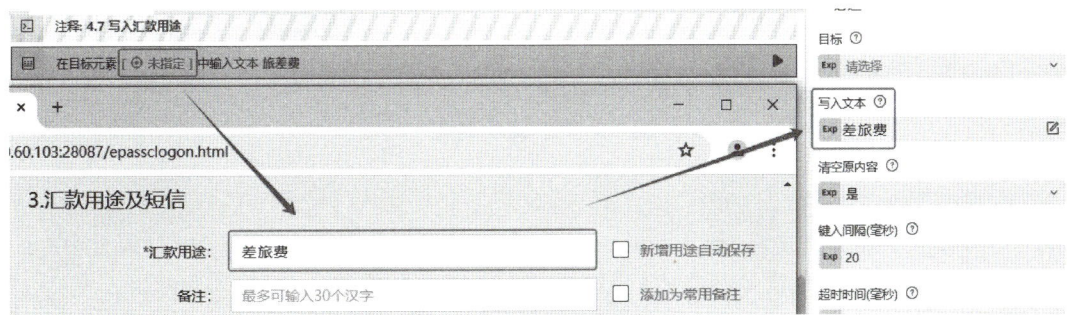

图 7-1-25　输入汇款用途

步骤 4.8,提交确认。

(1) 点击提交。添加【点击目标】命令→点击【未指定】并选择【从界面上选取】→选择付款界面的【提交】按钮,如图 7-1-26 所示。

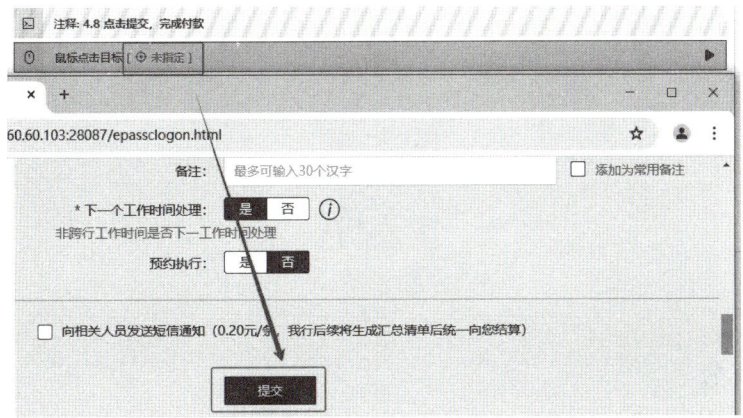

图 7-1-26　点击提交

（2）点击确定。添加【点击目标】命令→点击【未指定】并选择【从界面上选取】→选择付款界面的【确定】按钮，如图 7-1-27 所示。

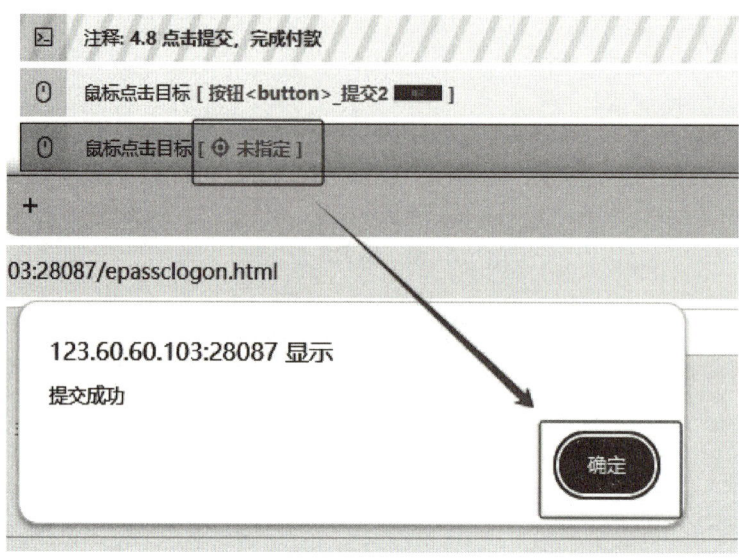

图 7-1-27　点击确认

步骤 5，提示付款完成。

当所有付款遍历完成后，弹出提示。在遍历块外，添加【消息框】命令→在【属性】中更改【消息内容】为【所有付款均已完成】，如图 7-1-28 所示。

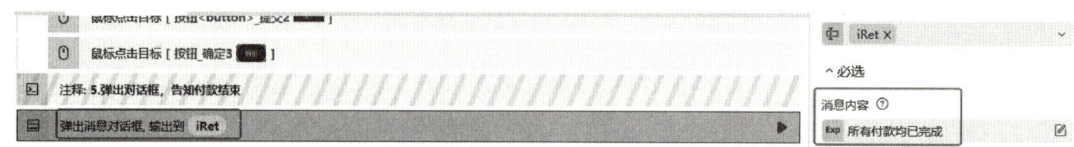

图 7-1-28　弹出消息对话框

步骤 6，保存并退出。

在当前流程开发界面，点击【 📄 】图标，保存本流程命令。

命令答案
7-1

三、 运行效果

完成 RPA 机器人开发后，点击【运行】，RPA 机器人自动启动浏览器，进入网银，读取"本公司银行信息"文件和"报销付款汇总表"文件信息，逐一填入网银付款界面，完成批量报销付款，如图 7-1-29 所示。

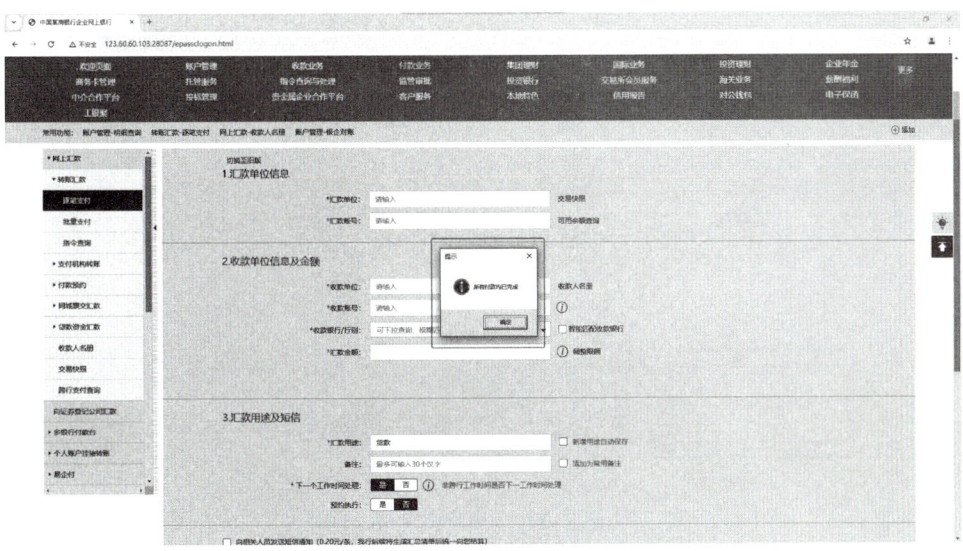

图 7-1-29 批量报销付款

实训二 填制付款记账凭证操作步骤

 前期准备

1. 新建流程块

（1）新建流程。打开 UiBot Creator，新建【填制付款记账凭证】流程，如图 7-2-1 所示。新建完成后，系统自动进入流程界面。

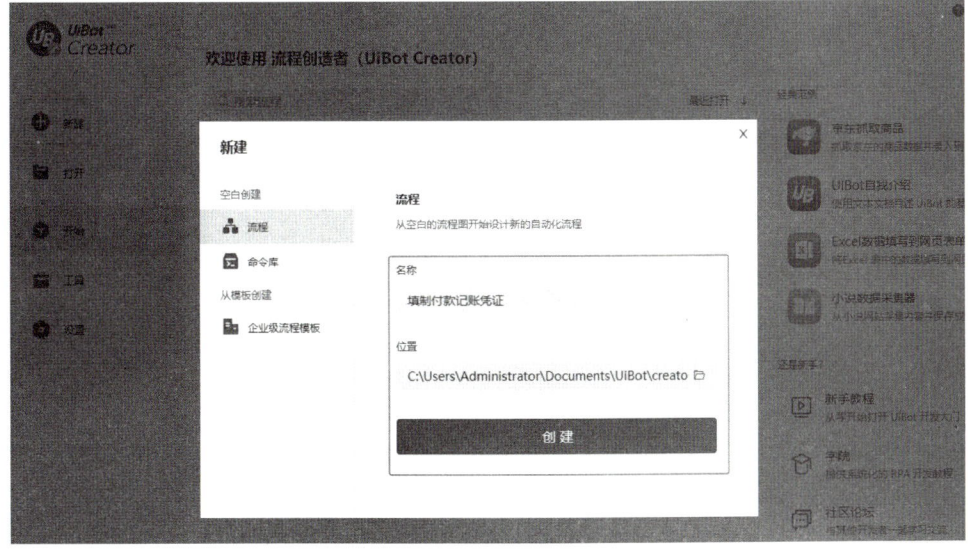

图 7-2-1 新建流程

（2）编辑流程块。选中新建的流程块，编辑基本信息，保存文件，如图7-2-2所示。

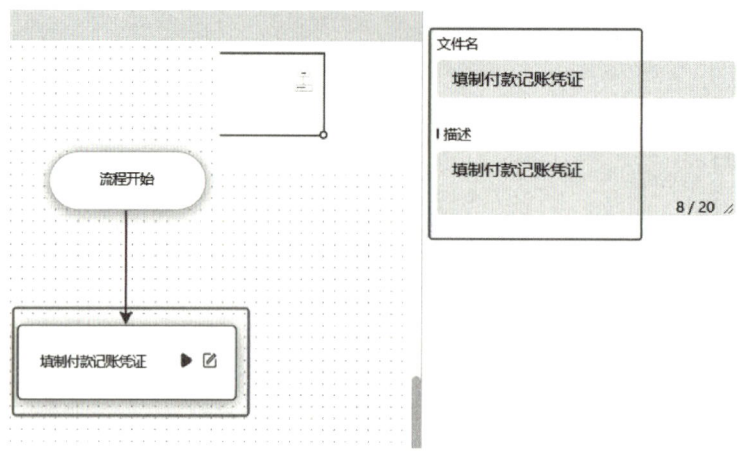

图7-2-2　编辑流程块

2. 存放实训资源

（1）关闭当前界面，返回到主页。打开对应的文件夹路径，如图7-2-3所示。

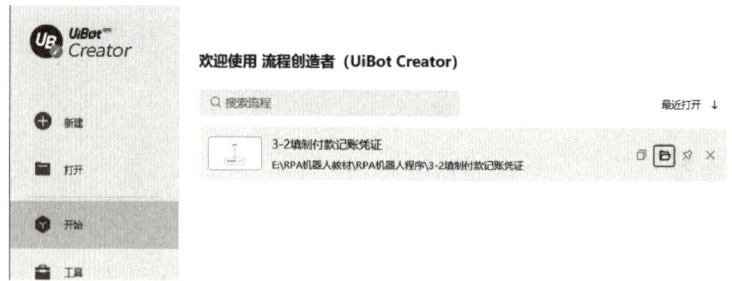

图7-2-3　打开文件夹

（2）将"报销付款汇总表"Excel文件存放在流程文件夹"res"目录下，以便机器人使用，如图7-2-4所示。

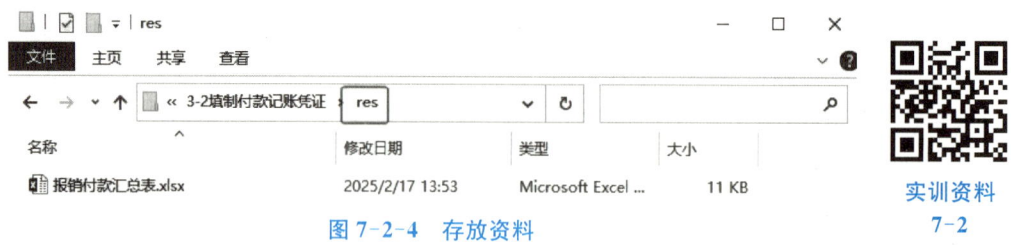

图7-2-4　存放资料

实训资料
7-2

二、　指令设置

打开UiBot Creator，进入【填制付款记账凭证】流程界面，点击【填制付款记账凭证】流程块的编辑按钮，进入命令设置界面，开始设置由机器人执行的指令。

步骤 1,打开记账凭证界面。

（1）打开浏览器。添加【启动新的浏览器】命令→在【属性】中更改【浏览器类型】为【Google Chrome】→【打开链接】为【https://jzpz.honjoin.com/】,如图 7-2-5 所示。

图 7-2-5　打开浏览器

（2）最大化窗口。添加【更改窗口显示状态】命令→点击【未指定】并选择【从界面上选取】→点击界面的任意位置→在【属性】中更改【显示状态】为【最大化】,如图 7-2-6 所示。

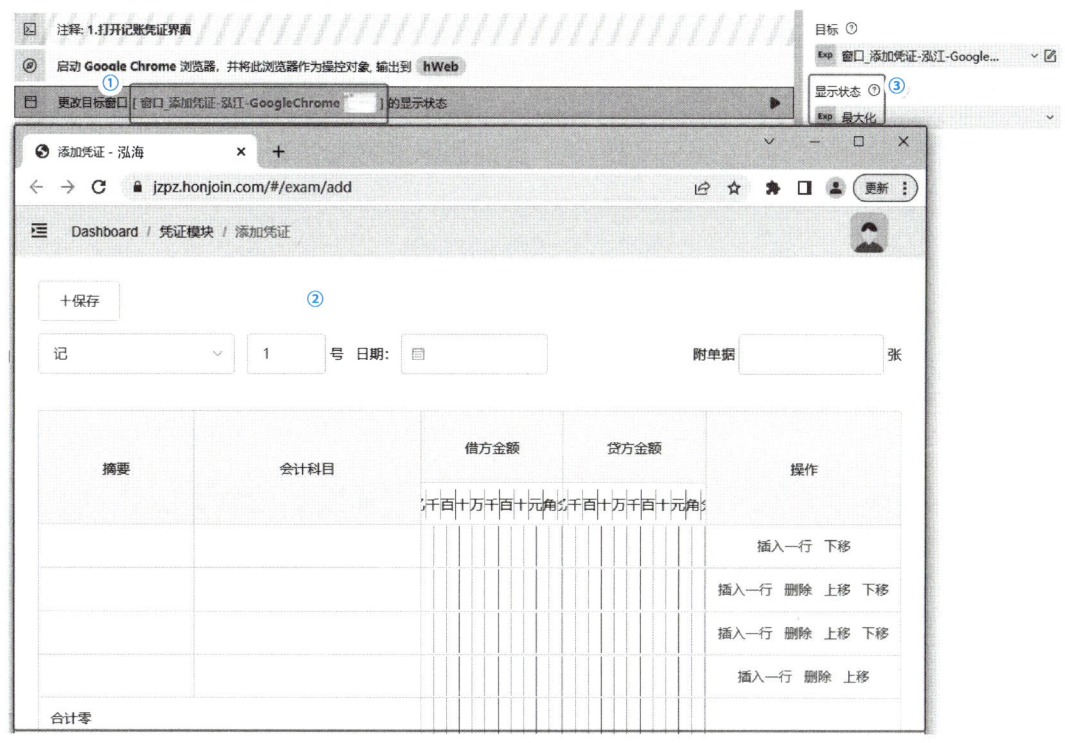

图 7-2-6　最大化窗口

步骤 2,读取报销信息。

（1）打开"报销付款汇总表"Excel 文件。添加【打开 Excel 工作簿】命令→在【属性】中更改【文件路径】为"报销付款汇总表. xlsx"存放的路径→更改【输出到】为【报销付款汇总表】,如图 7-2-7 所示。

新专标

Xinzhuanbiao
系列教材 *Xilie Jiaocai*

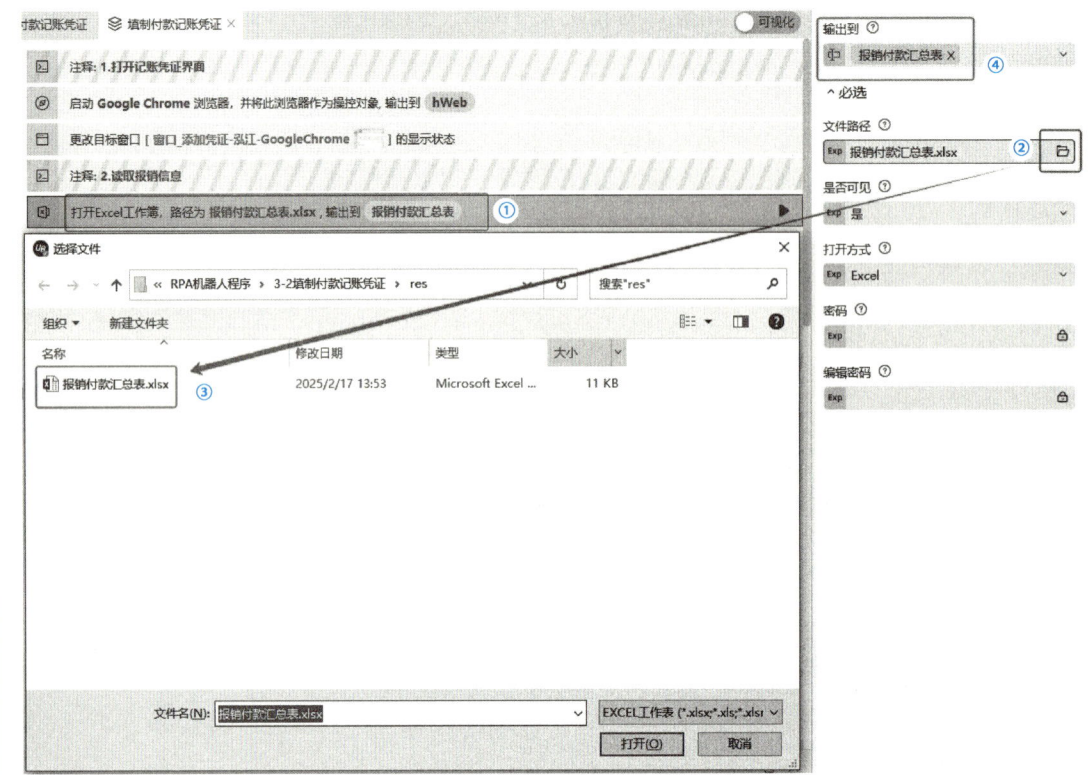

图 7-2-7　获取文件路径

（2）获取报销付款汇总表总行数。添加【获取行数】命令→在【属性】中更改【工作簿对象】为【报销付款汇总表】→更改【工作表】下的【EXP】为蓝色并填写【0】→更改【输出到】为【行数】，如图 7-2-8 所示。

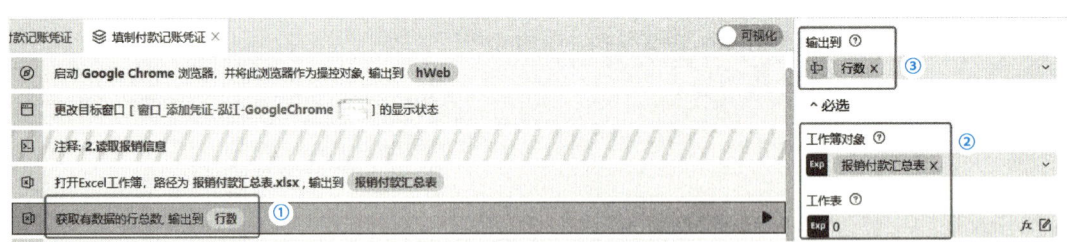

图 7-2-8　获取总行数

（3）读取报销信息。添加【读取区域】命令→在【属性】中更改【工作簿对象】为【报销付款汇总表】→更改【工作表】下的【EXP】为蓝色并填写【0】→更改【区域】下的【Exp】为蓝色并填写【"A3：J"&.行数】→更改【输出到】为【报销信息】，如图 7-2-9 所示。

（4）关闭"报销付款汇总表"Excel 文件。添加【关闭 Excel 工作簿】命令→在【属性】中更改【工作簿对象】为【报销付款汇总表】，如图 7-2-10 所示。

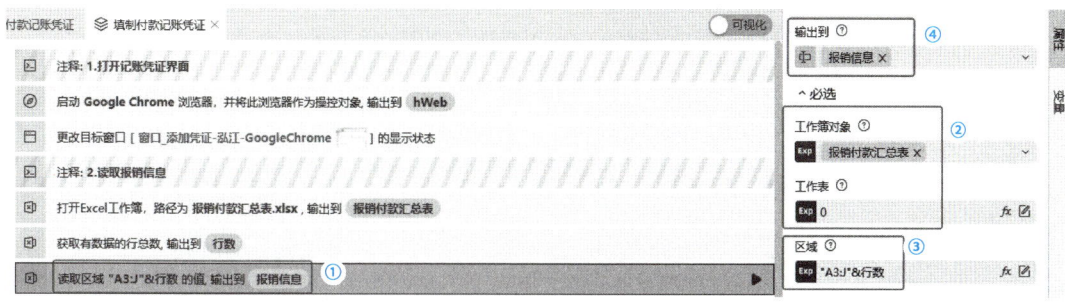

图 7-2-9　读取报销信息

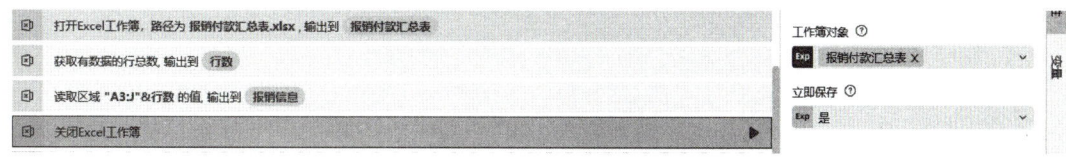

图 7-2-10　关闭 Excel 文件

步骤 3,遍历报销信息,填制记账凭证。

添加【依次读取数组中每个元素】命令→在【属性】中更改【值】为【v】→更改【数组】为【报销信息】,如图 7-2-11 所示。

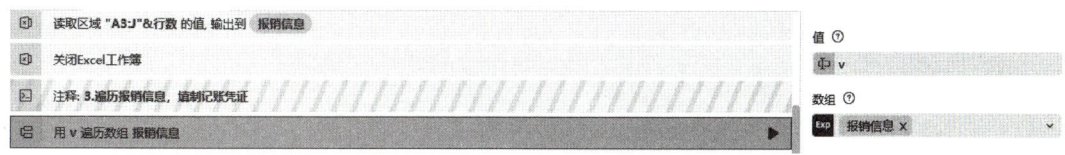

图 7-2-11　遍历报销信息

步骤 3.1,输入日期。

（1）转换日期格式。

① 抽取年份。添加【抽取制定长度字符】命令→在【属性】中更改【目标字符串】下的【Exp】为蓝色并填写【v[3]】→填写【开始位置】为【1】→填写【抽取长度】为【4】→更改【输出到】为【年】,如图 7-2-12 所示。

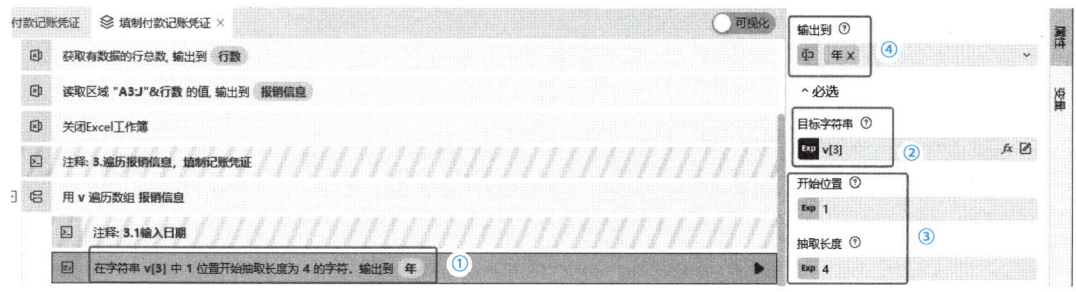

图 7-2-12　抽取年份

② 抽取月份。添加【抽取制定长度字符】命令→在【属性】中更改【目标字符串】下的【Exp】为蓝色并填写【v[3]】→更改【开始位置】为【6】→更改【抽取长度】为【2】→更改【输出到】为【月】，如图 7-2-13 所示。

图 7-2-13　抽取月份

③ 设置变量日。添加【变量赋值】命令→在【属性】中更改【变量值】下的【Exp】为蓝色并填写【"28"】→更改【变量名】为【日】，如图 7-2-14 所示。

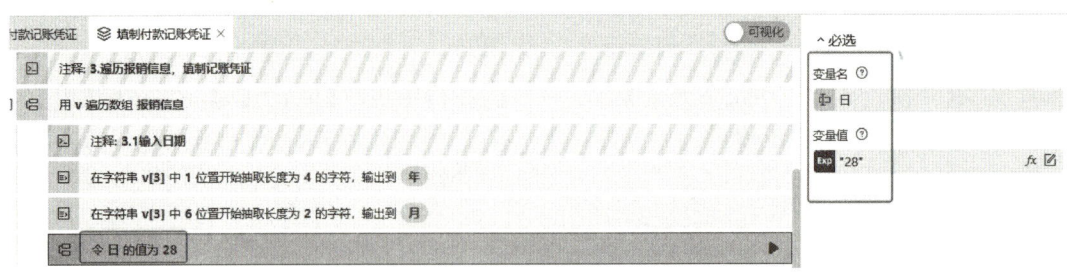

图 7-2-14　设置变量日

④ 合并日期。添加【变量赋值】命令→在【属性】中更改【变量值】下的【Exp】为蓝色并填写【年 &"－"& 月 &"－"& 日】→更改【变量名】为【日期】，如图 7-2-15 所示。

图 7-2-15　合并日期

（2）输入日期并按"回车"键。

① 添加【在目标中输入】命令→点击【未指定】并选择【从界面上选取】→选择界面中的【日期】输入控件〈input〉→在【属性】中更改【写入文本】下的【Exp】为蓝色并填写【日期】，如图 7-2-16 所示。

② 添加【在目标中按键】命令→点击【未指定】并选择【从界面上选取】→选择界面中的【日期】输入控件〈input〉，如图 7-2-17 所示。

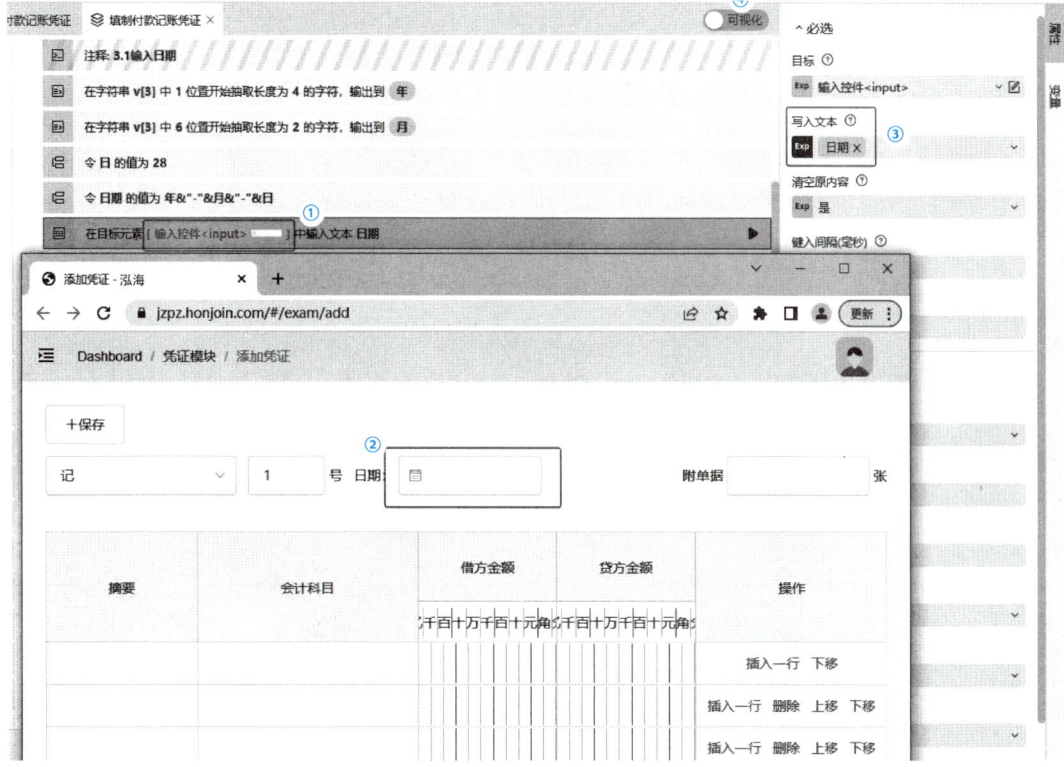

图 7-2-16　输入日期

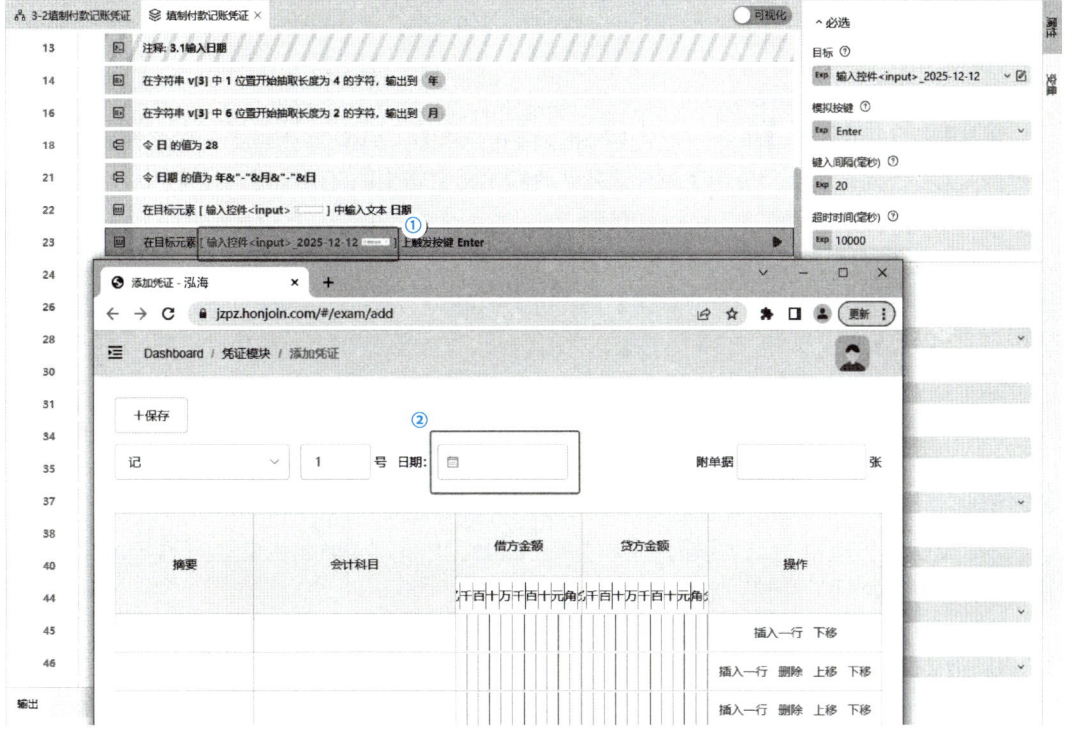

图 7-2-17　输入控件

步骤3.2,输入附单据数。

添加【在目标中输入】命令→点击【未指定】并选择【从界面上选取】→选择界面中的【附单据】输入控件〈input〉→在【属性】中更改【写入文本】为【1】,如图7-2-18所示。

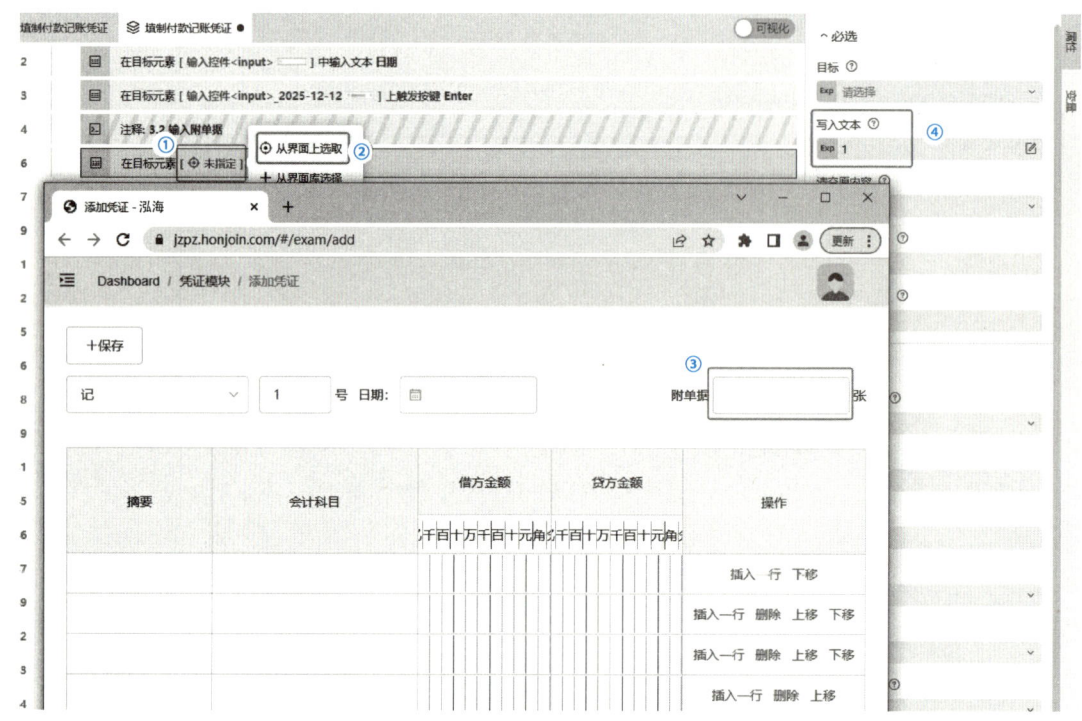

图7-2-18　输入附单据数

步骤3.3,输入借方摘要。

添加【在目标中输入】命令→点击【未指定】并选择【从界面上选取】→选择界面中的第一行摘要(块级元素〈div〉)→在【属性】中更改【写入文本】下的【Exp】为蓝色并填写【v[4]&v[1]&"报销付款"】,如图7-2-19所示。

步骤3.4,输入借方科目。

添加【在目标中输入】命令→点击【未指定】并选择【从界面上选取】→选择界面中的第一行科目(块级元素〈div〉)→在【属性】中更改【写入文本】下的【Exp】为蓝色并填写【"其他应付款_"&v[1]】,如图7-2-20所示。

步骤3.5,输入借方金额。

(1)点击借方金额框。添加【点击目标】→点击【未指定】并选择【从界面上选取】→选择界面中第一行借方金额框(表格单元〈td〉),如图7-2-21所示。

(2)输入借方金额。添加【输入文本】→在【属性】中更改【输入内容】下的【Exp】为蓝色并填写【v[9]】,如图7-2-22所示。

步骤3.6,输入贷方摘要。

添加【在目标中输入】命令→点击【未指定】并选择【从界面上选取】→选择界面中的第二行摘要(块级元素〈div〉)→在【属性】中更改【写入文本】下的【Exp】为蓝色并填写【v[4]&v[1]&"报销付款"】,如图7-2-23所示。

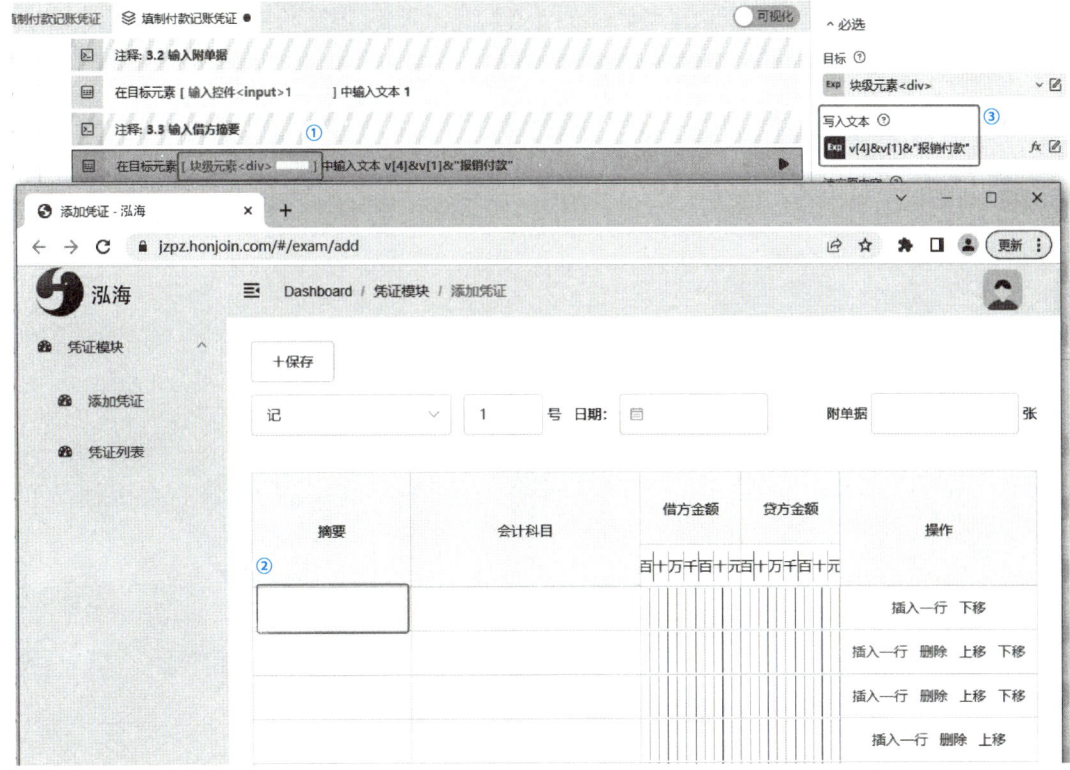

图 7-2-19　输入借方摘要

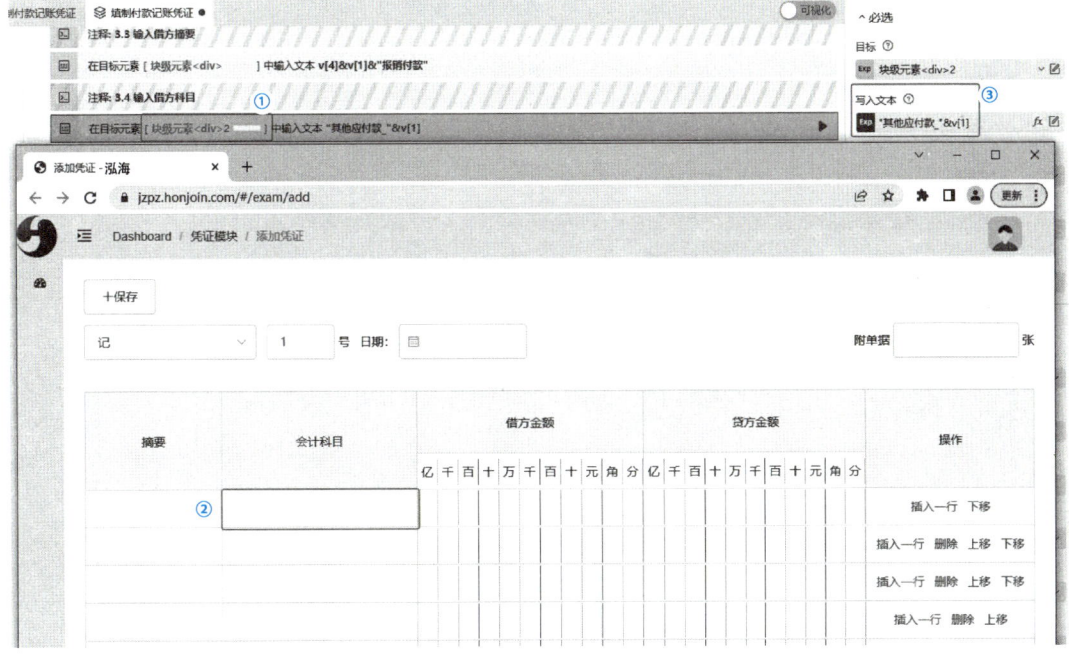

图 7-2-20　输入借方科目

[新专标]
系列教材

Xinzhuanbiao
Xilie Jiaocai

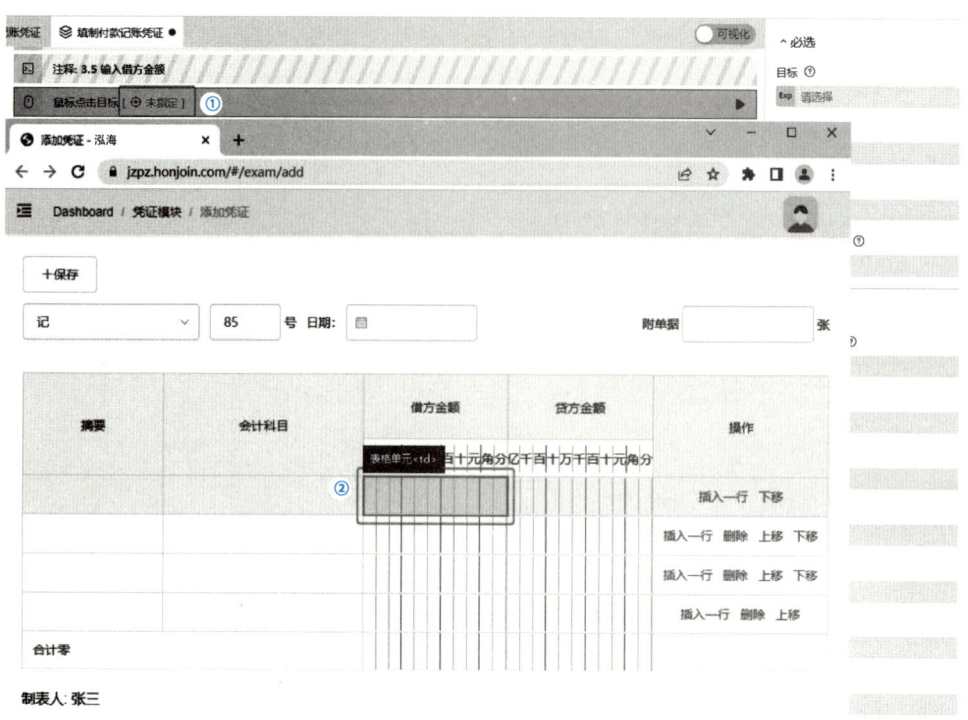

图 7-2-21　点击借方金额框

图 7-2-22　输入借方金额

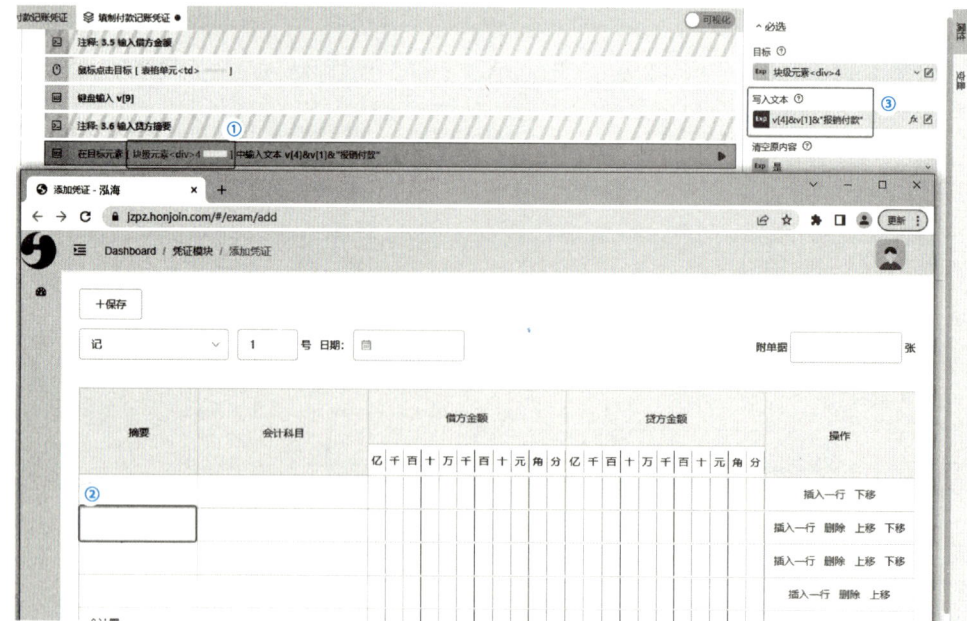

图 7-2-23　输入贷方摘要

步骤3.7,输入贷方科目。

添加【在目标中输入】命令→点击【未指定】并选择【从界面上选取】→选择界面中的第二行科目(块级元素〈div〉)→在【属性】中更改【写入文本】为【银行存款】,如图7-2-24所示。

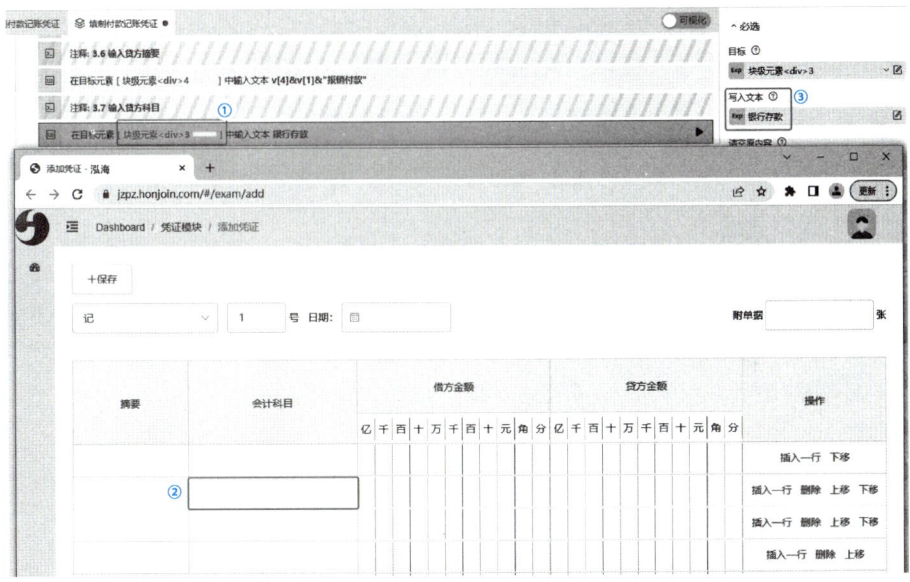

图7-2-24　输入贷方科目

步骤3.8,输入贷方金额。

(1)点击贷方金额框。添加【点击目标】命令→点击【未指定】并选择【从界面上选取】→选择界面中第二行贷方金额框(表格单元〈td〉),如图7-2-25所示。

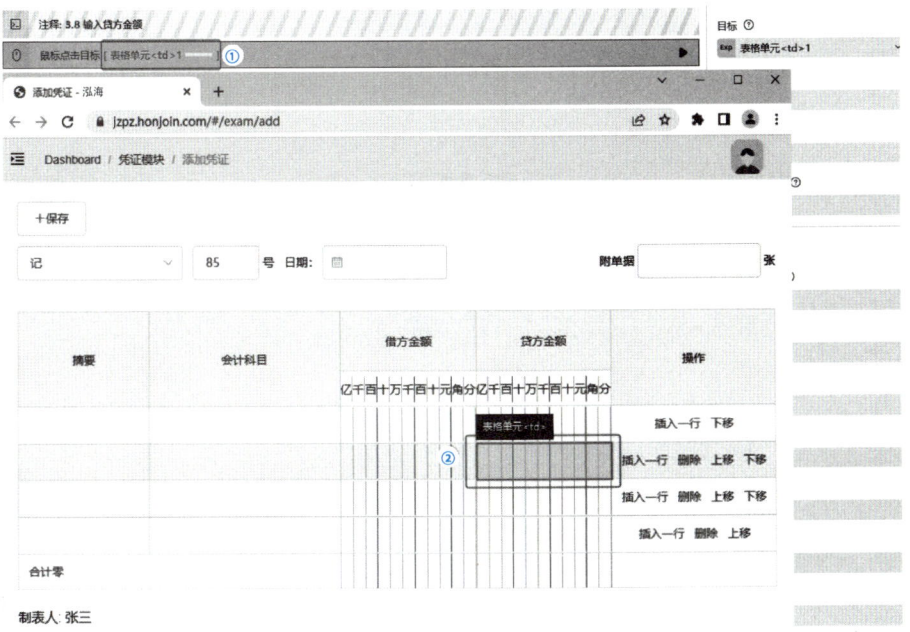

图7-2-25　点击贷方金额框

（2）输入贷方金额。添加【输入文本】→在【属性】中更改【输入内容】下的【Exp】为蓝色并填写【v[9]】，如图7-2-26所示。

图7-2-26　输入贷方金额

步骤3.9，保存凭证。

添加【点击目标】命令→点击【未指定】并选择【从界面上选取】→选择界面中的【保存】按钮，如图7-2-27所示。

图7-2-27　保存凭证

步骤4，保存并退出。

命令答案
7-2

在当前流程开发界面，点击【保存】图标，保存本流程命令。

三、 **运行效果**

完成RPA机器人开发后，点击【运行】，RPA机器人自动启动浏览器，进入记账凭证界面，读取"报销付款汇总表"文件信息，逐一填制记账凭证。完成后，凭证列表中显示所有填制成功的付款记账凭证，如图7-2-28所示。

图 7-2-28　付款记账凭证

项目八

Chapter 8 销售业务管理操作步骤

实训一　批量开具发票操作步骤

　前期准备

1. 新建流程块

（1）新建流程。打开 UiBot Creator，新建【批量开票信息导入】流程，如图 8-1-1 所示。新建完成后，系统自动进入流程界面。

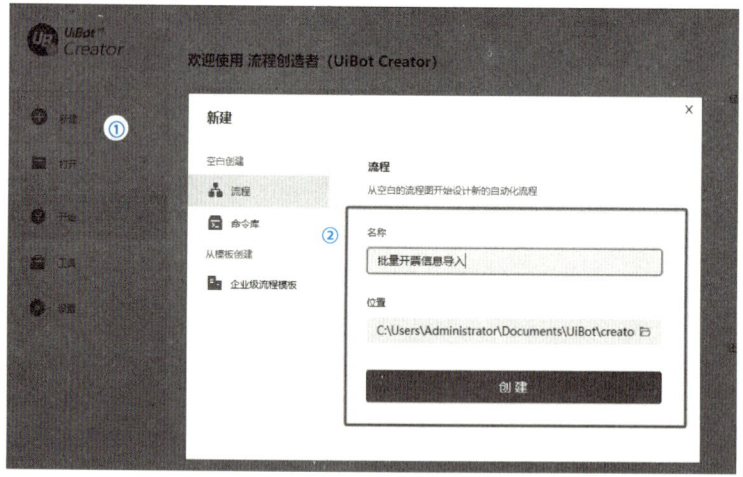

图 8-1-1　新建流程

（2）编辑流程块。选中新建的流程块，编辑基本信息，保存文件，如图 8-1-2 所示。

2. 存放实训资源

（1）关闭当前界面，返回到主页。打开对应的文件夹路径，如图 8-1-3 所示。

（2）将本案例相关文件存放在流程文件夹"res"目录下，以便机器人使用，如图 8-1-4 所示。

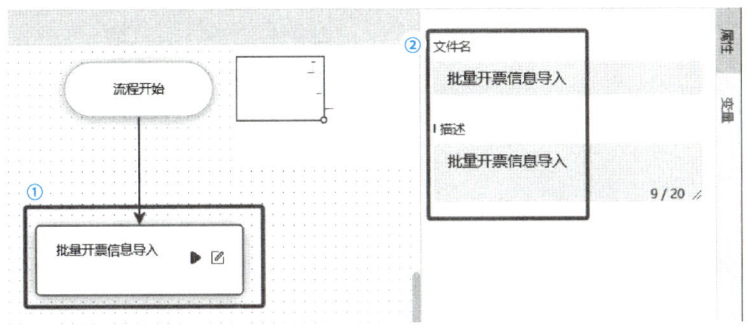

图 8-1-2 编辑流程块

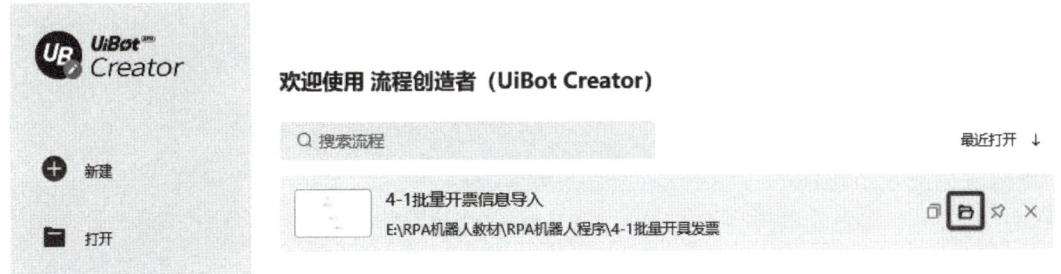

图 8-1-3 打开文件夹

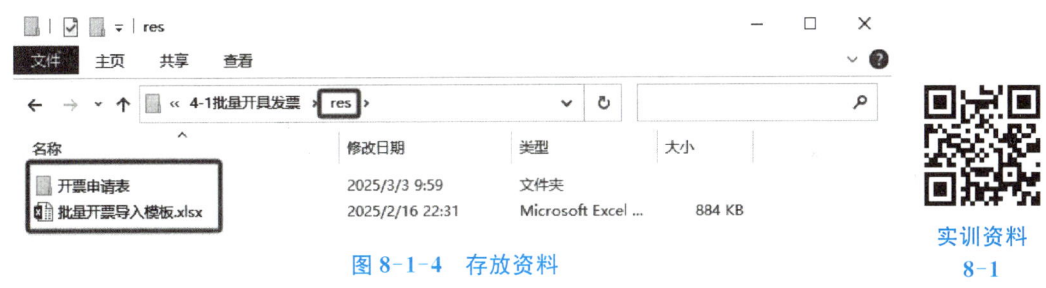

图 8-1-4 存放资料

实训资料
8-1

二、 指令设置

打开 UiBot Creator，进入【批量开票信息导入】流程界面，点击【批量开票信息导入】流程块的编辑按钮，进入命令设置界面，开始设置由机器人执行的指令。

步骤 1，打开"批量开票导入模版"Excel 文件。

添加【打开 Excel 工作簿】命令→在【属性】中更改【文件路径】为"批量开票导入模版.xlsx"存放的路径→更改【输出到】为【批量开票导入模版】，如图 8-1-5 所示。

步骤 2，设置变量"发票流水号"。

添加【变量赋值】命令→在【属性】中更改【变量值】为【1】→更改【变量名】为【发票流水号】，如图 8-1-6 所示。

步骤 3，获取开票申请表文件夹。

添加【获取文件或文件夹列表】命令→在【属性】中更改【路径】为【开票申请表】存放的路径→更改【输出到】为【开票申请表文件夹】，如图 8-1-7 所示。

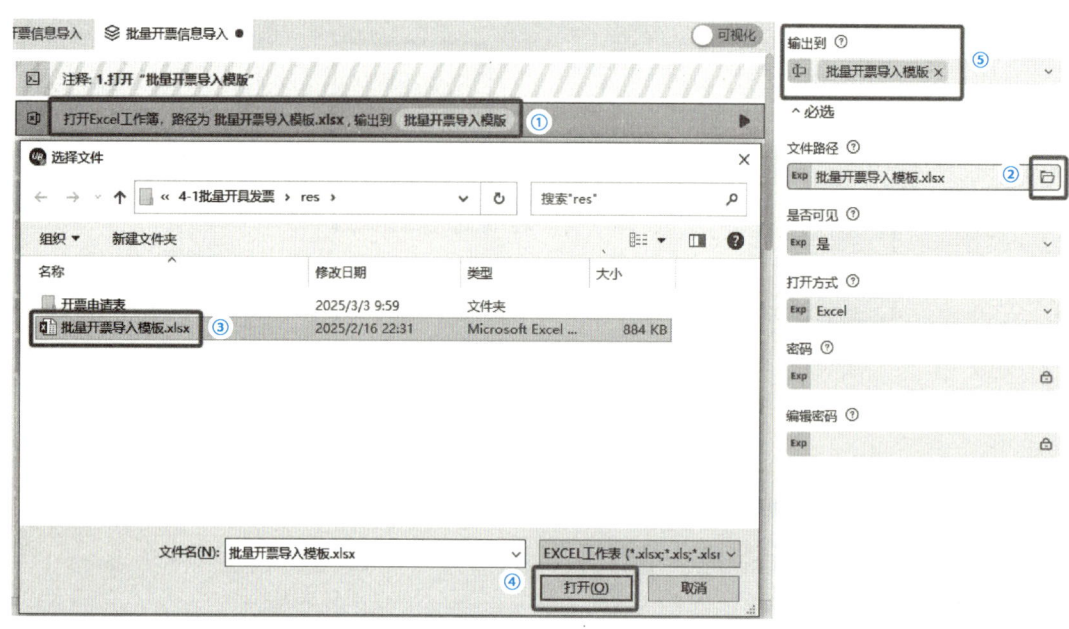

图 8-1-5　打开浏览器

图 8-1-6　设置变量"发票流水号"

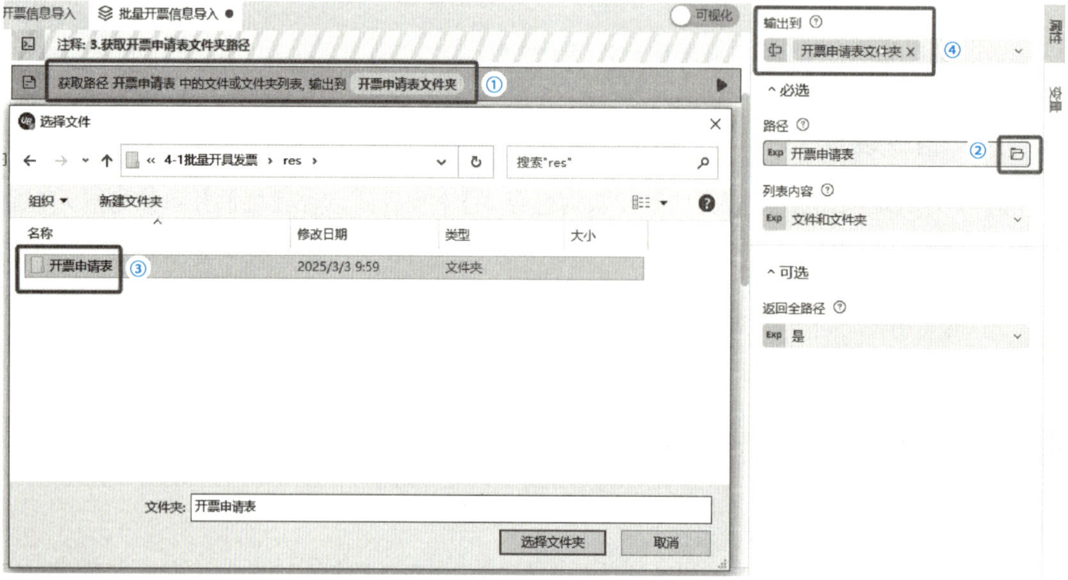

图 8-1-7　获取文件夹

步骤 4,遍历开票申请表文件夹中的每一份申请表,读取开票信息并写入批量开票导入模版。

添加【依次读取数组中每个元素】命令→在【属性】中更改【值】为【v】→更改【数组】为【开票申请表文件夹】,如图 8-1-8 所示。

图 8-1-8 遍历申请表

步骤 4.1,读取开票信息。

(1)打开本次遍历的开票申请表。添加【打开 Excel 工作簿】命令→在【属性】中更改【文件路径】为【v】→更改【输出到】为【开票申请表】,如图 8-1-9 所示。

图 8-1-9 打开申请表

(2)读取各项开票信息。

① 读取发票类型。添加【读取单元格】命令→在【属性】中更改【工作簿对象】为【开票申请表】→更改【工作表】下的【EXP】为蓝色并填写【0】→更改【单元格】为【C2】→更改【输出到】为【发票类型】,如图 8-1-10 所示。

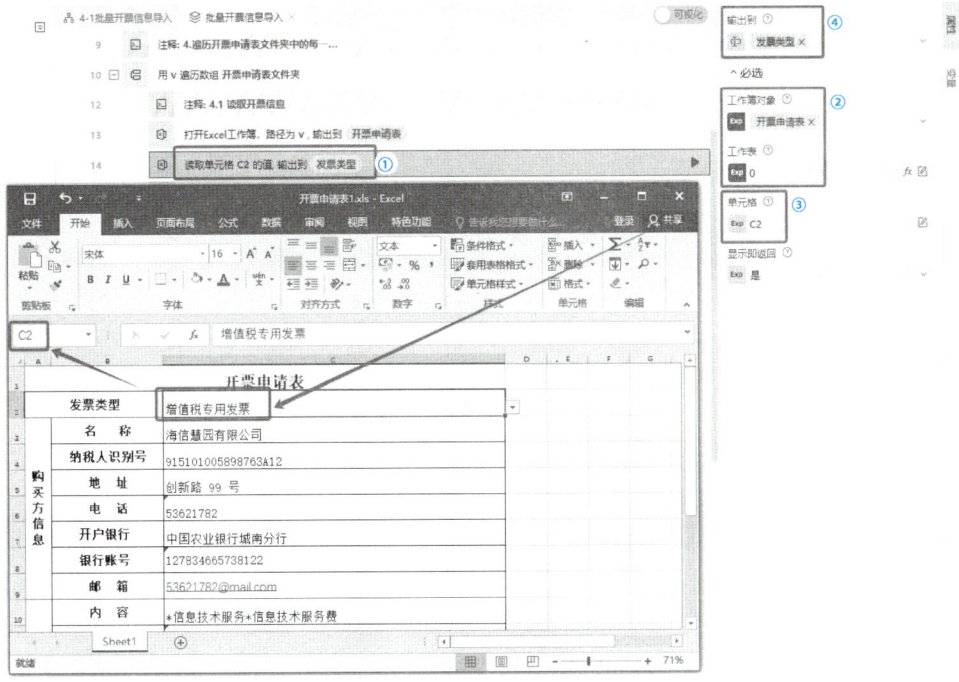

图 8-1-10 读取开票信息

② 同理,依次读取发票信息,如图 8-1-11 所示。

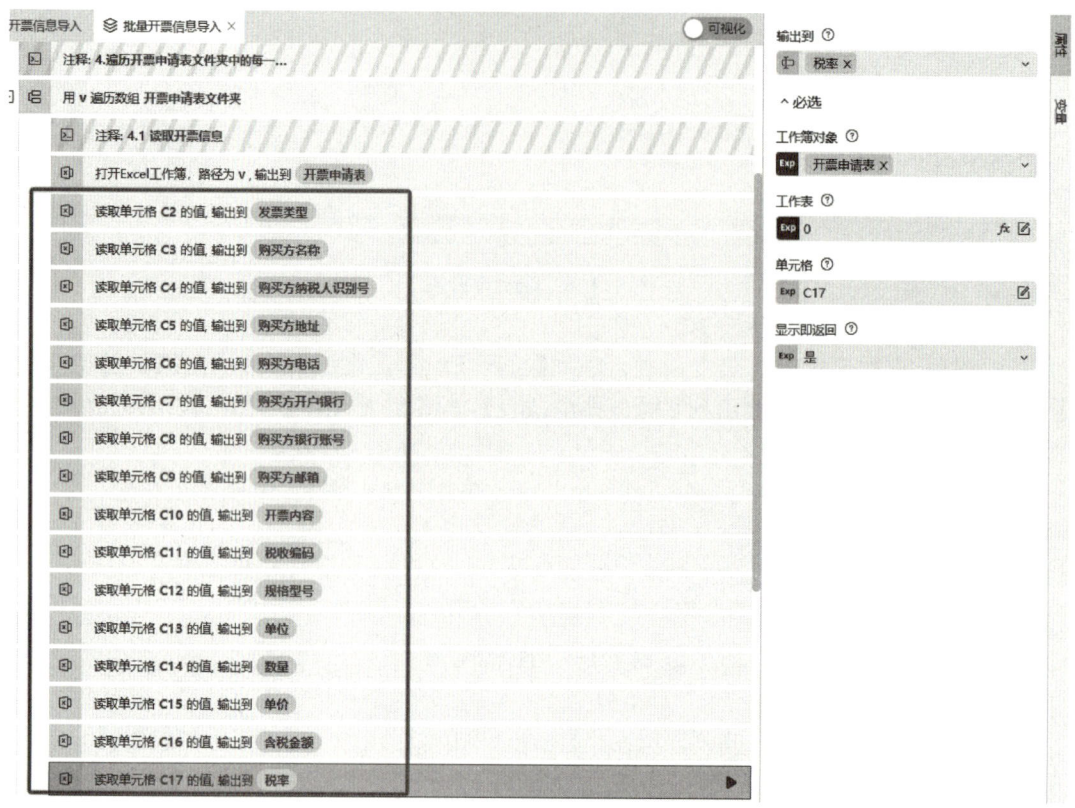

图 8-1-11　读取发票信息

(3) 关闭"开票申请表"Excel 文件。添加【关闭 Excel 工作簿】命令→在【属性】中更改【工作簿对象】为【开票申请表】,如图 8-1-12 所示。

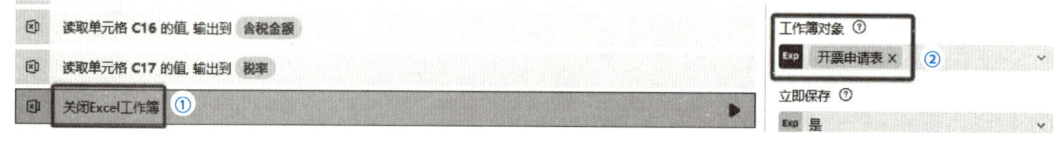

图 8-1-12　关闭 Excel 文件

步骤 4.2,在导入模版 Sheet1 中写入开票信息。

(1) 设置数组【发票基本信息】。添加【变量赋值】命令→在【属性】中更改【变量值】为【[发票流水号,发票类型,"","是","",购买方名称,购买方纳税人识别号,"","","",购买方地址,"","",购买方电话,购买方开户银行,购买方银行账号,"","","","","","","","","",购买方邮箱]→更改【变量名】为【发票基本信息】,如图 8-1-13 所示。数组中的元素根据 Excel 表格中的每一列单元格确定,如果不需要填写,则为空字符串"",每个数组元素用半角","隔开。

(2) 将发票基本信息输入"批量开票导入模版"。添加【写入行】命令→在【属性】中更改【工作簿对象】为【批量开票导入模版】→更改【工作表】为【1—发票基本信息】→更改【单元

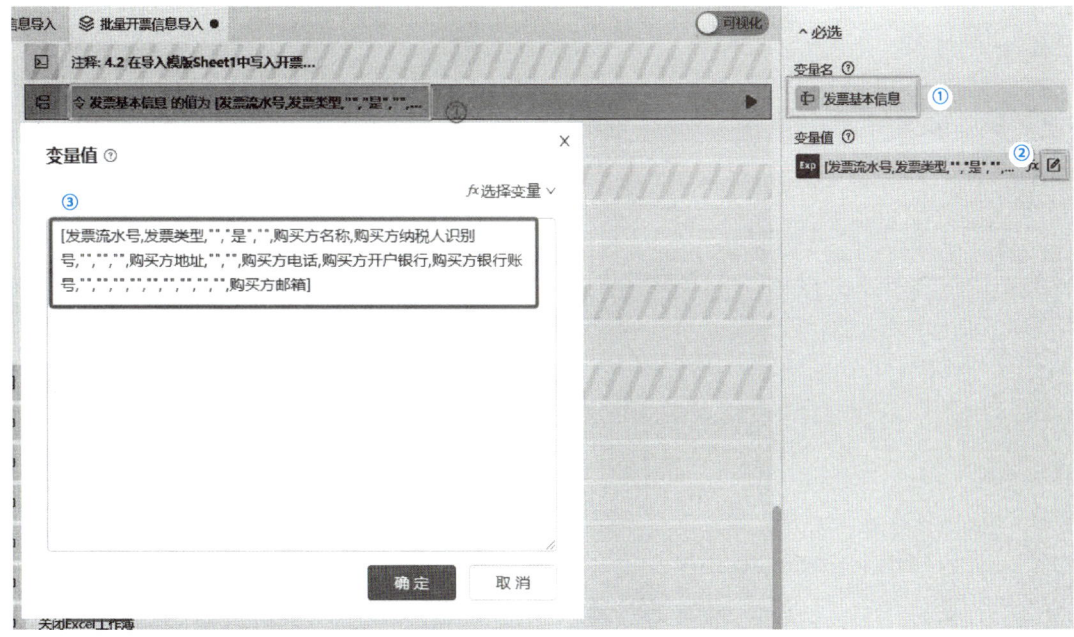

图 8-1-13　设置数组

格】下的【Exp】为蓝色并填写【"A"&3＋发票流水号】→更改【数据】下的【Exp】为蓝色并填写【发票基本信息】,如图 8-1-14 所示。

图 8-1-14　写入数据

步骤 4.3,在导入模版 Sheet2 中写入开票信息。

(1) 设置数组【发票明细信息】。添加【变量赋值】命令→在【属性】中更改【变量值】为【[发票流水号,开票内容,税收编码,规格型号,单位,数量,单价,含税金额,税率]】→更改【变量名】为【发票明细信息】,如图 8-1-15 所示。数组中的元素根据 Excel 表格中的每一列单元格确定,每个数组元素用半角","隔开。

(2) 将发票明细信息输入"批量开票导入模版"。添加【写入行】命令→在【属性】中更改【工作簿对象】为【批量开票导入模版】→更改【工作表】为【2 -发票明细信息】→更改【单元格】下的【Exp】为蓝色并填写【"A"&3＋发票流水号】→更改【数据】下的【Exp】为蓝色并填写【发票明细信息】,如图 8-1-16 所示。

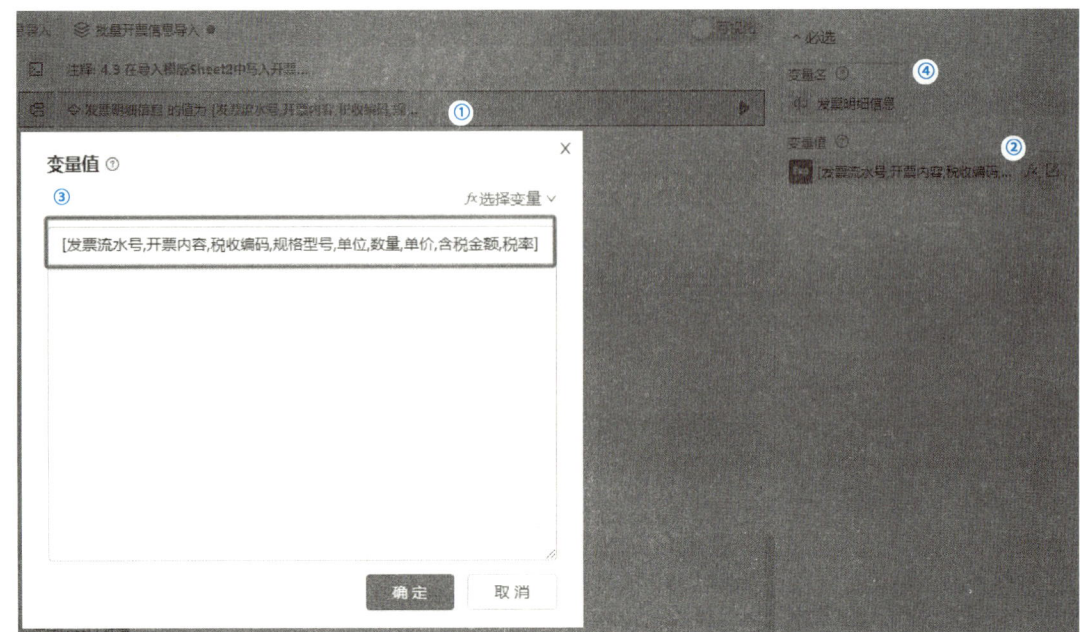

图 8-1-15　设置数组

图 8-1-16　写入数据

步骤 4.4，更新发票流水号。

添加【变量赋值】命令→在【属性】中更改【变量值】为【发票流水号＋1】→更改【变量名】为【发票流水号】，如图 8-1-17 所示。

图 8-1-17　更新发票流水号

步骤 5,关闭"批量开票导入模版"Excel 文件。

添加【关闭 Excel 工作簿】命令→在【属性】中更改【工作簿对象】为【批量开票导入模版】,如图 8-1-18 所示。

图 8-1-18　关闭 Excel 文件

步骤 6,保存并退出。

命令答案
8-1

在当前流程开发界面,点击【💾 保存】图标,保存本流程命令。

三、运行效果

完成 RPA 机器人开发后,点击【运行】,RPA 机器人自动读取每一张开票申请表中的信息,依次写入"批量开票信息导入"Excel 文件,如图 8-1-19 和图 8-1-20 所示。财务人员可

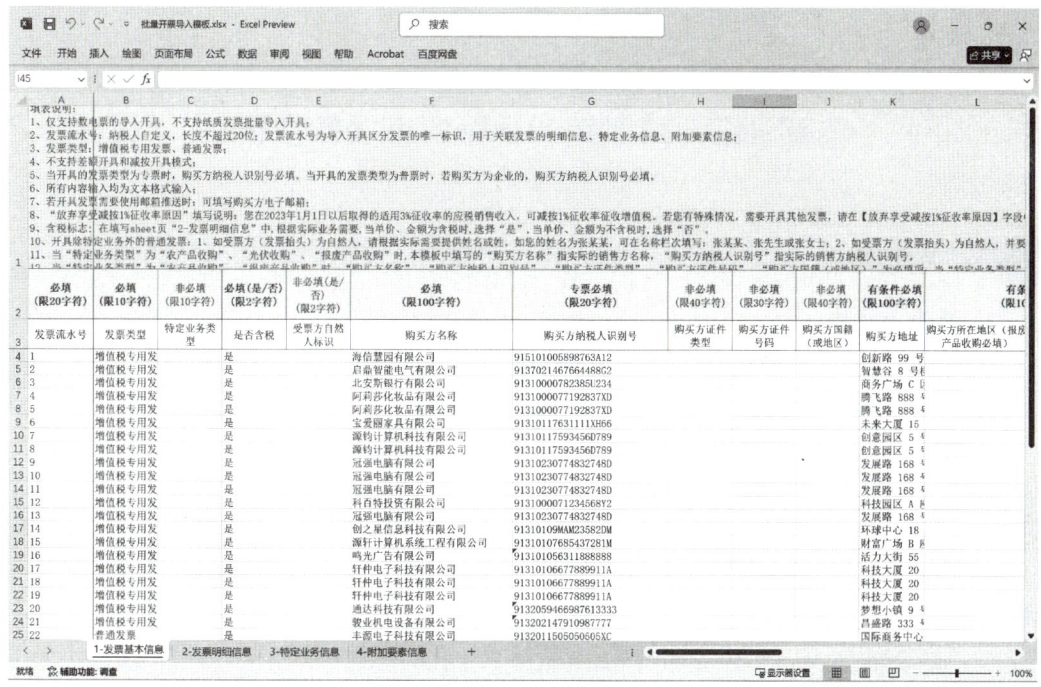

图 8-1-19　批量开票信息导入 1

以将这份"批量开票信息导入"Excel 文件,直接导入开票系统,完成批量开票。

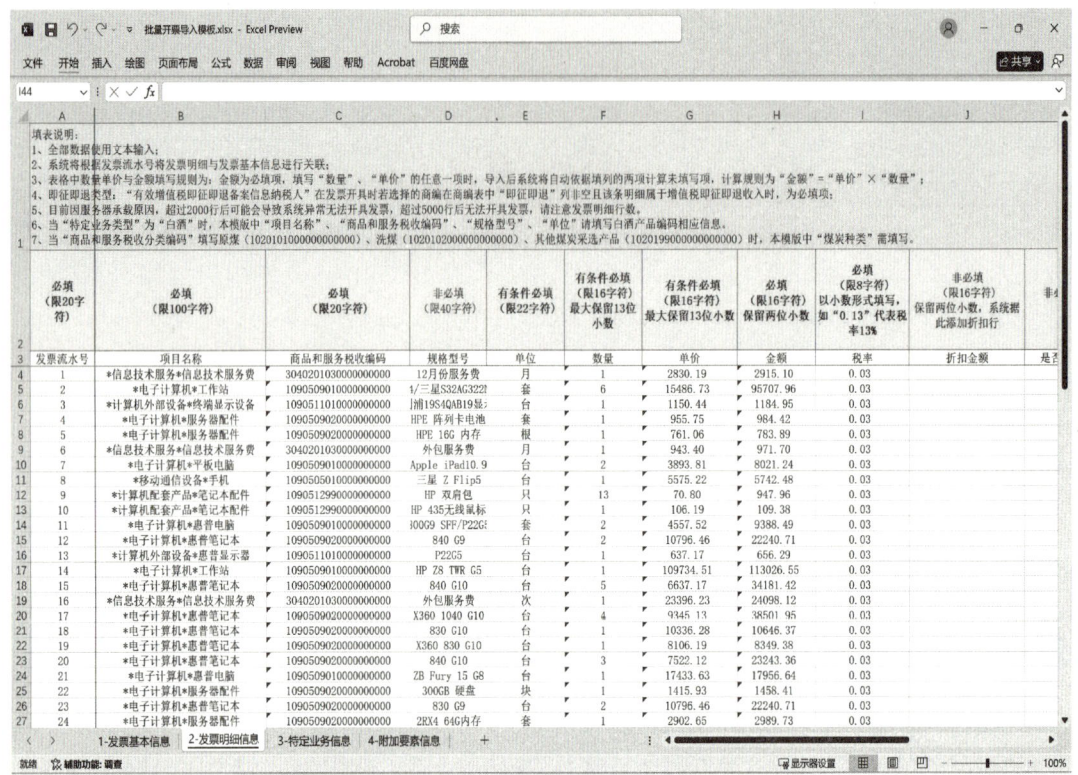

图 8-1-20　批量开票信息导入 2

实训二　填制销售记账凭证操作步骤

一、　前期准备

1. 新建流程块

（1）新建流程。打开 UiBot Creator,新建【填制销售记账凭证】流程,如图 8-2-1 所示。新建完成后,系统自动进入流程界面。

（2）编辑流程块。选中新建的流程块,编辑基本信息,保存文件,如图 8-2-2 所示。

2. 存放实训资源

（1）关闭当前界面,返回到主页。打开对应的文件夹路径,如图 8-2-3 所示。

（2）将"批量开票导入模版"Excel 文件存放在流程文件夹"res"目录下,以便机器人使用,如图 8-2-4 所示。

「新专标」
系列教材 Xinzhuanbiao Xilie Jiaocai

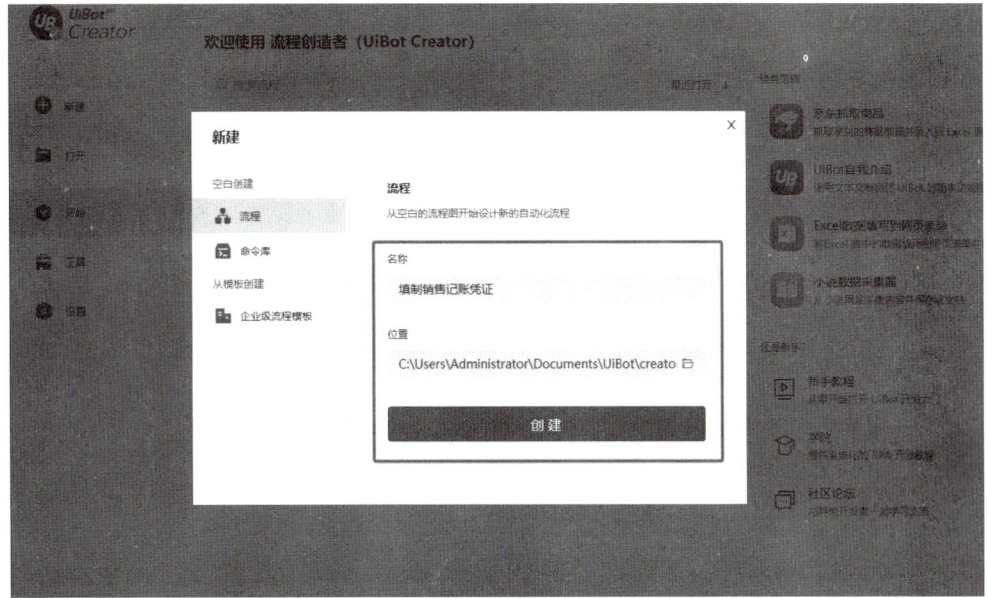

图 8-2-1　新建流程

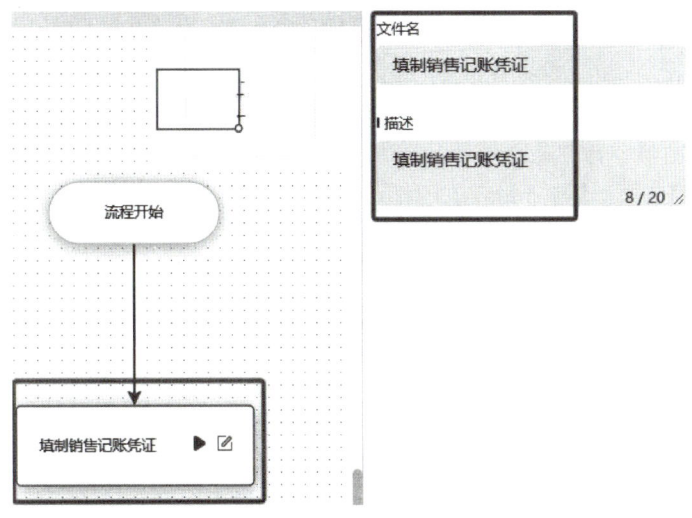

图 8-2-2　编辑流程块

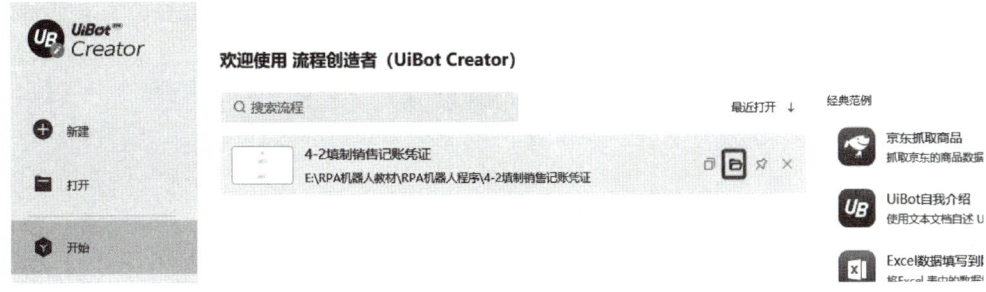

图 8-2-3　打开文件夹

图 8-2-4　存放资料

实训资料
8-2

二、指令设置

打开 UiBot Creator，进入【填制销售记账凭证】流程界面，点击【编制销售记账凭证】流程块的编辑按钮，进入命令设置界面，开始设置由机器人执行的指令。

步骤 1，打开记账凭证界面。

（1）打开浏览器。添加【启动新的浏览器】命令→在【属性】中更改【浏览器类型】为【Google Chrome】→更改【打开链接】为【https://jzpz.honjoin.com/】，如图 8-2-5 所示。

图 8-2-5　打开浏览器

（2）最大化窗口。添加【更改窗口显示状态】命令→点击【未指定】并选择【从界面上选取】→点击界面的任意位置→在【属性】中更改【显示状态】为【最大化】，如图 8-2-6 所示。

步骤 2，读取并写入购买方信息。

（1）打开"批量开票导入模板"Excel 文件。添加【打开 Excel 工作簿】命令→在【属性】中更改【文件路径】为"批量开票导入模板表.xlsx"存放的路径→更改【输出到】为【开票明细表】，如图 8-2-7 所示。

（2）在 sheet1 中读取购买方信息。

① 获取 sheet1 总行数。添加【获取行数】命令→在【属性】中更改【工作簿对象】为【开票明细表】→更改【工作表】为【1-发票基本信息】→更改【输出到】为【行数 1】，如图 8-2-8 所示。

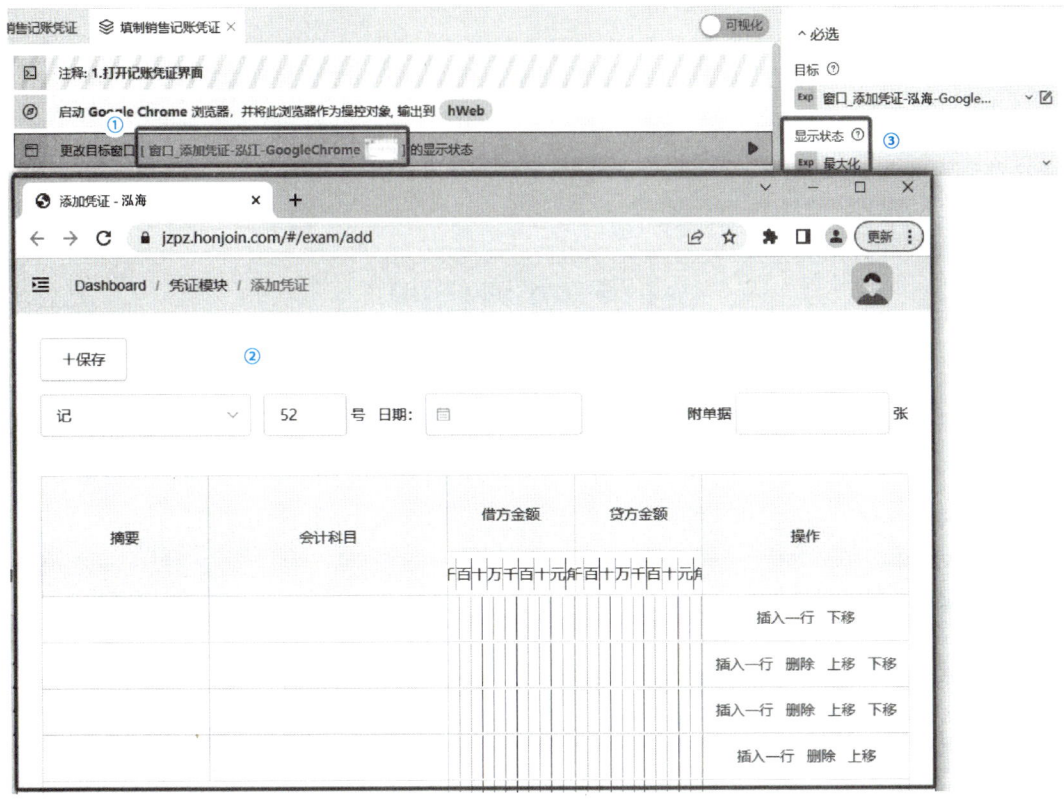

图 8-2-6　最大化窗口

图 8-2-7　打开文件夹

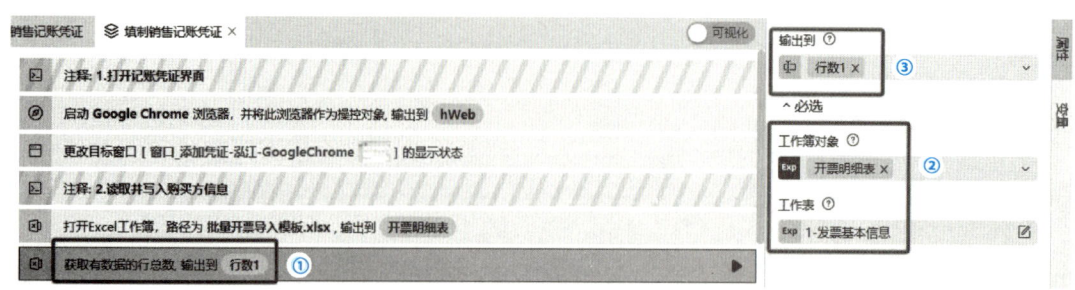

图 8-2-8　获取 sheet1 总行数

② 读取购买方信息。添加【读取区域】命令→在【属性】中更改【工作簿对象】为【开票明细表】→更改【工作表】为【1-发票基本信息】→更改【区域】下的【Exp】为蓝色并填写【"F4：F"&行数1】→更改【输出到】为【购买方】，如图 8-2-9 所示。

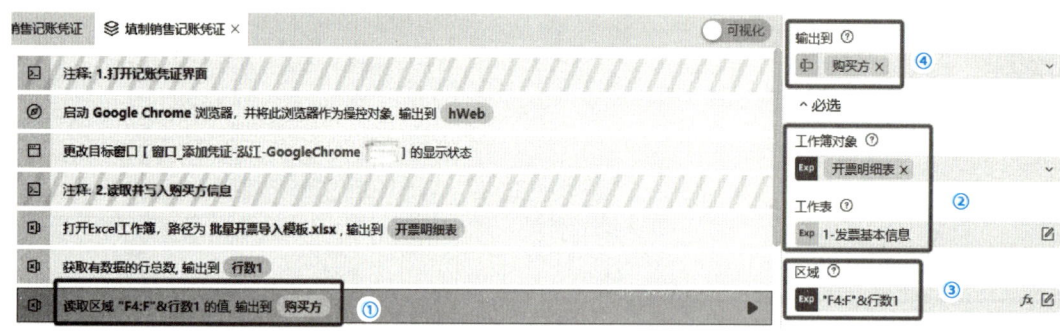

图 8-2-9　读取购买方信息

（3）在 sheet2 中写入购买方信息。

① 获取 sheet2 总行数。添加【获取行数】命令→在【属性】中更改【工作簿对象】为【开票明细表】→更改【工作表】为【2-发票明细信息】→更改【输出到】为【行数 2】，如图 8-2-10 所示。

图 8-2-10　获取 sheet2 总行数

② 写入购买方信息。添加【写入列】命令→在【属性】中更改【工作簿对象】为【开票明细表】→更改【工作表】为【2-发票明细信息】→更改【开始单元格】下的【Exp】为蓝色并填写【"O4：O"&行数 2】→更改【数据】下的【Exp】为蓝色并填写【购买方】，如图 8-2-11 所示。

图 8-2-11 写入购买方信息

步骤 3,读取开票信息。

(1) 在 sheet2 中读取开票信息。添加【读取区域】命令→在【属性】中更改【工作簿对象】为【开票明细表】→更改【工作表】为【2-发票明细信息】→更改【区域】下的【Exp】为蓝色并填写【"A4：O"& 行数 2】→更改【输出到】为【开票信息】,如图 8-2-12 所示。

图 8-2-12 读取开票信息

(2) 关闭"开票明细表"Excel 文件。添加【关闭 Excel 工作簿】命令→在【属性】中更改【工作簿对象】为【开票明细表】,如图 8-2-13 所示。

图 8-2-13 关闭 Excel 文件

步骤 4,遍历开票信息,填制记账凭证。

添加【依次读取数组中每个元素】命令→在【属性】中更改【值】为【v】→更改【数组】为【开票信息】,如图 8-2-14 所示。

步骤 4.1,转化金额。

(1) 转化含税金额。添加【转为小数数据】命令→在【属性】中更改【转换对象】为【v[7]】

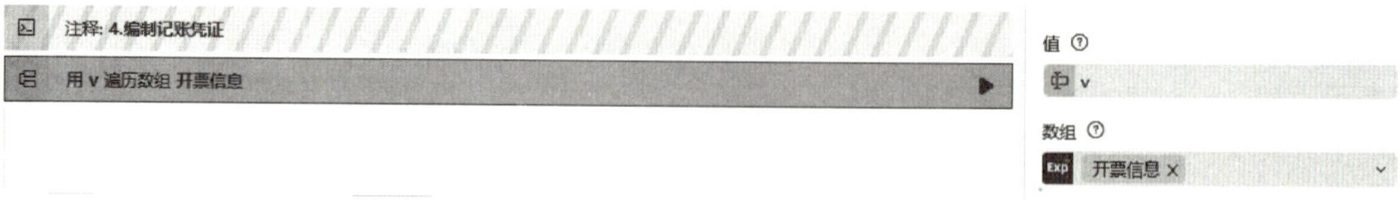

图 8-2-14　遍历开票信息

→更改【输出到】为【含税金额】，如图 8-2-15 所示。

图 8-2-15　转化含税金额

（2）转化税率。添加【转为小数数据】命令→在【属性】中更改【转换对象】为【v[8]】→更改【输出到】为【税率】，如图 8-2-16 所示。

图 8-2-16　转化税率

（3）计算税额。添加【变量赋值】命令→在【属性】中更改【变量值】为【含税金额/（1＋税率）＊税率】→更改【变量名】为【税额】，如图 8-2-17 所示。

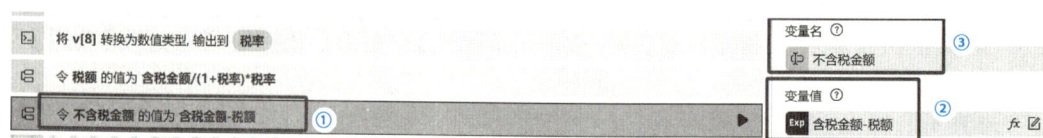

图 8-2-17　计算税额

（4）不含税金额。添加【变量赋值】命令→在【属性】中更改【变量值】为【含税金额－税额】→更改【变量名】为【不含税金额】，如图 8-2-18 所示。

图 8-2-18　添加不含税金额

步骤 4.2,输入日期。

（1）输入日期。添加【在目标中输入】命令→点击【未指定】并选择【从界面上选取】→选择界面中的【日期】输入控件〈input〉→在【属性】中更改【写入文本】为【2025-12-31】，如图 8-2-19 所示。

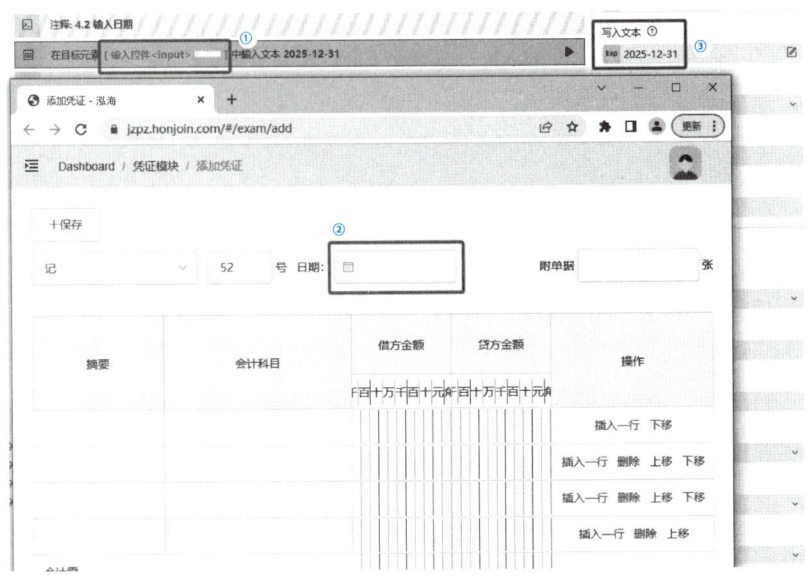

图 8-2-19　输入日期

（2）回车。添加【在目标中按键】命令→点击【未指定】并选择【从界面上选取】→选择界面中的【日期】输入控件〈input〉,如图 8-2-20 所示。

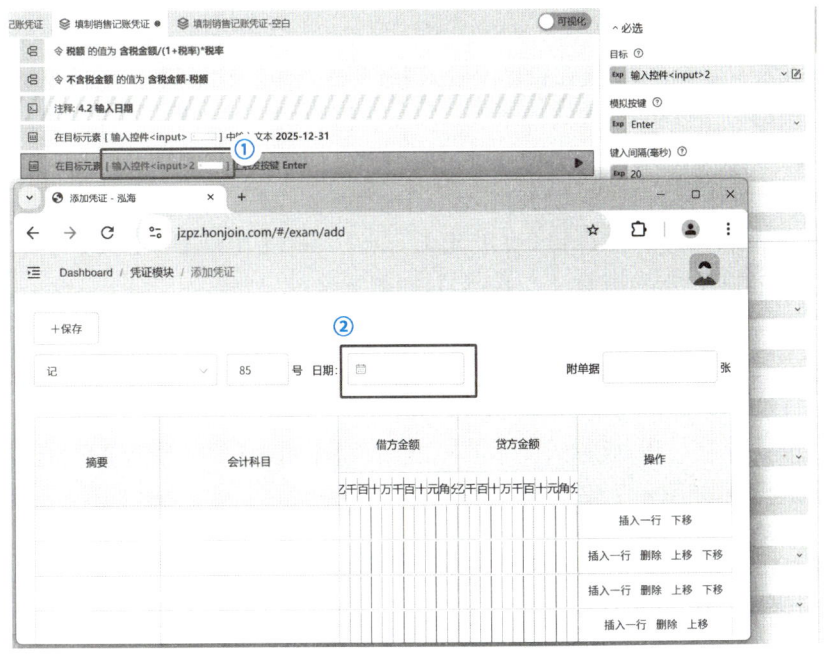

图 8-2-20　选择日期

步骤 4.3,输入附单据数。

添加【在目标中输入】命令→点击【未指定】并选择【从界面上选取】→选择界面中的【附单据】输入控件〈input〉→在【属性】中填写【写入文本】为【1】,如图 8-2-21 所示。

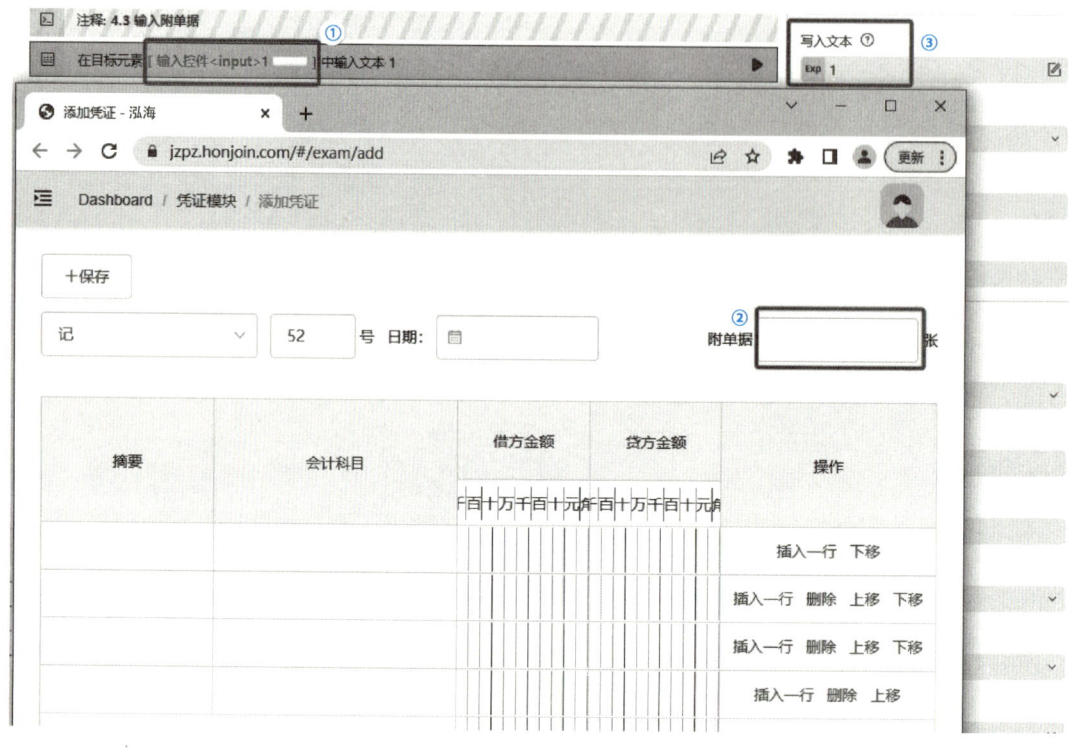

图 8-2-21　输入附单据数

步骤 4.4,输入借方。

(1) 输入借方摘要。添加【在目标中输入】命令→点击【未指定】并选择【从界面上选取】→选择界面中的第一行摘要(块级元素〈div〉)→在【属性】中更改【写入文本】下的【Exp】为蓝色并填写【"应收"&v[14]&"款项"】,如图 8-2-22 所示。

(2) 输入借方科目。添加【在目标中输入】命令→点击【未指定】并选择【从界面上选取】→选择界面中的第一行借方科目(块级元素〈div〉)→在【属性】中更改【写入文本】下的【Exp】为蓝色并填写【"应收账款_"&v[14]】,如图 8-2-23 所示。

(3) 输入借方金额。

① 点击借方金额框。添加【点击目标】→点击【未指定】并选择【从界面上选取】→选择界面中第一行借方金额框(表格单元〈td〉),如图 8-2-24 所示。

② 输入借方金额。添加【输入文本】→在【属性】中更改【输入内容】下的【Exp】为蓝色并填写【含税金额】,如图 8-2-25 所示。

步骤 4.5,输入贷方 1。

(1) 输入贷方 1 摘要。添加【在目标中输入】命令→点击【未指定】并选择【从界面上选取】→选择界面中的第二行摘要(块级元素〈div〉)→在【属性】中更改【写入文本】下的【Exp】为蓝色并填写【"销售"&v[1]】,如图 8-2-26 所示。

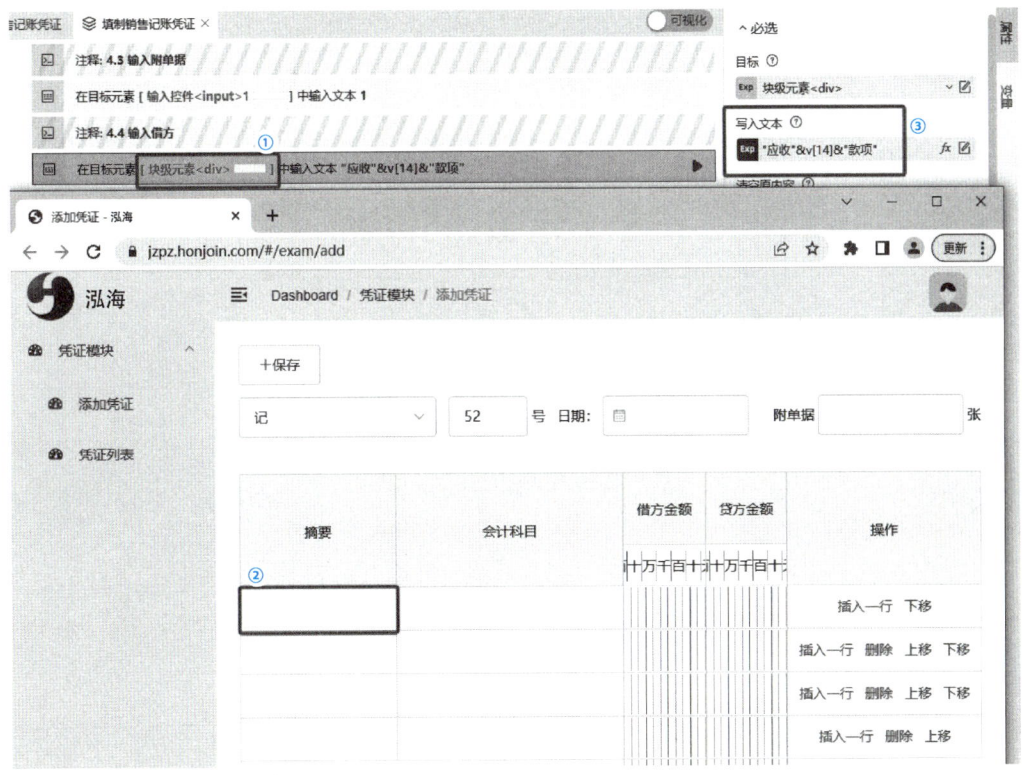

图 8-2-22 输入借方摘要

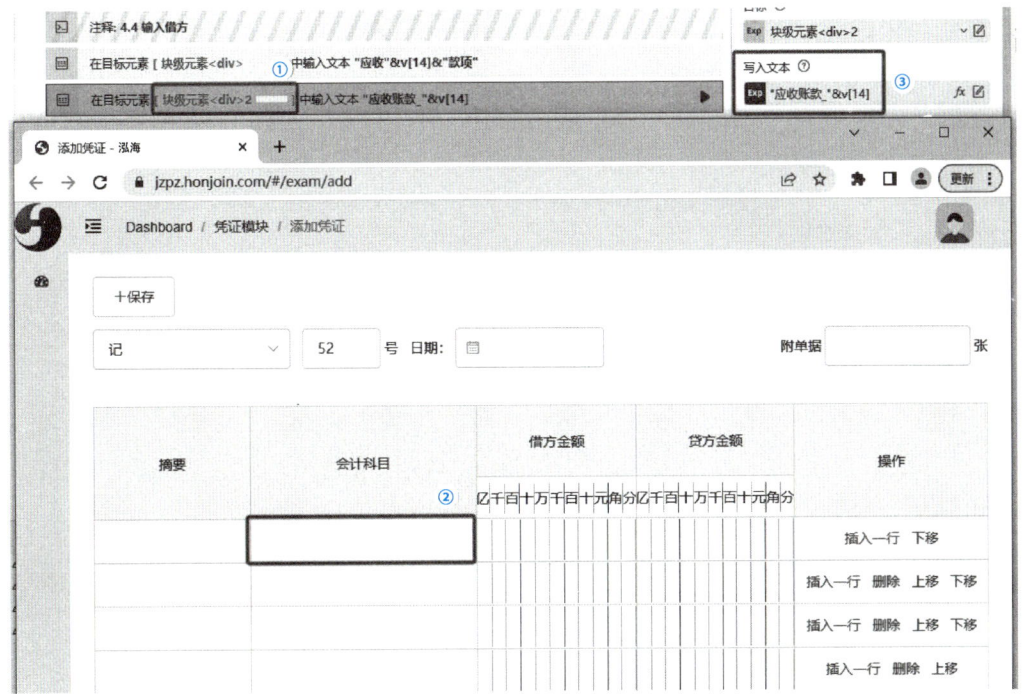

图 8-2-23 输入借方科目

图 8-2-24　点击借方金额框

图 8-2-25　输入借方金额

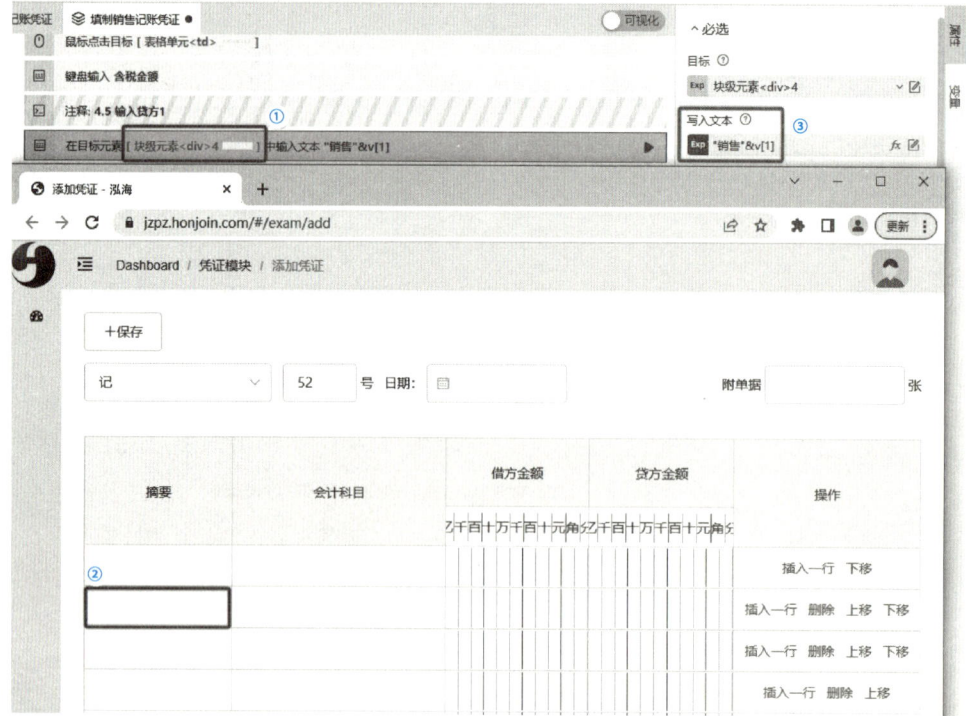

图 8-2-26　输入贷方 1 摘要

（2）输入贷方1科目。添加【在目标中输入】命令→点击【未指定】并选择【从界面上选取】→选择界面中的第二行贷方科目（块级元素〈div〉）→在【属性】中填写【写入文本】为【主营业务收入】，如图8-2-27所示。

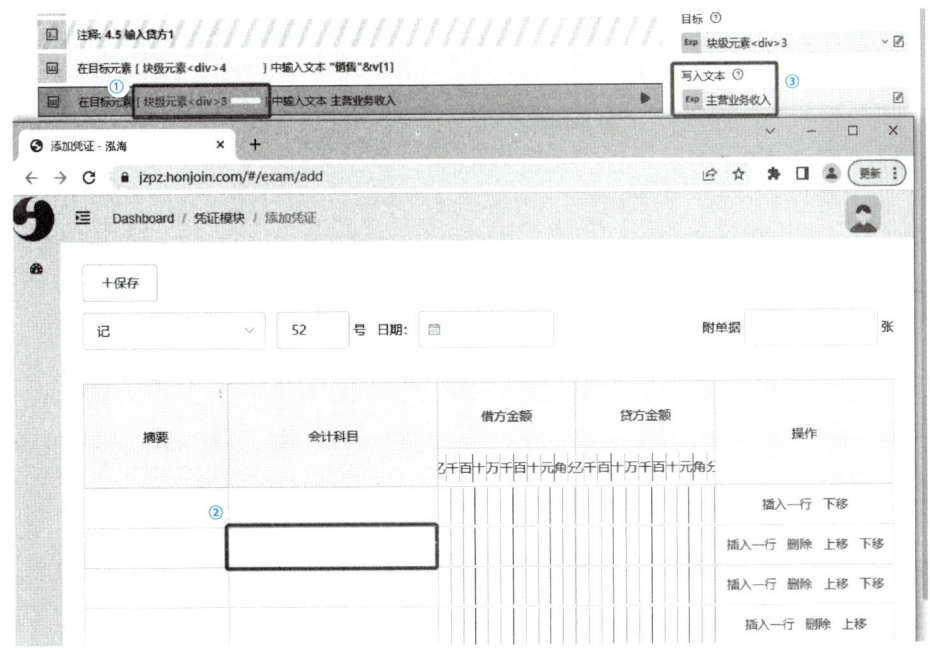

图 8-2-27　输入贷方1科目

（3）输入贷方1金额。

① 点击贷方金额框。添加【点击目标】→点击【未指定】并选择【从界面上选取】→选择界面中第二行贷方金额框（表格单元〈td〉），如图8-2-28所示。

图 8-2-28　点击贷方金额框

② 输入贷方金额。添加【输入文本】→在【属性】中更改【输入内容】下的【Exp】为蓝色并填写【不含税金额】,如图 8-2-29 所示。

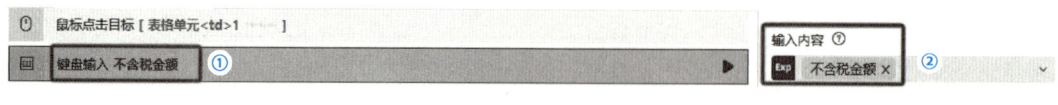

图 8-2-29　输入贷方金额

步骤 4.6,输入贷方 2。

(1) 输入贷方 2 摘要。添加【在目标中输入】命令→点击【未指定】并选择【从界面上选取】→选择界面中的第三行摘要(块级元素〈div〉)→在【属性】中更改【写入文本】为【增值税】,如图 8-2-30 所示。

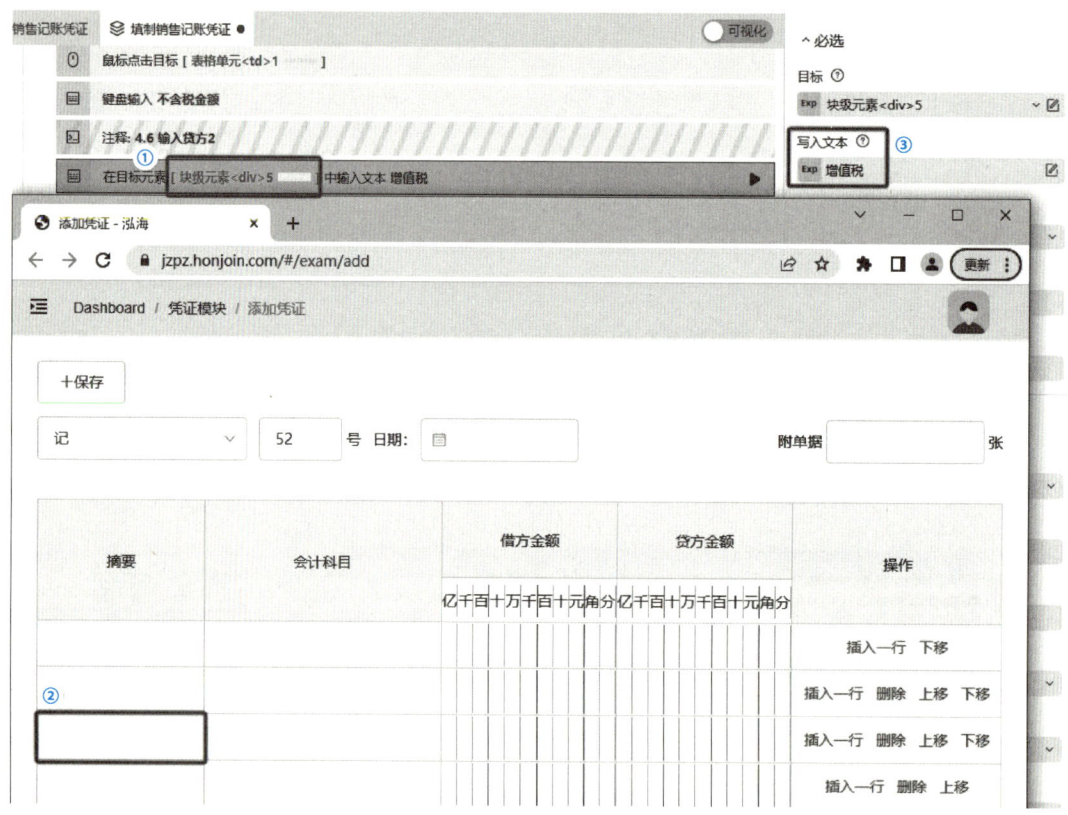

图 8-2-30　输入贷方 2 摘要

(2) 输入贷方 2 科目。添加【在目标中输入】命令→点击【未指定】并选择【从界面上选取】→选择界面中的第三行贷方科目(块级元素〈div〉)→在【属性】中填写【写入文本】为【应交税费－应交增值税】,如图 8-2-31 所示。

(3) 输入贷方 2 金额。

① 点击贷方金额框。添加【点击目标】→点击【未指定】并选择【从界面上选取】→选择界面中第三行贷方金额框(表格单元〈td〉),如图 8-2-32 所示。

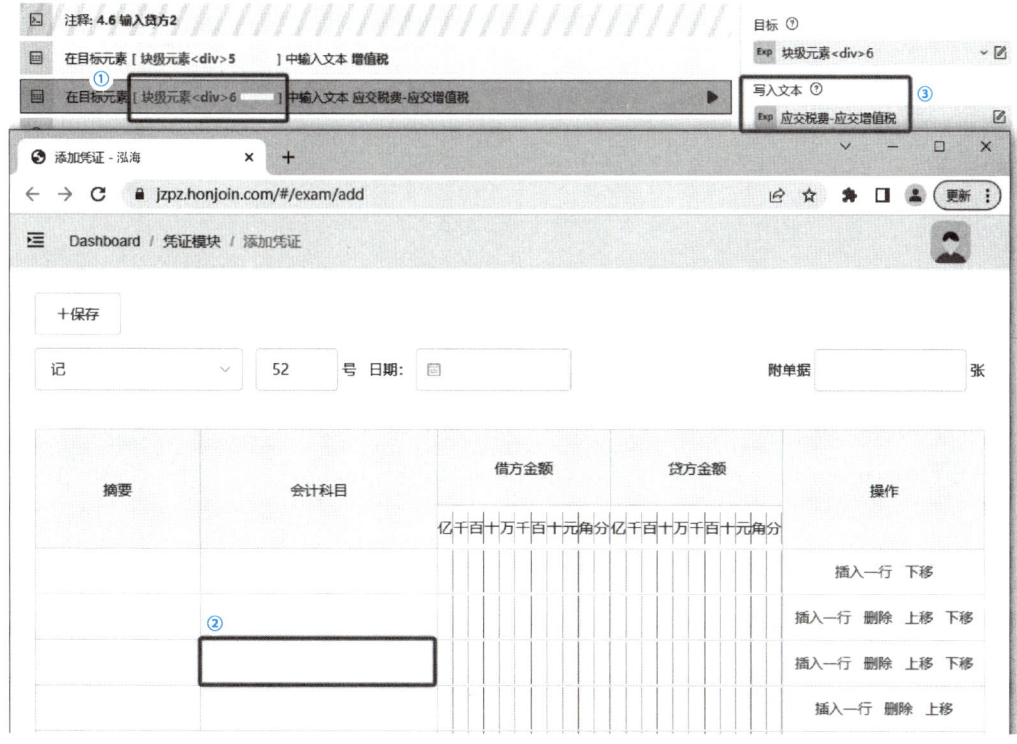

图 8-2-31　输入贷方 2 科目

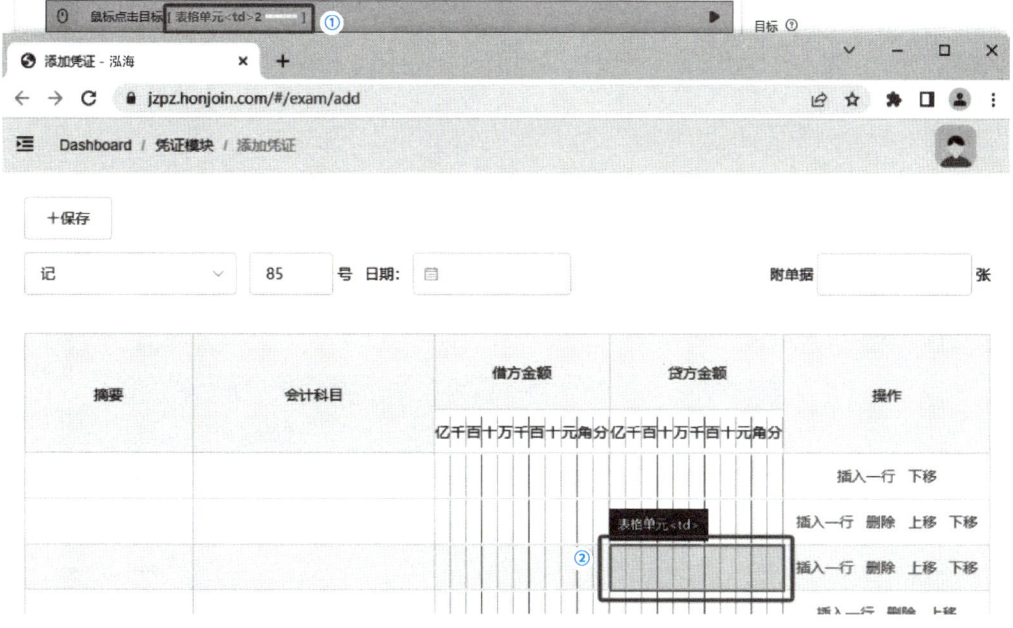

图 8-2-32　输入贷方 2 金额

② 输入贷方金额。添加【输入文本】→在【属性】中更改【输入内容】下的【Exp】为蓝色并填写【税额】，如图 8-2-33 所示。

图 8-2-33　输入贷方金额

步骤 4.7,保存凭证。

添加【点击目标】→点击【未指定】并选择【从界面上选取】→选择界面中的【保存】按钮,如图 8-2-34 所示。

图 8-2-34　保存凭证

步骤 5,保存并退出。

在当前流程开发界面,点击【保存】图标,保存本流程命令。

命令答案
8-2

三、　运行效果

完成 RPA 机器人开发后,点击【运行】,RPA 机器人自动启动浏览器,进入记账凭证界面,读取"批量开票导入模版"文件信息,逐一填制记账凭证。完成后,凭证列表中显示所有填制成功的销售记账凭证,如图 8-2-35 所示。

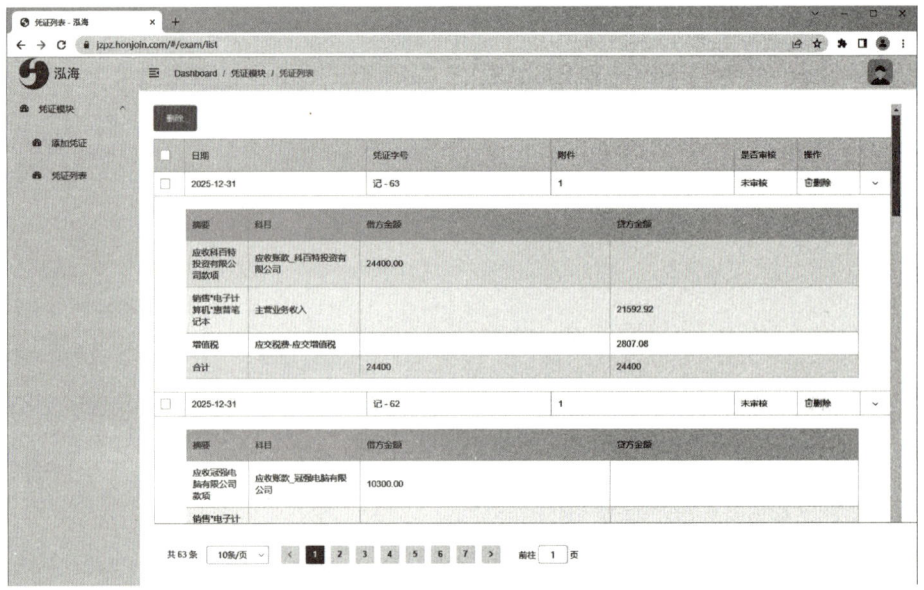

图 8-2-35　销售记账凭证

实训三　填制收款记账凭证操作步骤

1. 新建流程块

（1）新建流程。打开 UiBot Creator，新建【填制收款记账凭证】流程，如图 8-3-1 所示。新建完成后，系统自动进入流程界面。

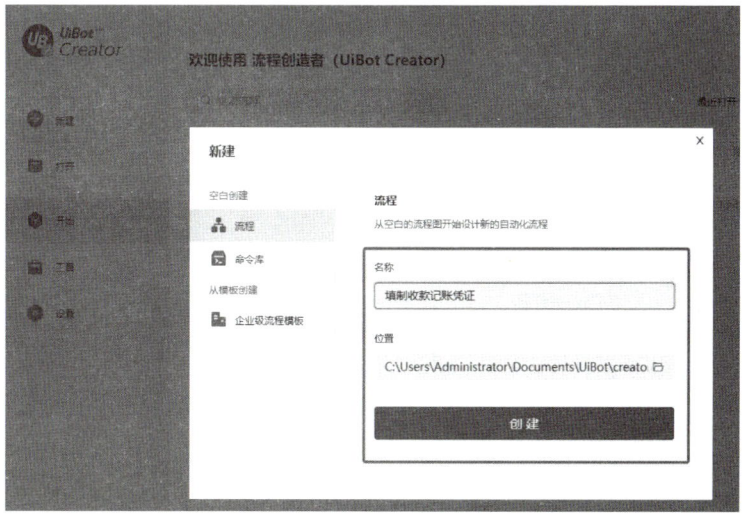

图 8-3-1　新建流程

（2）编辑流程块。选中新建的流程块，编辑基本信息，保存文件，如图 8-3-2 所示。

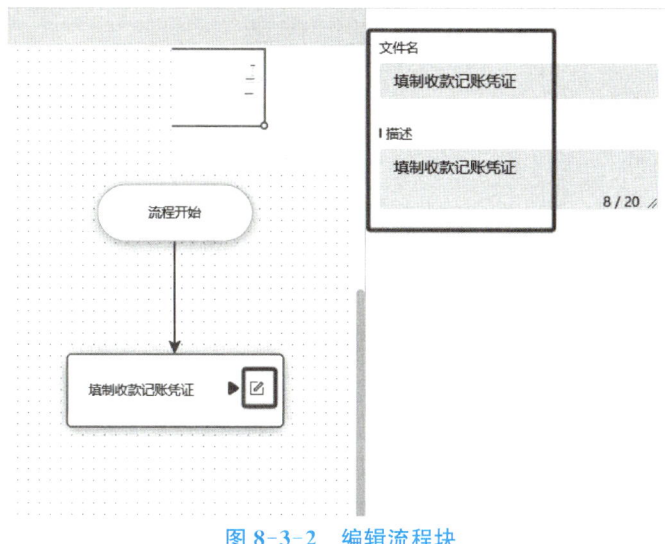

图 8-3-2　编辑流程块

2. 存放实训资源

（1）关闭当前界面，返回到主页。打开对应的文件夹路径，如图 8-3-3 所示。

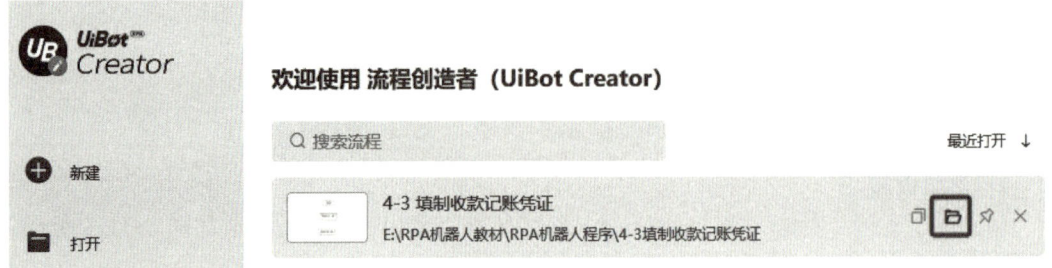

图 8-3-3　打开文件夹

（2）将"银行流水账"Excel 文件存放在流程文件夹"res"目录下，以便机器人使用，如图 8-3-4 所示。

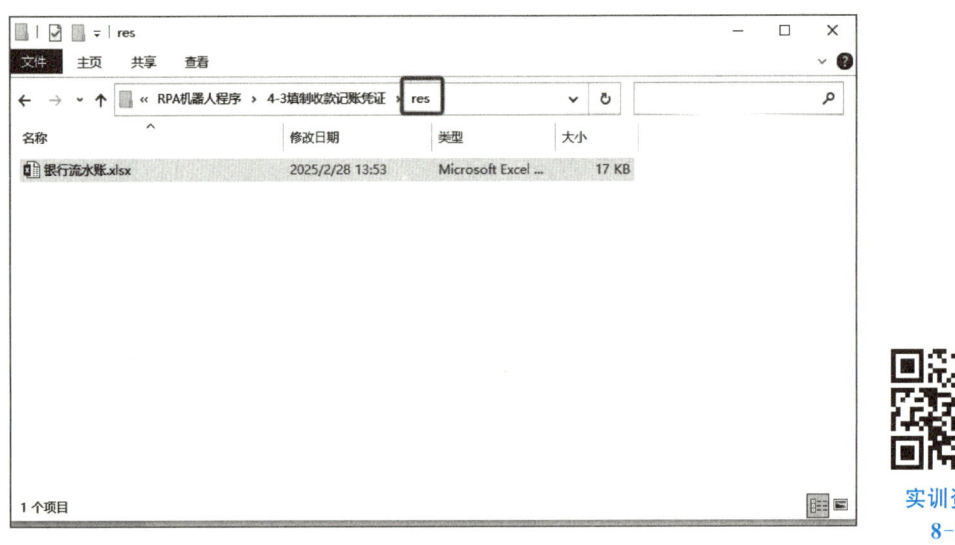

图 8-3-4　存放资料

实训资料
8-3

二、 指令设置

打开 UiBot Creator，进入【填制收款记账凭证】流程界面，点击【填制收款记账凭证】流程块的编辑按钮，进入命令设置界面，开始设置由机器人执行的指令。

步骤 1，打开记账凭证界面。

（1）打开浏览器。添加【启动新的浏览器】命令→在【属性】中更改【浏览器类型】为【Google Chrome】→更改【打开链接】为【https：//jzpz. honjoin. com/】，如图 8-3-5 所示。

（2）最大化窗口。添加【更改窗口显示状态】命令→点击【未指定】并选择【从界面上选取】→点击界面的任意位置→在【属性】中更改【显示状态】为【最大化】，如图 8-3-6 所示。

图 8-3-5　打开浏览器

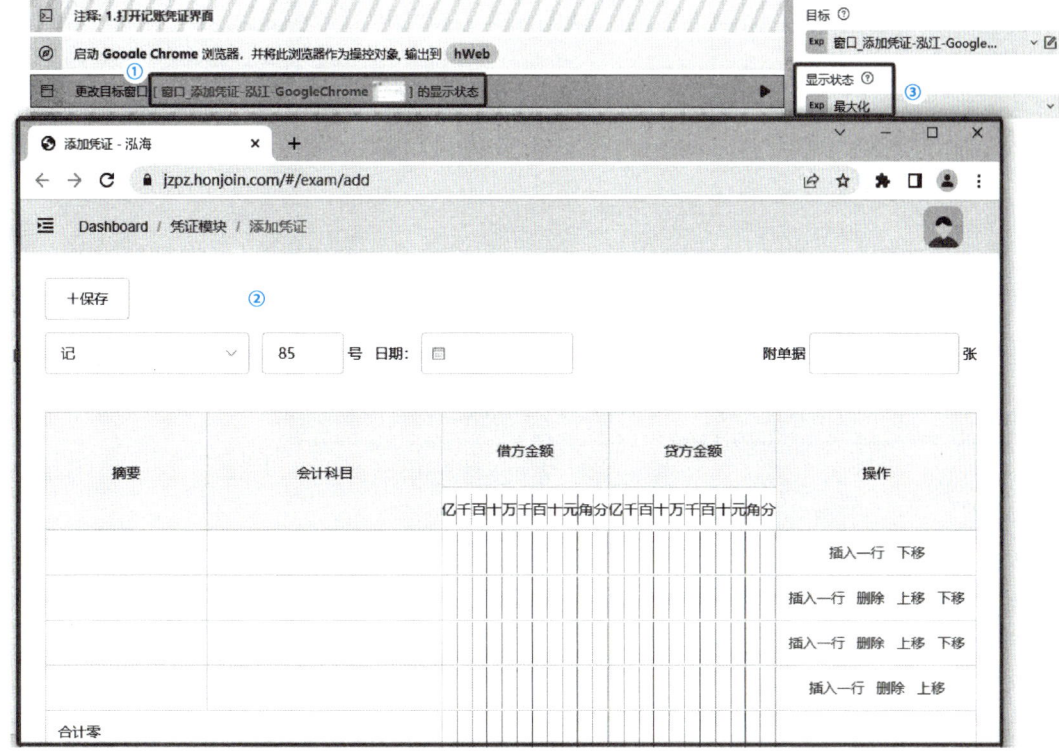

图 8-3-6　最大化窗口

步骤 2, 读取银行流水账。

（1）打开"银行流水账"Excel 文件。添加【打开 Excel 工作簿】命令→在【属性】中更改【文件路径】为"银行流水账. xlsx"存放的路径→更改【输出到】为【银行流水账】，如图 8-3-7 所示。

（2）获取报销收款汇总表总行数。添加【获取行数】命令→在【属性】中更改【工作簿对象】为【银行流水账】→更改【工作表】下的【Exp】为蓝色并填写【0】→更改【输出到】为【行数】，如图 8-3-8 所示。

（3）读取银行流水信息。添加【读取区域】命令→在【属性】中更改【工作簿对象】为【银行流水账】→更改【工作表】下的【Exp】为蓝色并填写【0】→更改【区域】下的【Exp】为蓝色并填写【"A5：G"&行数】→更改【输出到】为【银行流水信息】，如图 8-3-9 所示。

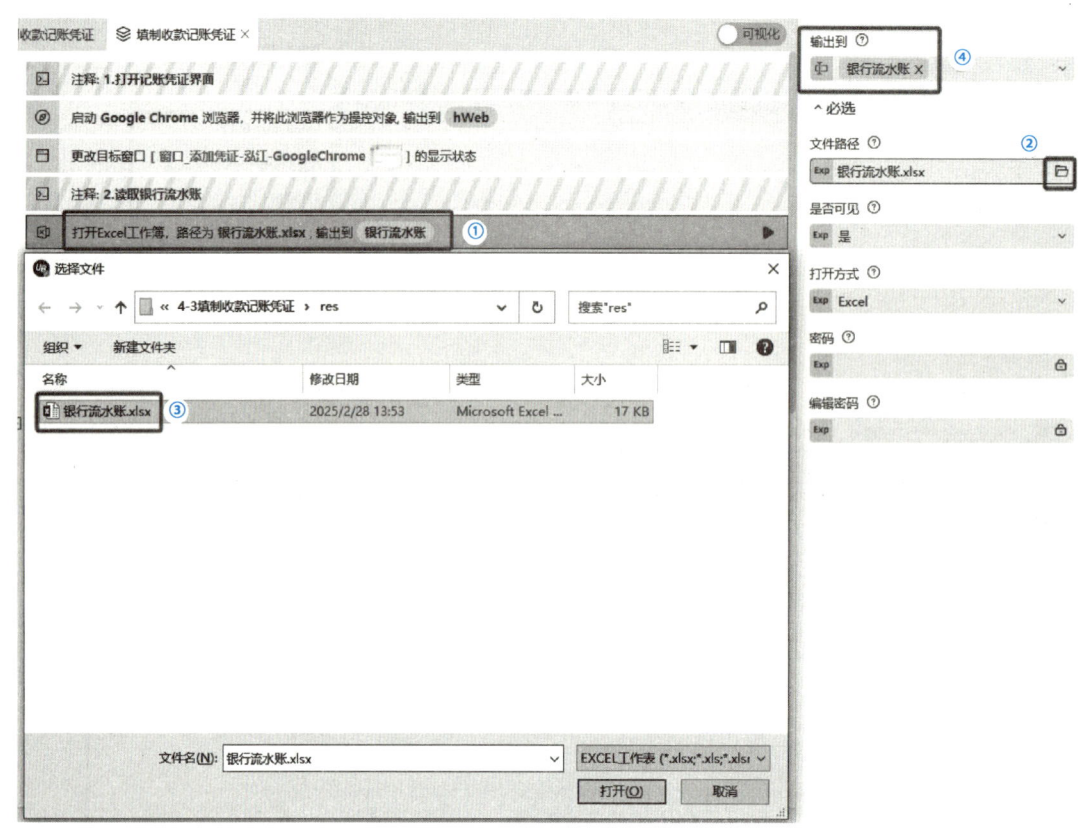

图 8-3-7　获取文件路径

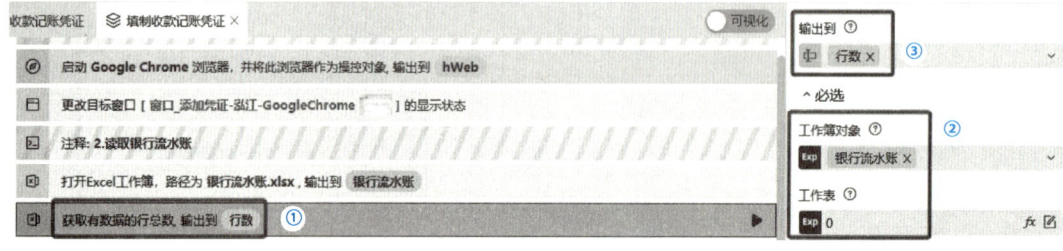

图 8-3-8　获取总行数

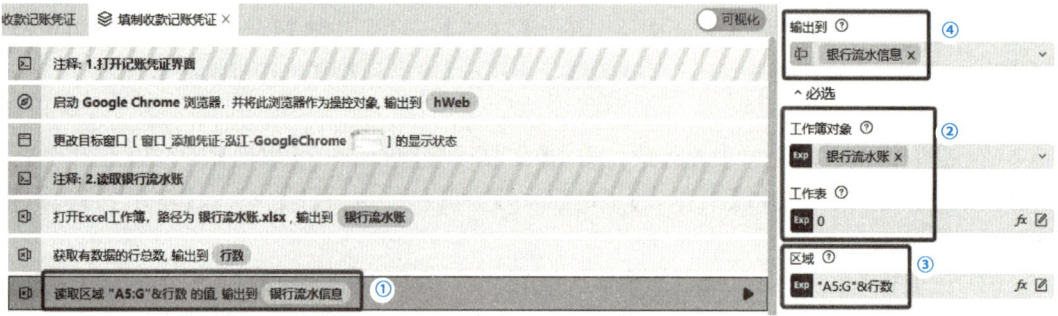

图 8-3-9　读取银行流水信息

（4）关闭"报销收款汇总表"Excel 文件。添加【关闭 Excel 工作簿】命令→在【属性】中更改【工作簿对象】为【银行流水账】，如图 8-3-10 所示。

图 8-3-10　关闭 Excel 文件

步骤 3，遍历银行流水信息，填制记账凭证。

添加【依次读取数组中每个元素】命令→在【属性】中更改【值】为【v】→更改【数组】为【银行流水信息】，如图 8-3-11 所示。

图 8-3-11　遍历银行流水信息

步骤 3.1，判断是否为应收账款。

（1）找到业务类型为"汇入汇款"。添加【如果条件成立】命令→在【属性】中更改【判断表达式】为【v[1]="汇入汇款"】，如图 8-3-12 所示。

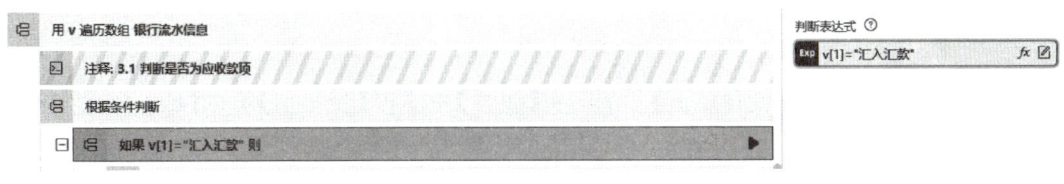

图 8-3-12　添加如果条件成立命令

（2）如果业务类型为"汇入汇款"，再找到摘要为"货款"。添加【如果条件成立】命令→在【属性】中更改【判断表达式】为【v[3]="货款"】，如图 8-3-13 所示。

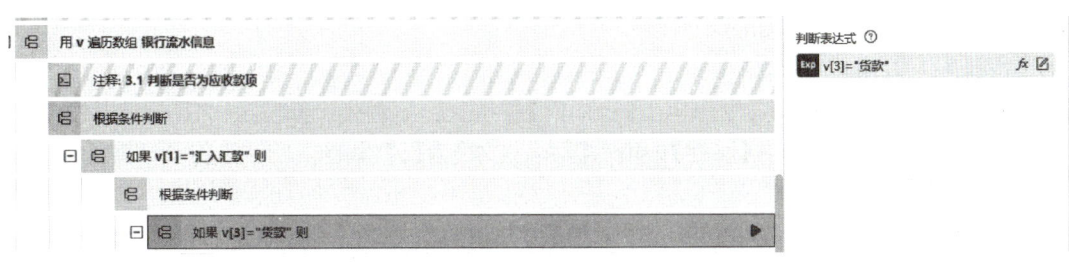

图 8-3-13　添加如果条件成立命令

步骤 3.1.1, 输入日期。

(1) 转换日期格式。

① 抽取年份。添加【抽取制定长度字符】命令→在【属性】中更改【目标字符串】下的【Exp】为蓝色并填写【v[0]】→填写【开始位置】为【1】→填写【抽取长度】为【4】→更改【输出到】为【年】。

② 抽取月份。添加【抽取制定长度字符】命令→在【属性】中更改【目标字符串】下的【Exp】为蓝色并填写【v[0]】→填写【开始位置】为【5】→填写【抽取长度】为【2】→更改【输出到】为【月】。

③ 抽取日。添加【抽取制定长度字符】命令→在【属性】中更改【目标字符串】下的【Exp】为蓝色并填写【v[0]】→填写【开始位置】为【7】→填写【抽取长度】为【2】→更改【输出到】为【日】,如图 8-3-14 所示。

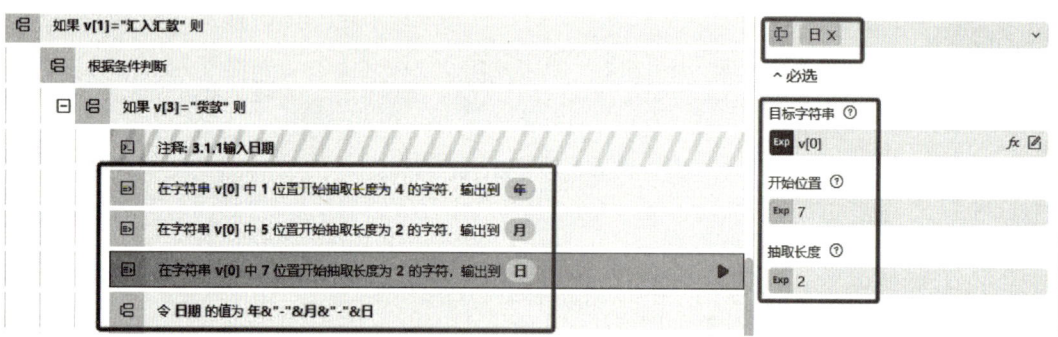

图 8-3-14　转换日期格式

④ 合并日期。添加【变量赋值】命令→在【属性】中更改【变量值】下的【Exp】为蓝色并填写【年 &"-"& 月 &"-"& 日】→更改【变量名】为【日期】。

(2) 输入日期并按"回车"键。

① 添加【在目标中输入】命令→点击【未指定】并选择【从界面上选取】→选择界面中的【日期】输入控件〈input〉→在【属性】中更改【写入文本】下的【Exp】为蓝色并填写【日期】,如图 8-3-15 所示。

② 添加【在目标中按键】命令→点击【未指定】并选择【从界面上选取】→选择界面中的【日期】输入控件〈input〉,如图 8-3-16 所示。

步骤 3.1.2, 输入附单据数。

添加【在目标中输入】命令→点击【未指定】并选择【从界面上选取】→选择界面中的【附单据】输入控件〈input〉→在【属性】中填写【写入文本】为【1】,如图 8-3-17 所示。

步骤 3.1.3, 输入借方摘要。

添加【在目标中输入】命令→点击【未指定】并选择【从界面上选取】→选择界面中的第一行摘要(块级元素〈div〉)→在【属性】中更改【写入文本】下的【Exp】为蓝色并填写【"收到" &v[6]&"款项"】,如图 8-3-18 所示。

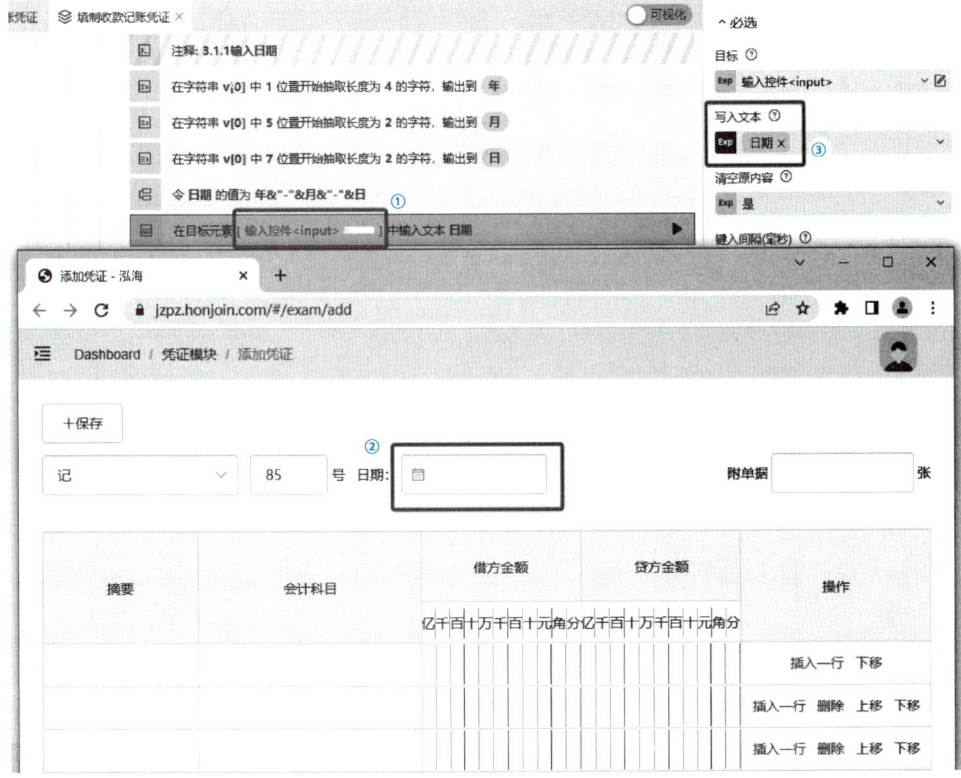

图 8-3-15　输入日期

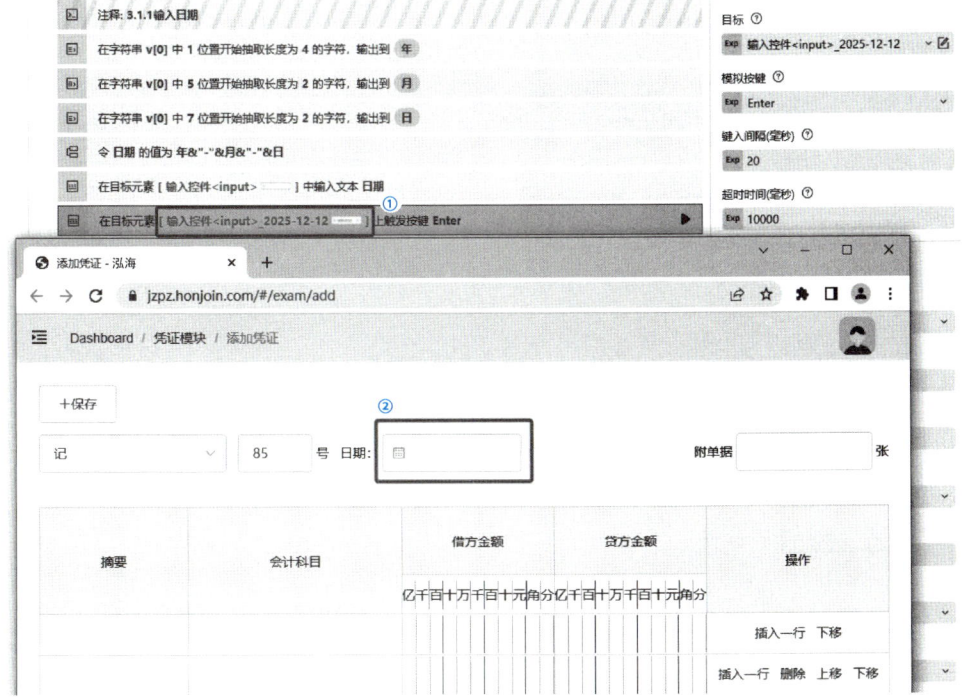

图 8-3-16　选取控件

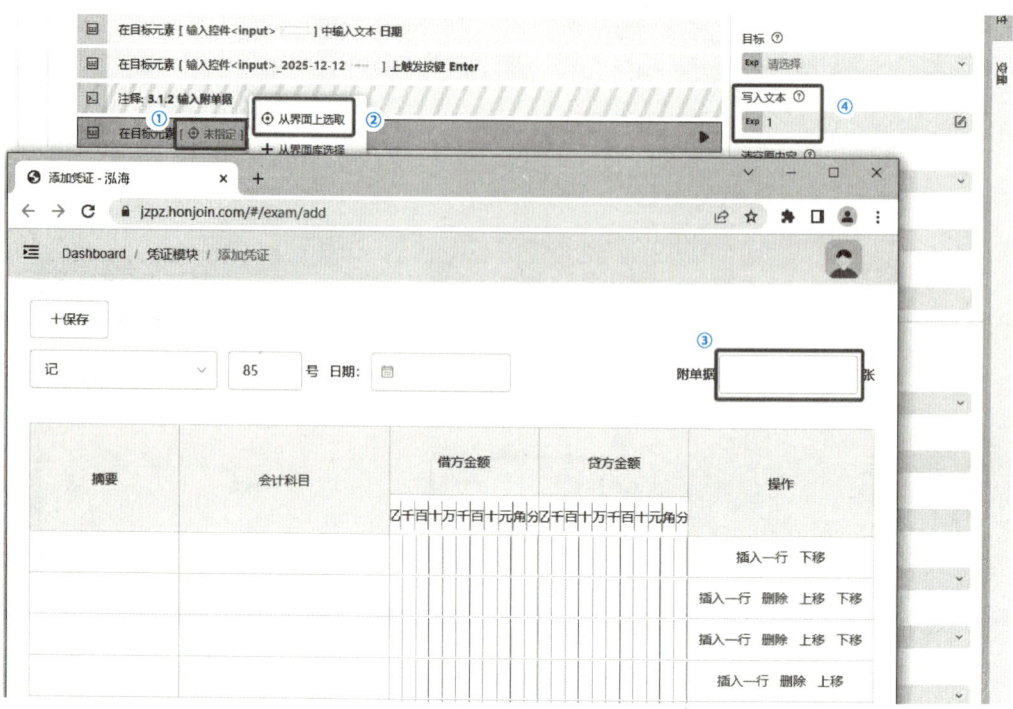

图 8-3-17　输入附单据数

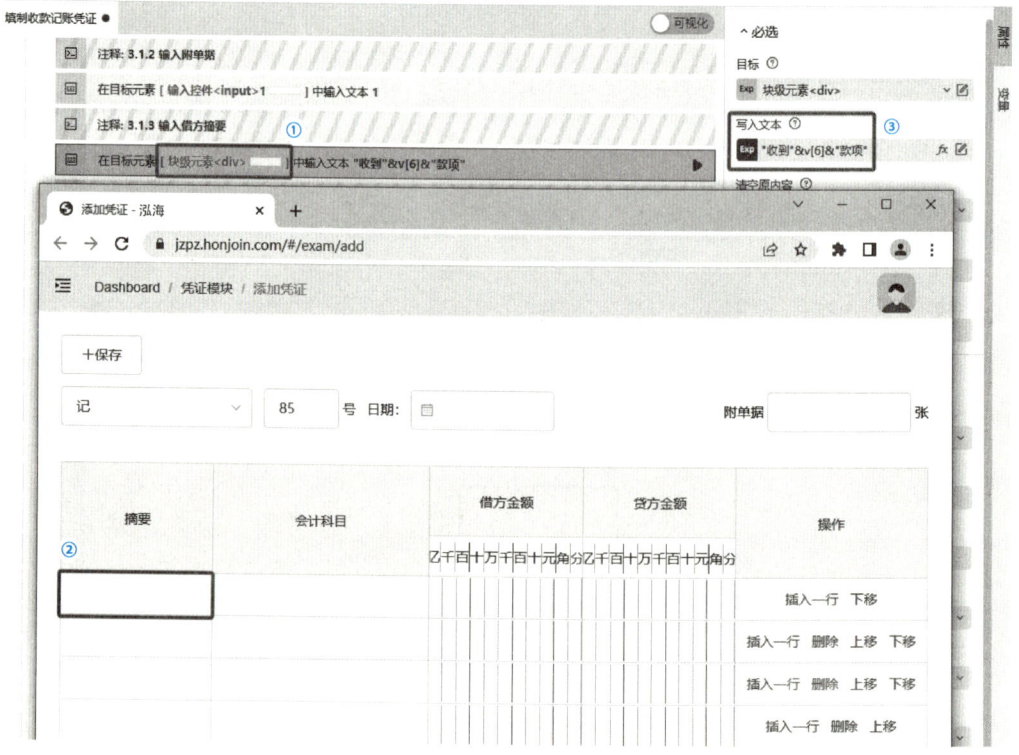

图 8-3-18　输入借方摘要

步骤 3.1.4，输入借方科目。

添加【在目标中输入】命令→点击【未指定】并选择【从界面上选取】→选择界面中的第一行科目（块级元素〈div〉）→在【属性】中更改【写入文本】为【银行存款】，如图 8-3-19 所示。

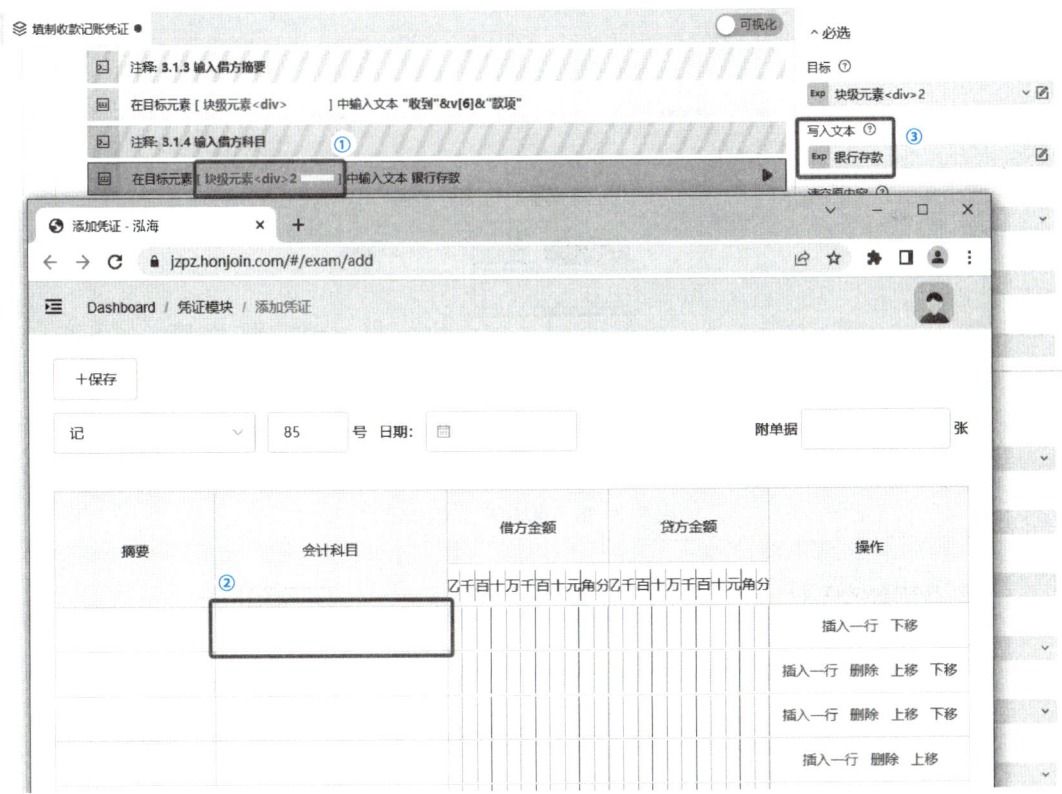

图 8-3-19　输入借方科目

步骤 3.1.5，输入借方金额。

（1）点击借方金额框。添加【点击目标】→点击【未指定】并选择【从界面上选取】→选择界面中第一行借方金额框（表格单元〈td〉），如图 8-3-20 所示。

（2）输入借方金额。添加【输入文本】→在【属性】中更改【输入内容】下的【Exp】为蓝色并填写【v[4]】，如图 8-3-21 所示。

步骤 3.1.6，输入贷方摘要。

添加【在目标中输入】命令→点击【未指定】并选择【从界面上选取】→选择界面中的第二行摘要（块级元素〈div〉）→在【属性】中更改【写入文本】下的【Exp】为蓝色并填写【"收到"&v[6]&"款项"】，如图 8-3-22 所示。

步骤 3.1.7，输入贷方科目。

添加【在目标中输入】命令→点击【未指定】并选择【从界面上选取】→选择界面中的第二行科目（块级元素〈div〉）→在【属性】中更改【写入文本】下的【Exp】为蓝色并填写【"应收账款_"&v[6]】，如图 8-3-23 所示。

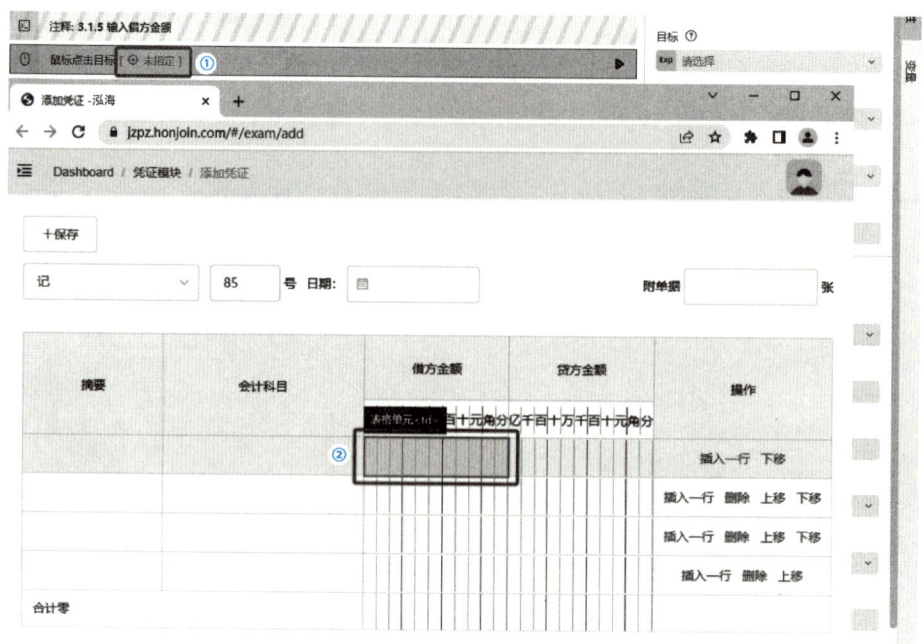

图 8-3-20　点击借方金额框

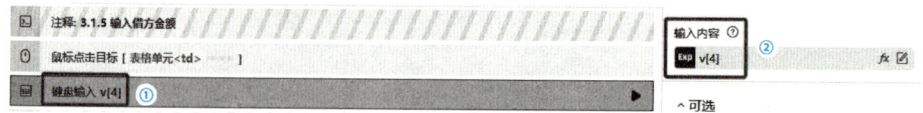

图 8-3-21　输入借方摘要

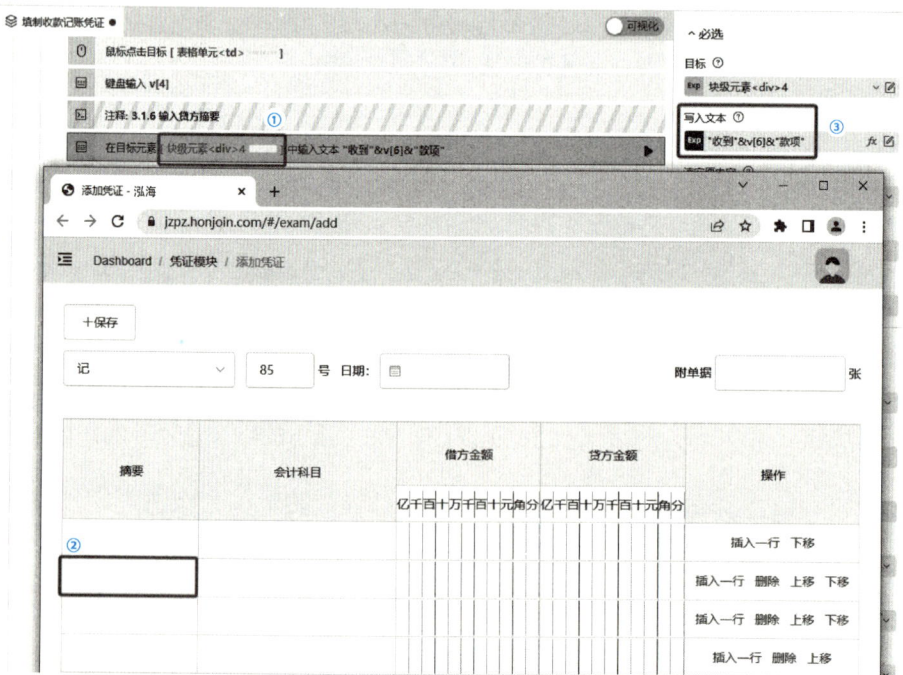

图 8-3-22　输入贷方摘要

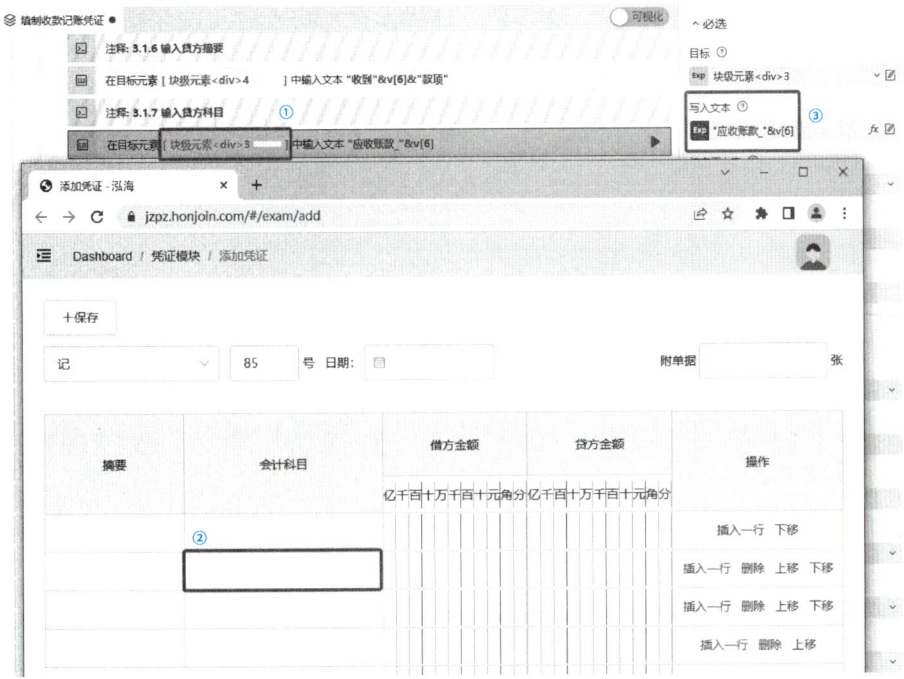

图 8-3-23　输入贷方科目

步骤 3.1.8，输入贷方金额。

（1）点击贷方金额框。添加【点击目标】点击【未指定】并选择【从界面上选取】→选择界面中第二行贷方金额框（表格单元〈td〉），如图 8-3-24 所示。

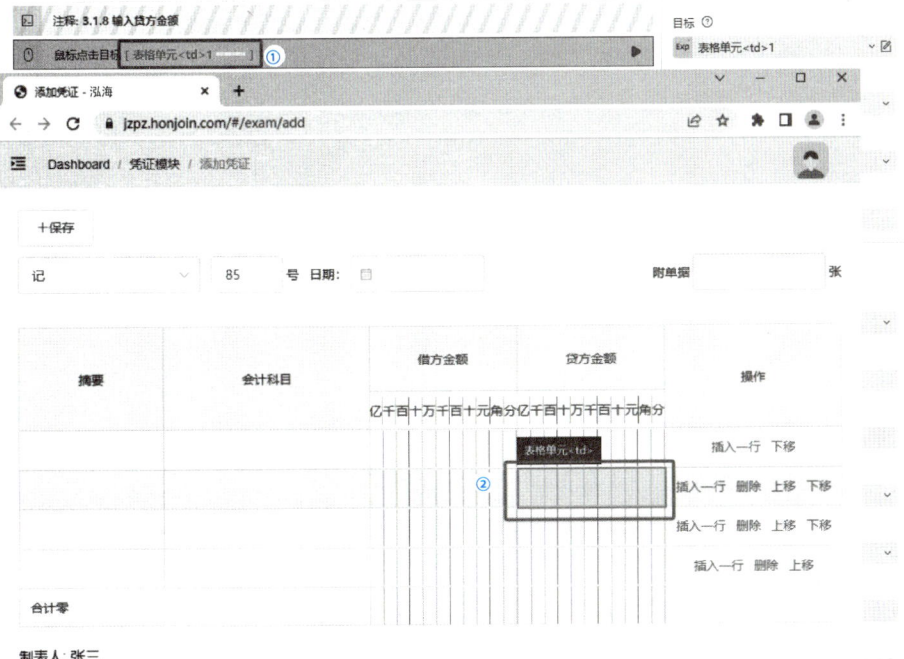

图 8-3-24　点击贷方金额框

（2）输入贷方金额。添加【输入文本】→在【属性】中更改【输入内容】下的【Exp】为蓝色并填写【v[4]】，如图 8-3-25 所示。

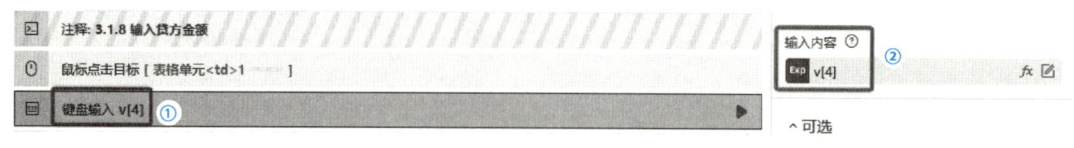

图 8-3-25 输入贷方金额

步骤 3.1.9,保存凭证。

添加【点击目标】→点击【未指定】并选择【从界面上选取】→选择界面中的【保存】按钮，如图 8-3-26 所示。

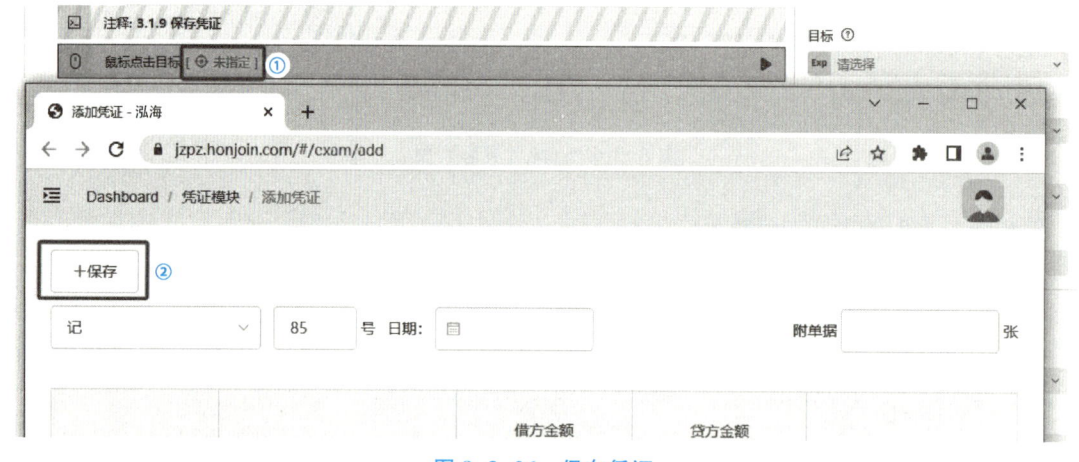

图 8-3-26 保存凭证

步骤 4,保存并退出。

命令答案
8-3

在当前流程开发界面,点击【保存】图标,保存本流程命令。

三、　运行效果

完成 RPA 机器人开发后,点击【运行】,RPA 机器人自动启动浏览器,进入记账凭证界面,读取"银行流水账"文件信息,找到客户单位汇入的应付货款,逐一填制记账凭证。完成后,凭证列表中显示所有填制成功的收款记账凭证,如图 8-2-27 所示。

图 8-3-27　收款记账凭证

项目九
Chapter 9　应收账款管理操作步骤

实训一　编制账龄分析表操作步骤

 前期准备

1. 新建流程块

（1）新建流程。打开 UiBot Creator，新建【编制账龄分析表】流程，如图 9-1-1 所示。新建完成后，系统自动进入流程界面。

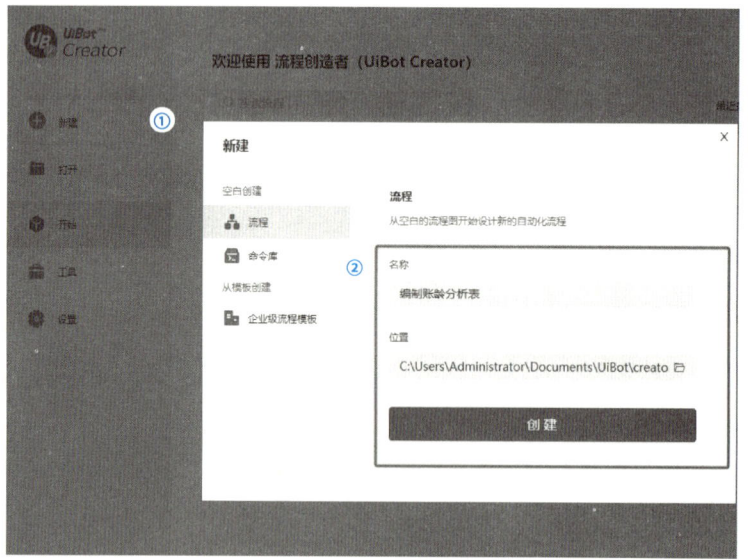

图 9-1-1　新建流程

（2）编辑流程块。选中新建的流程块，编辑基本信息，保存文件，如图 9-1-2 所示。

2. 存放实训资源

（1）关闭当前界面，返回到主页。打开对应的文件夹路径，如图 9-1-3 所示。

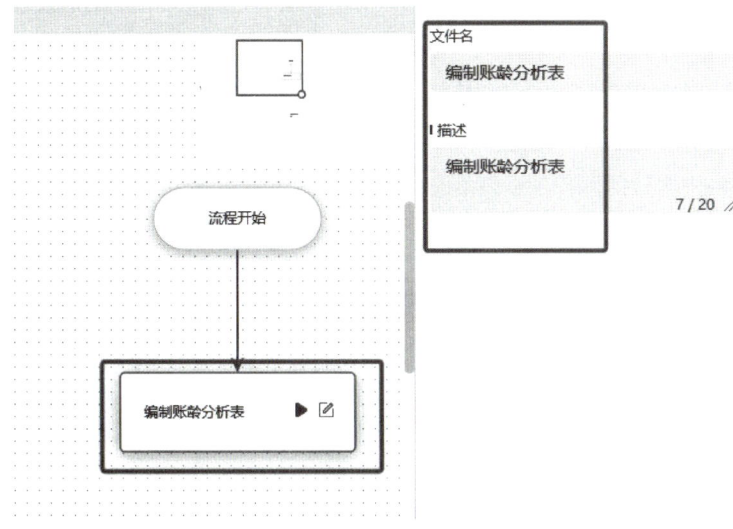

图 9-1-2 编辑流程块

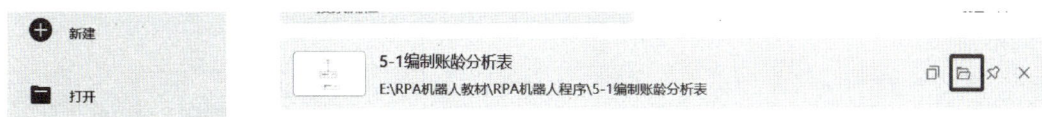

图 9-1-3 打开文件夹

（2）将本案例相关文件存放在流程文件夹"res"目录下，以便机器人使用，如图 9-1-4 所示。

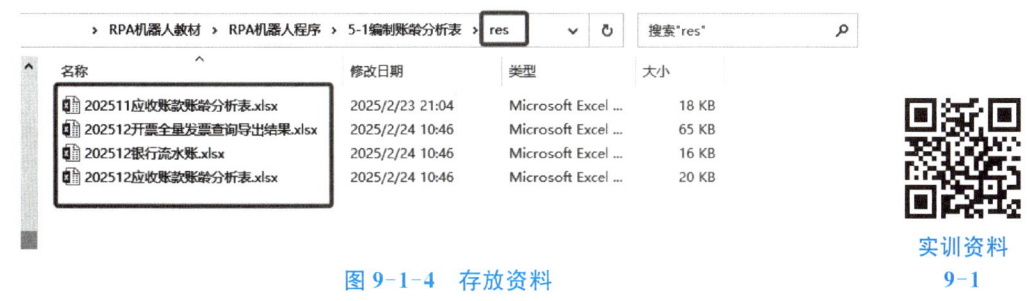

图 9-1-4 存放资料

实训资料
9-1

二、 指令设置

打开 UiBot Creator，进入【编制账龄分析表】流程界面，点击【编制账龄分析表】流程块的编辑按钮，进入命令设置界面，开始设置由机器人执行的指令。

步骤 1，读取本月客户还款信息。

（1）添加【打开 Excel 工作簿】命令→在【属性】中更改【文件路径】为【202512 银行流水账】存放的路径→更改【输出到】为【银行流水账】，如图 9-1-5 所示。

（2）获取总行数。添加【获取行数】命令→在【属性】中更改【工作簿对象】为【银行流水

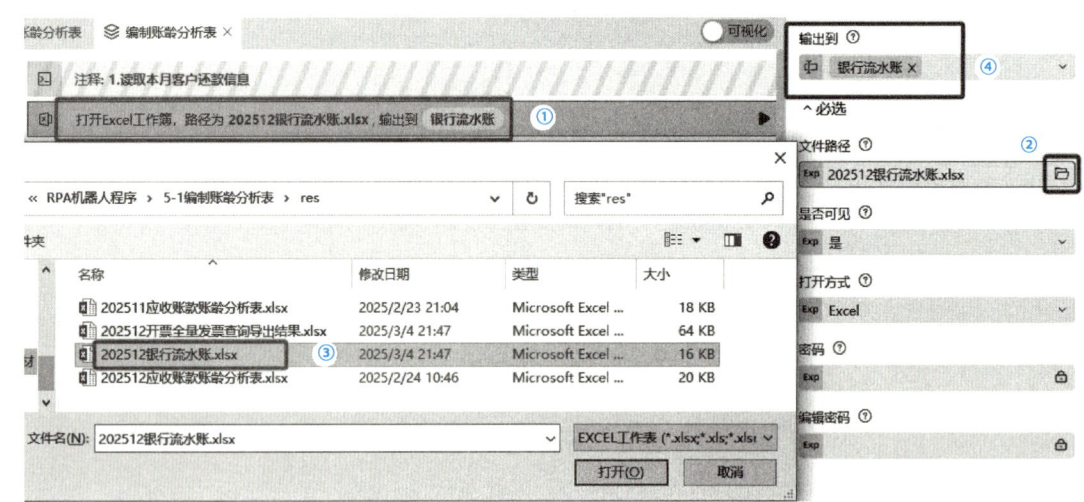

图 9-1-5 打开浏览器

账】→更改【工作表】下的【Exp】为蓝色并填写【0】→更改【输出到】为【银行流水行数】，如图 9-1-6 所示。

图 9-1-6 获取总行数

（3）读取银行流水数据。添加【读取区域】命令→在【属性】中更改【工作簿对象】为【银行流水账】→更改【工作簿】下的【Exp】为蓝色并填写【0】→更改【区域】下的【Exp】为蓝色并填写【"A5：G"& 银行流水行数】→更改【输出到】为【银行流水】，如图 9-1-7 所示。

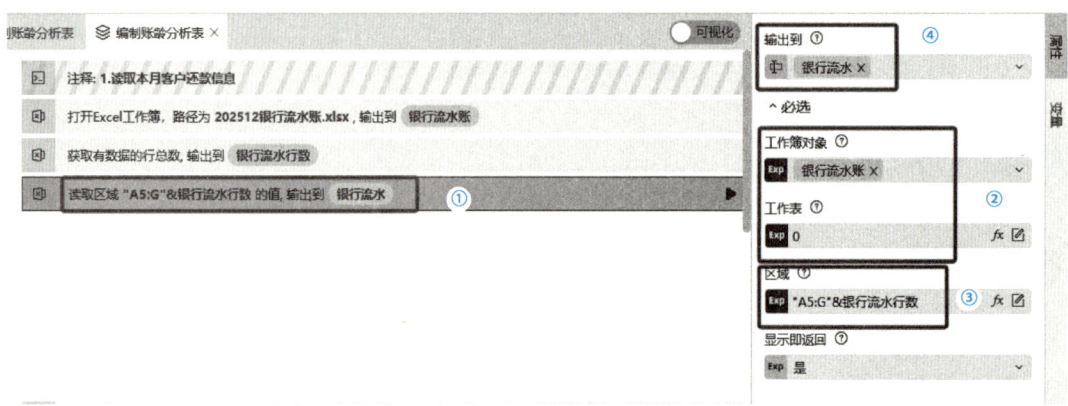

图 9-1-7 读取银行流水数据

（4）关闭"银行流水账"Excel 文件。添加【关闭 Excel 工作簿】命令→在【属性】中更改【工作簿对象】为【银行流水账】，如图 9-1-8 所示。

图 9-1-8　关闭 Excel 文件

步骤 2，读取本月发生应收信息。

（1）添加【打开 Excel 工作簿】命令→在【属性】中更改【文件路径】为【202512 开票全量发票查询导出结果】存放的路径→更改【输出到】为【开票表】，如图 9-1-9 所示。

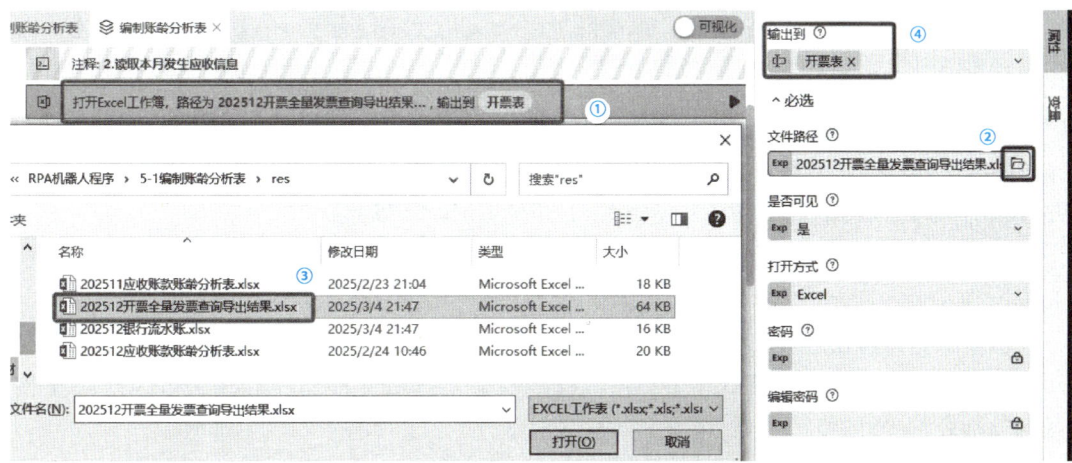

图 9-1-9　打开文件夹

（2）获取总行数。添加【获取行数】命令→在【属性】中更改【工作簿对象】为【开票表】→更改【工作表】下的【Exp】为蓝色并填写【0】→更改【输出到】为【开票行数】，如图 9-1-10 所示。

图 9-1-10　获取总行数

（3）读取开票数据。添加【读取区域】命令→在【属性】中更改【工作簿对象】为【开票表】→更改【工作簿】下的【Exp】为蓝色并填写【0】→更改【区域】下的【Exp】为蓝色并填写

【"A2：AA"&开票行数】→更改【输出到】为【开票信息】,如图 9-1-11 所示。

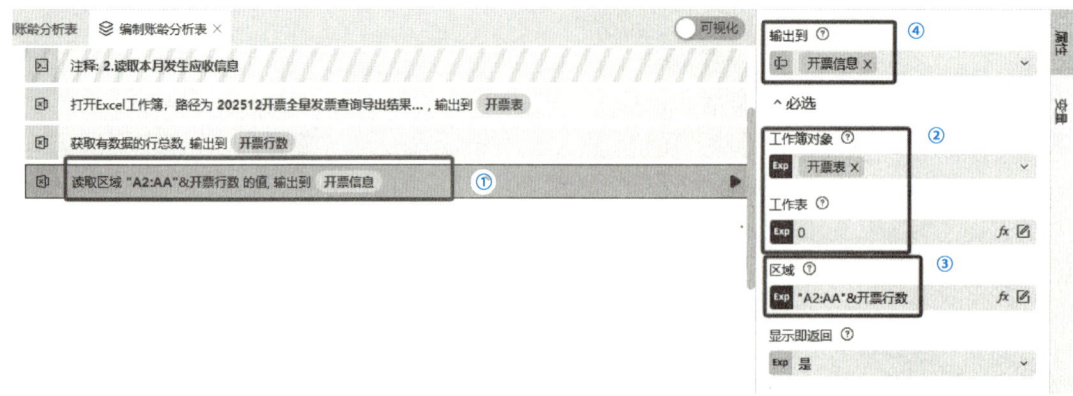

图 9-1-11　读取开票数据

（4）关闭"开票表"Excel 文件。添加【关闭 Excel 工作簿】命令→在【属性】中更改【工作簿对象】为【开票表】,如图 9-1-12 所示。

图 9-1-12　关闭 Excel 文件

步骤 3,打开应收账款账龄分析表。

（1）添加【打开 Excel 工作簿】命令→在【属性】中更改【文件路径】为【202511 应收账款账龄分析表】存放的路径→更改【输出到】为【账龄分析表】,如图 9-1-13 所示。

图 9-1-13　打开文件夹

（2）获取总行数。添加【获取行数】命令→在【属性】中更改【工作簿对象】为【账龄分析表】→更改【工作表】下的【Exp】为蓝色并填写【0】→更改【输出到】为【账龄分析表行数】，如图 9-1-14 所示。

图 9-1-14　获取总行数

（3）读取欠款客户和金额。添加【读取区域】命令→在【属性】中更改【工作簿对象】为【账龄分析表】→更改【工作簿】下的【Exp】为蓝色并填写【0】→更改【区域】下的【Exp】为蓝色并填写【"A4：B"＆账龄分析表行数】→更改【输出到】为【欠款客户和金额】，如图 9-1-15 所示。

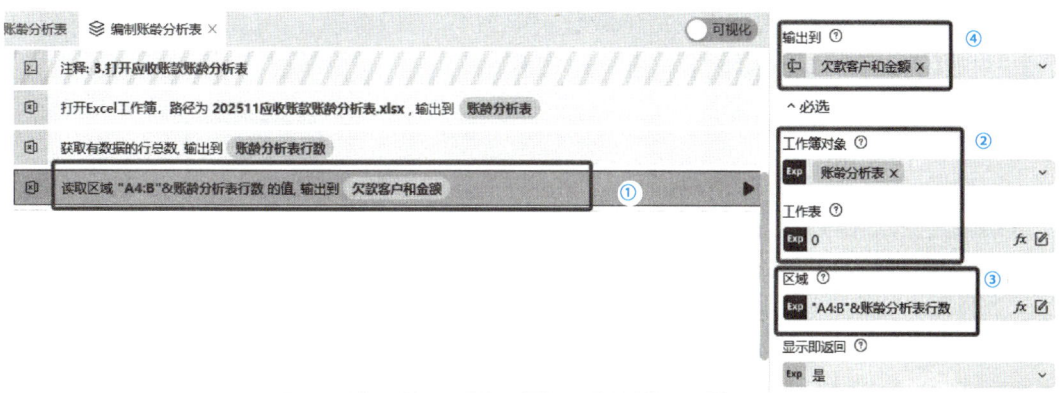

图 9-1-15　读取信息

步骤 4，删除还款信息。

步骤 4.1，设置即将删除行的行号初始值。

添加【变量赋值】命令→在【属性】中更改【变量值】为【3】→更改【变量名】为【行号】，如图 9-1-16 所示。

图 9-1-16　添加变量赋值

步骤 4.2，依次指向账龄分析表的当前客户行。

（1）遍历欠款客户和金额。添加【依次读取数组中每个元素】命令→在【属性】中更改

【值】为【t】→更改【数组】为【欠款客户和金额】,如图 9-1-17 所示。

图 9-1-17　遍历数组

(2)更新行号为当前客户行。在遍历下,添加【变量赋值】命令→在【属性】中更改【变量值】为【行号+1】→更改【变量名】为【行号】,如图 9-1-18 所示。

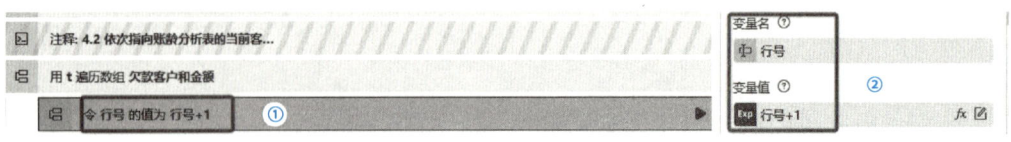

图 9-1-18　更新行号

步骤 4.3,在银行账中找到该还款客户信息。

(1)遍历银行流水。添加【依次读取数组中每个元素】命令→在【属性】中更改【值】为【y】→更改【数组】为【银行流水】,如图 9-1-19 所示。

图 9-1-19　遍历数组

(2)找出业务类型是"汇入汇款"。在遍历下,添加【如果条件成立】命令→在【属性】中更改【判断表达式】为【y[1]="汇入汇款"】,如图 9-1-20 所示。

图 9-1-20　添加如果条件成立命令

(3)找出摘要是"货款"。在以上判断下,添加【如果条件成立】命令→在【属性】中更改【判断表达式】为【y[3]="货款"】,如图 9-1-21 所示。

图 9-1-21　添加如果条件成立命令

（4）找出银行流水账和账龄分析表中客户一致的信息。在以上判断下，添加【如果条件成立】命令→在【属性】中更改【判断表达式】为【y[6]＝t[0]】，如图 9-1-22 所示。

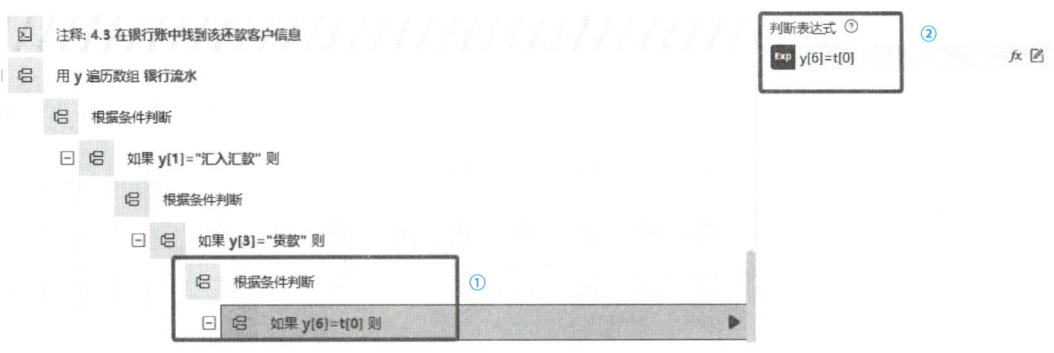

图 9-1-22　添加如果条件成立命令

步骤 4.4,找到同一笔款项。

（1）将银行流水账中还款金额转换为数值类型。在以上判断下，添加【转为小数数据】命令→在【属性】中更改【转换对象】为【y[4]】→更改【输出到】为【银行金额】，如图 9-1-23 所示。

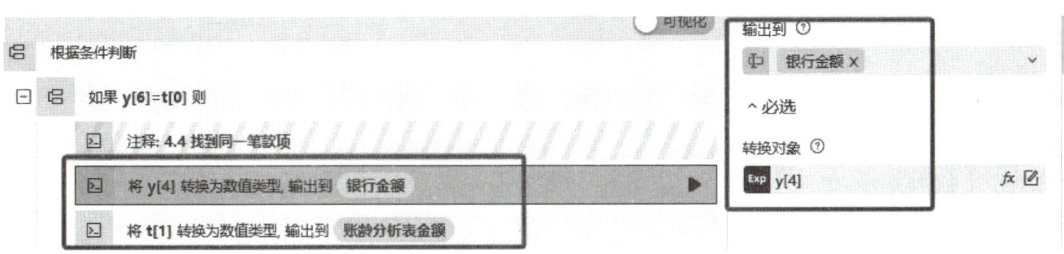

图 9-1-23　转换数值类型

（2）将账龄分析表中欠款金额转换为数值类型。添加【转为小数数据】命令→在【属性】中更改【转换对象】为【t[1]】→更改【输出到】为【账龄分析表金额】。

（3）判断两个金额是否一致。添加【如果条件成立】命令→在【属性】中更改【判断表达式】为【银行金额＝账龄分析表金额】，如图 9-1-24 所示。

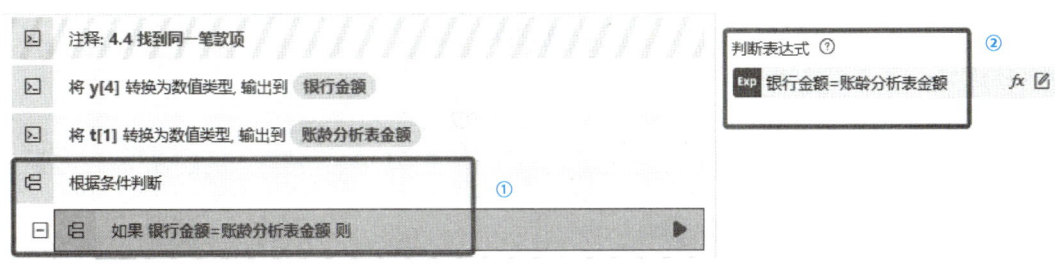

图 9-1-24　添加如果条件成立命令

步骤 4.5,删除已还款信息。

(1)删除行。在以上判断下,添加【删除行】命令→在【属性】中更改【工作簿对象】为【账龄分析表】→更改【工作表】下的【Exp】为蓝色并填写【0】→更改【单元格或行号】为【"A"&行号】,如图 9-1-25 所示。

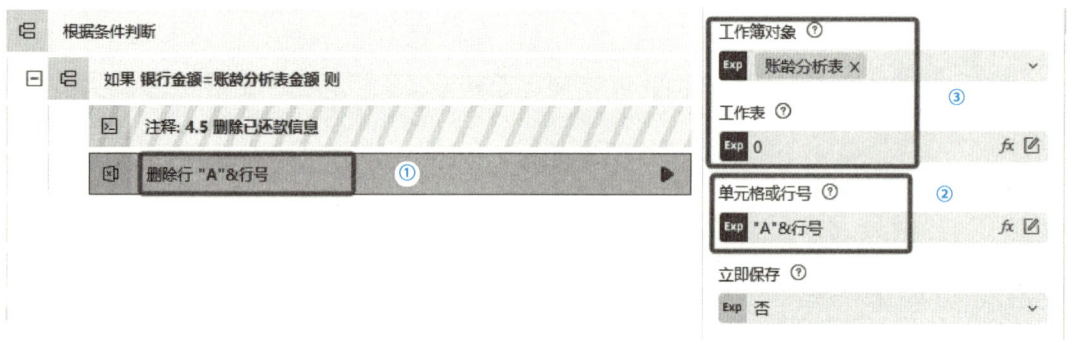

图 9-1-25　删除行

(2)为下一个遍历准备行号。添加【变量赋值】命令→在【属性】中更改【变量值】为【行号-1】→更改【变量名】为【行号】,如图 9-1-26 所示。

图 9-1-26　添加变量赋值

(3)跳出银行流水循环,进入下一个欠款客户和金额的循环。添加【跳出循环】命令,如图 9-1-27 所示。

步骤 5,增加开票信息。

(1)遍历开票信息。添加【依次读取数组中每个元素】命令→在【属性】中更改【值】为【k】→更改【数组】为【开票信息】,如图 9-1-28 所示。

(2)定位即将新增信息的行。在遍历下,添加【变量赋值】命令→在【属性】中更改【变量值】为【行号+1】→更改【变量名】为【行号】,如图 9-1-29 所示。

(3)增加开票信息。

① 写入客户名称。添加【写入单元格】命令→在【属性】中更改【工作簿对象】为【账龄分析表】→更改【工作表】下的【Exp】为蓝色并填写【0】→更改【单元格】更改为"A"& 行号→更改【数据】更改为【k[7]】,如图 9-1-30 所示。

② 写入应收账款金额。添加【写入单元格】命令→在【属性】中更改【工作簿对象】为【账龄分析表】→更改【工作表】下的【Exp】为蓝色并填写【0】→更改【单元格】下的【Exp】为蓝色并填写"B"& 行号→更改【数据】下的【Exp】为蓝色并填写【k[19]】。

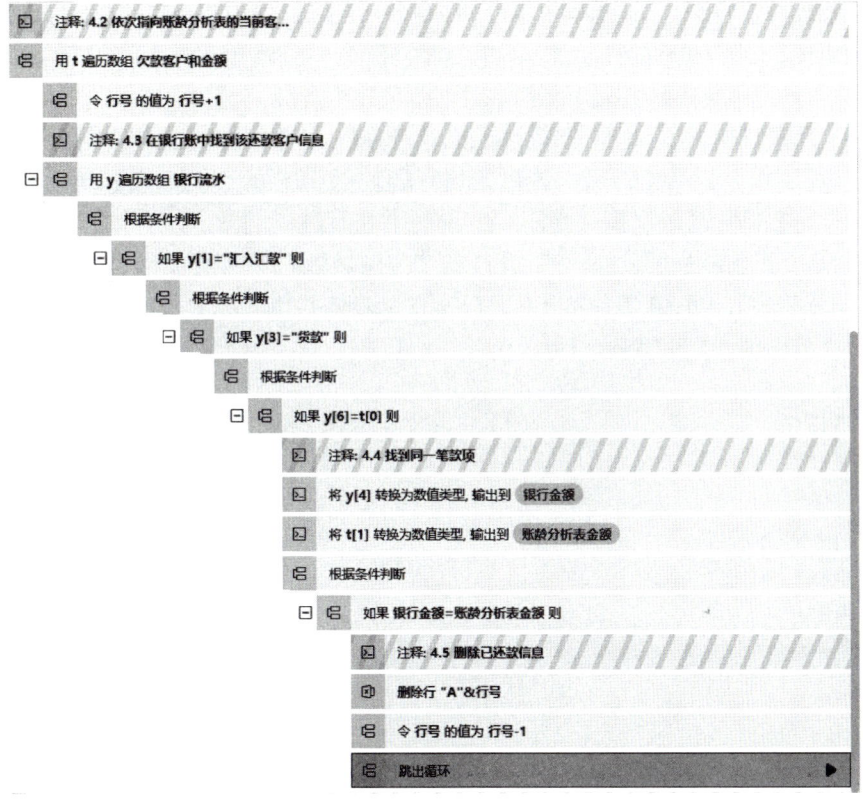

图 9-1-27　添加跳出循环

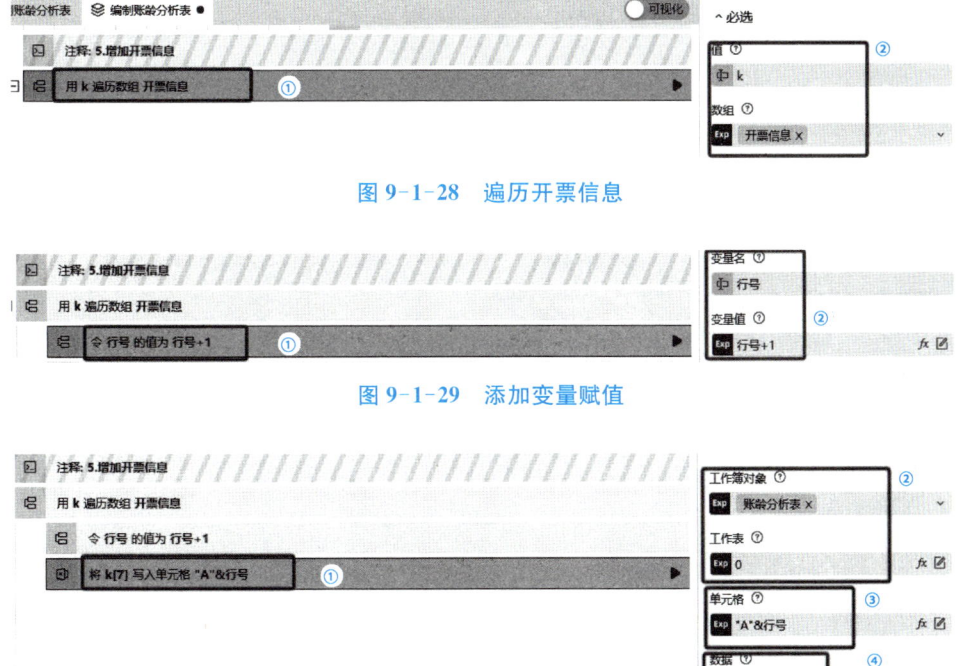

图 9-1-28　遍历开票信息

图 9-1-29　添加变量赋值

图 9-1-30　增加开票信息

③ 写入数电票号码。添加【写入单元格】命令→在【属性】中更改【工作簿对象】为【账龄分析表】→更改【工作表】下的【Exp】为蓝色并填写【0】→更改【单元格】下的【Exp】为蓝色并填写【"C"&行号】→更改【数据】下的【Exp】为蓝色并填写【k[3]】。

④ 写入开票日期。添加【写入单元格】命令→在【属性】中更改【工作簿对象】为【账龄分析表】→更改【工作表】下的【Exp】为蓝色并填写【0】→更改【单元格】下的【Exp】为蓝色并填写【"D"&行号】→更改【数据】下的【Exp】为蓝色并填写【k[8]】。

（4）自动填充账龄分析数据。添加【自动填充区域】命令→在【属性】中更改【工作簿对象】为【账龄分析表】→更改【工作表】下的【Exp】为蓝色并填写【0】→更改【源区域】为【E4：M4】→更改【目标区域】下的【Exp】为蓝色并填写【"E4：M"&行号】，如图 9-1-31 所示。

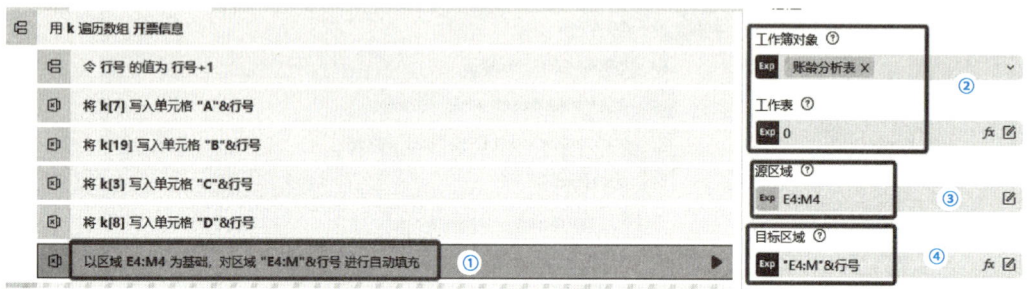

图 9-1-31　添加命令

步骤 6，另存账龄分析表。

（1）获取银行流水账的名称。添加【获取名称】命令→在【属性】中更改【路径】为【201512 银行流水账】存放的路径→【输出到】为【银行流水账名称】，如图 9-1-32 所示。

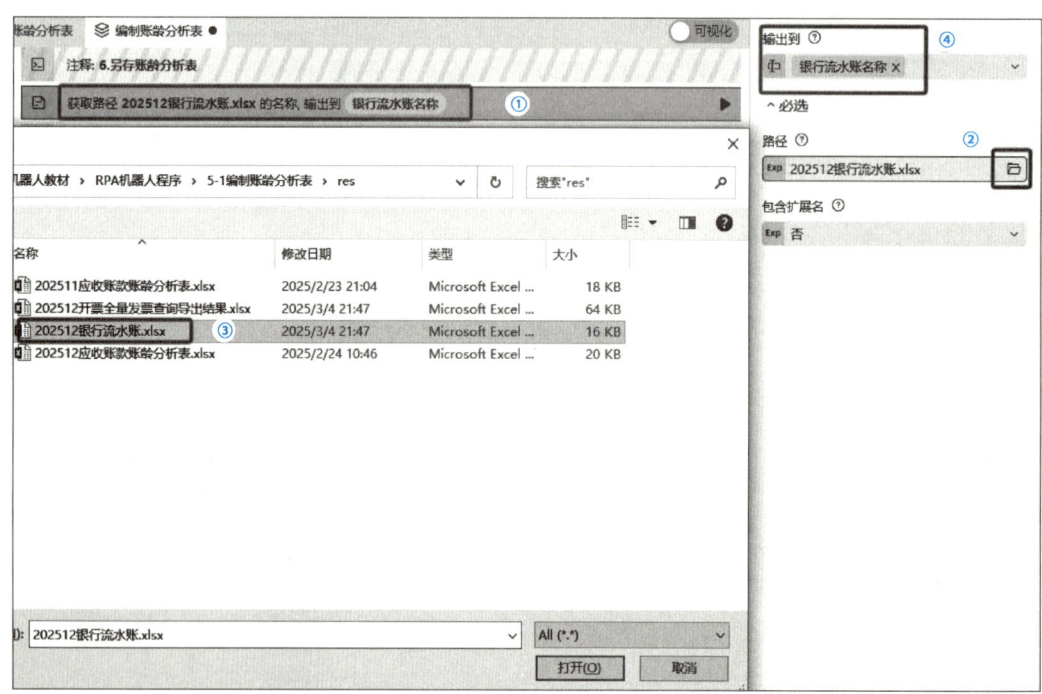

图 9-1-32　获取名称

（2）抽取月份。添加【抽取字符串中数字】命令→在【属性】中更改【目标字符串】为【银行流水账名称】→更改【输出到】为【月份】，如图 9-1-33 所示。

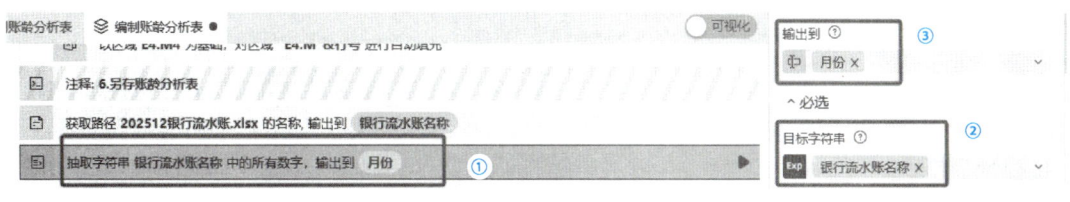

图 9-1-33　抽取月份

（3）另存账龄分析表。添加【另存 Excel 工作簿】命令→在【属性】中更改【工作簿对象】为【账龄分析表】→更改【文件路径】下的【Exp】为蓝色并填写【@res""& 月份 &"账龄分析表.xlsx"】，如图 9-1-34 所示。

图 9-1-34　另存账龄分析表

步骤 7，保存并退出。

在当前流程开发界面，点击【⌷】图标，保存本流程命令。

命令答案
9-1

三、　运行效果

完成 RPA 机器人开发后，点击【运行】，RPA 机器人自动读取银行流水信息和开票信息，并根据客户相关还款和新增欠款信息，更新"应收账款账龄分析表"Excel 文件。应收账款会计更改文件中的统计日期，就能得出本月的应收账款账龄分析情况，如图 9-1-35 所示。

上海弘海电子有限公司应收账款账龄分析表(金额单位：元)												
统计日期	2025年11月30日									应收账款合计(元)		749580
客户名称	应收账款(单位：元)	数电票号码	开票日期	已欠款天数	<=30	31-60天	61-90天	91-120天	>120天	信用期限	是否超过信用期	超过信用期的天数
斯特别量设备贸易有限公司	14000	2431200000002423728	2025/8/29	93	-	-	-	14000	-	90	是	3
科百特投资有限公司	6500	2431200000001621167	2025/9/24	67	-	-	6500	-	-	45	是	22
科百特投资有限公司	2300	2431200000019221165	2025/10/22	39	-	2300	-	-	-	45	否	-
北安斯银行有限公司	16000	2431200000016271155	2025/11/3	27	16000	-	-	-	-	45	否	-
冠强电脑有限公司	5300	2431200000001921135	2025/9/30	61	-	-	5300	-	-	30	是	31
源轩计算机系统工程有限公司	36000	2431200000002781129	2025/9/19	72	-	-	36000	-	-	60	是	12
斯特别量设备贸易有限公司	8500	2431200000002561334	2025/12/3	(3)	8500	-	-	-	-	90	否	-
海信慧园有限公司	3000	2431200000007285743	2025/12/5	(8)	3000	-	-	-	-	60	否	-
科百特投资有限公司	24400	2431200000004636189	2025/12/5	(5)	24400	-	-	-	-	45	否	-
科百特投资有限公司	24400	2431200000004636189	2025/12/5	(5)	24400	-	-	-	-	45	否	-
凯瑞振动有限公司	3000	2431200000007252349	2025/12/8	(8)	3000	-	-	-	-	90	否	-
克里斯有限公司	800	2431200000007268739	2025/12/8	(8)	800	-	-	-	-	30	否	-
启鼎智能电气有限公司	6500	2431200000014446649	2025/12/15	(15)	6500	-	-	-	-	60	否	-
启鼎智能电气有限公司	26000	2431200000014446649	2025/12/15	(15)	26000	-	-	-	-	60	否	-
启鼎智能电气有限公司	6500	2431200000004618029	2025/12/5	(5)	6500	-	-	-	-	60	否	-
启鼎智能电气有限公司	130400	2431200000017117931	2025/12/17	(17)	130400	-	-	-	-	60	否	-
启鼎智能电气有限公司	105000	2431200000017117931	2025/12/17	(17)	105000	-	-	-	-	60	否	-
北安斯银行有限公司	1300	2431200000014259053	2025/12/15	(15)	1300	-	-	-	-	45	否	-
阿莉莎化妆品有限公司	1080	2431200000017492411	2025/12/17	(17)	1080	-	-	-	-	30	否	-
阿莉莎化妆品有限公司	860	2431200000017492411	2025/12/17	(17)	860	-	-	-	-	30	否	-
宝爱丽家具有限公司	1000	2431200000007262347	2025/12/8	(8)	1000	-	-	-	-	30	否	-
源钧计算机有限公司	8800	2431200000006935810	2025/12/8	(8)	8800	-	-	-	-	45	否	-
源钧计算机科技有限公司	6300	2431200000006935810	2025/12/8	(8)	6300	-	-	-	-	45	否	-
冠强电脑有限公司	1040	2431200000017186476	2025/12/17	(17)	1040	-	-	-	-	30	否	-
冠强电脑有限公司	120	2431200000017186476	2025/12/17	(17)	120	-	-	-	-	30	否	-
冠强电脑有限公司	10300	2431200000025166435	2025/12/24	(24)	10300	-	-	-	-	30	否	-
冠强电脑有限公司	720	2431200000025166435	2025/12/24	(24)	720	-	-	-	-	30	否	-
创之星信息科技有限公司	124000	2431200000014507039	2025/12/15	(15)	124000	-	-	-	-	60	否	-
源轩计算机系统工程有限公司	37500	2431200000017165476	2025/12/17	(17)	37500	-	-	-	-	60	否	-
鸣光广告有限公司	24800	2431200000018502080	2025/12/18	(18)	24800	-	-	-	-	30	否	-
轩仲电子科技有限公司	42240	2431200000007308316	2025/12/8	(8)	42240	-	-	-	-	45	否	-
轩仲电子科技有限公司	11680	2431200000007308316	2025/12/8	(8)	11680	-	-	-	-	45	否	-
轩仲电子科技有限公司	9160	2431200000014473746	2025/12/15	(15)	9160	-	-	-	-	45	否	-
通达科技有限公司	25500	2431200000002572281	2025/12/3	(3)	25500	-	-	-	-	30	否	-
骏业机电设备有限公司	19700	2431200000022100426	2025/12/22	(22)	19700	-	-	-	-	60	否	-
丰源电子科技有限公司	1600	2431200000018655551	2025/12/18		1600	-	-	-	-	60	否	-

图 9-1-35 应收账款账龄分析表

实训二 发送对账邮件操作步骤

一、 前期准备

1. 新建流程块

打开 UiBot Creator,新建【发送对账邮件】流程,选中新建的流程块,编辑基本信息,保存文件,如图 9-2-1 所示。

2. 存放实训资源

关闭当前界面,返回到主页,打开对应的文件夹路径。将"应收账款账龄分析表.xlsx"存放在流程文件夹"res"目录下,以便财务机器人使用,如图 9-2-2 所示。

3. 配置邮箱

本任务涉及邮件发送功能,需先配置邮箱 SMTP,以 QQ 邮箱配置为例,操作步骤如下:

(1) 进入 QQ 邮箱→点击【设置】→选择【账号】,如图 9-2-3 所示。

(2) 找到【POP3/IMAP/SMTP/Exchange/CardDAV/CalDAV 服务】→点击【开启服务】,如图 9-2-4 所示。

「新专标」
Xinzhuanbiao
系列教材 Xilie Jiaocai

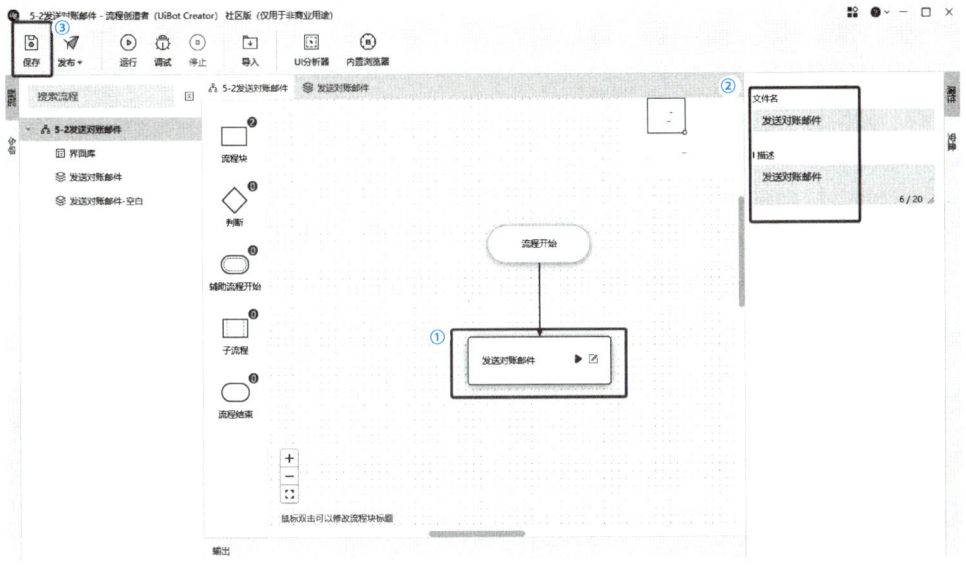

图 9-2-1　新建流程

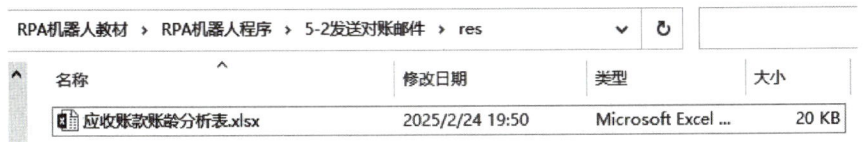

图 9-2-2　存放资料

注："应收账款汇总表.xlsx"中 B3 至 H3 单元格为本任务的虚拟客户邮箱地址,为了验证机器人运行效果,此工作簿中的客户邮箱地址可更改为有效的邮箱地址。

实训资料
9-2

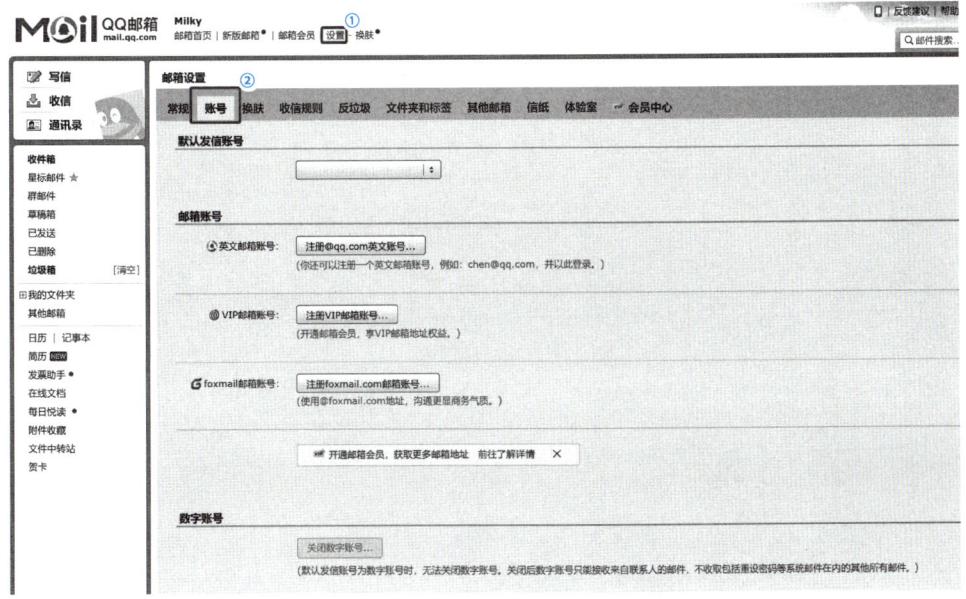

图 9-2-3　配置邮箱 1

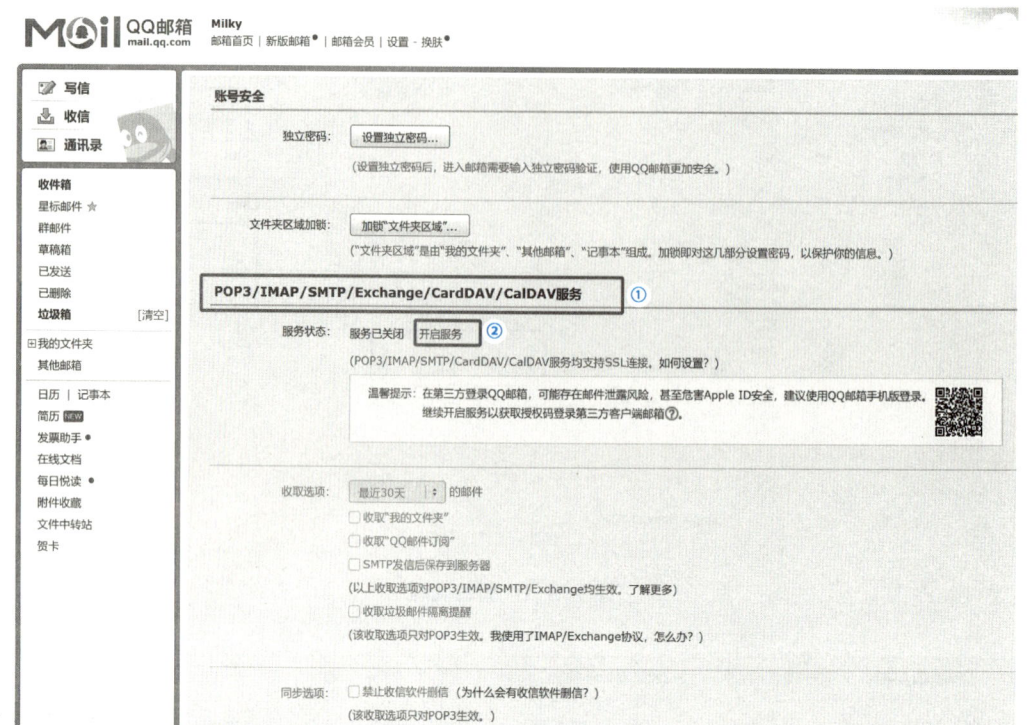

图 9-2-4　配置邮箱 2

（3）根据要求发送短信后→点击【我已发送】，如图 9-2-5 所示。

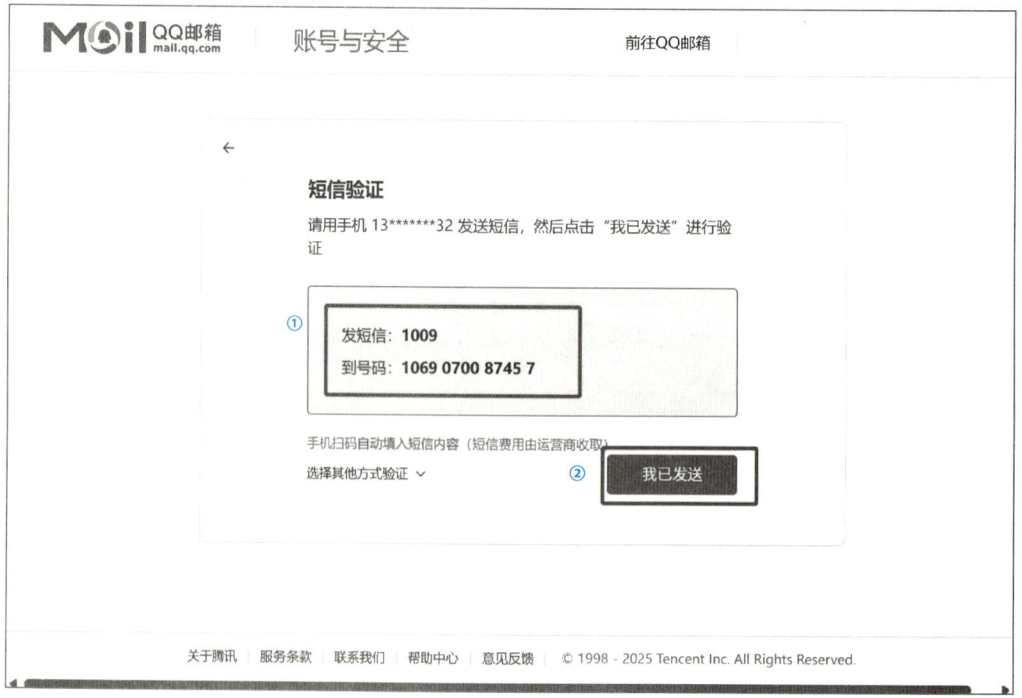

图 9-2-5　配置邮箱 3

（4）弹出授权码框（该授权码为 SMTP 邮箱密码，要将其先记录下来，后续在 UiBot 中需要使用），即邮箱 IMAP/SMTP 配置完成，点击【关闭页面】，如图 9-2-6 所示。

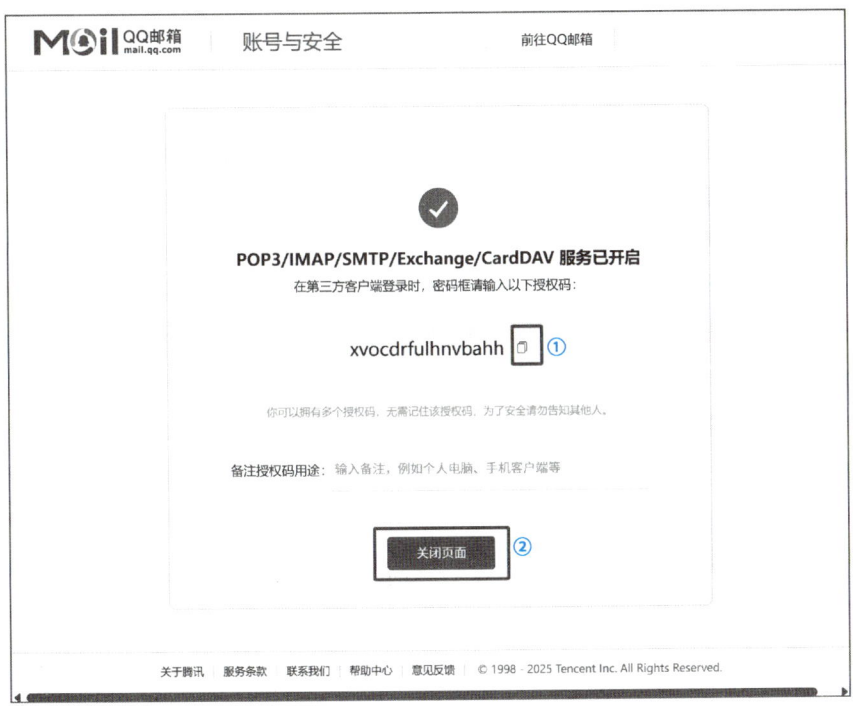

图 9-2-6　配置邮箱 4

二、　指令设置

打开 UiBot Creator，进入【发送对账邮件】流程界面，点击【发送对账邮件】流程块的编辑按钮，进入命令设置界面，开始设置由机器人执行的指令。

步骤 1，打开账龄分析表。

打开工作簿。添加【打开 Excel 工作簿】命令→在【属性】中更改【文件路径】为【202512 应收账款账龄分析表】存放的路径→更改【输出到】为【账龄分析表】，如图 9-2-7 所示。

步骤 2，获取台账总行数。

获取工作表总行数。添加【获取行数】命令→在【属性】中更改【工作簿对象】为【账龄分析表】→更改【工作表】为【台账】→更改【输出到】为【总行数】，如图 9-2-8 所示。

步骤 3，读取所有客户名称。

添加【读取区域】命令→在【属性】中更改【工作簿对象】为【账龄分析表】→更改【工作表】为【客户信用期限】→更改【单元格】为【A3】→更改【输出到】为【客户名称】，如图 9-2-9 所示。

步骤 4，写入标题。

添加【写入单元格】命令→在【属性】中更改【工作簿】为【账龄分析表】→更改【工作表】为【客户信用期限】→填写【单元格】为【D2】→填写【数据】为【应收账款总额】，如图 9-2-10 所示。

图 9-2-7　打开文件夹

图 9-2-8　获取总行数

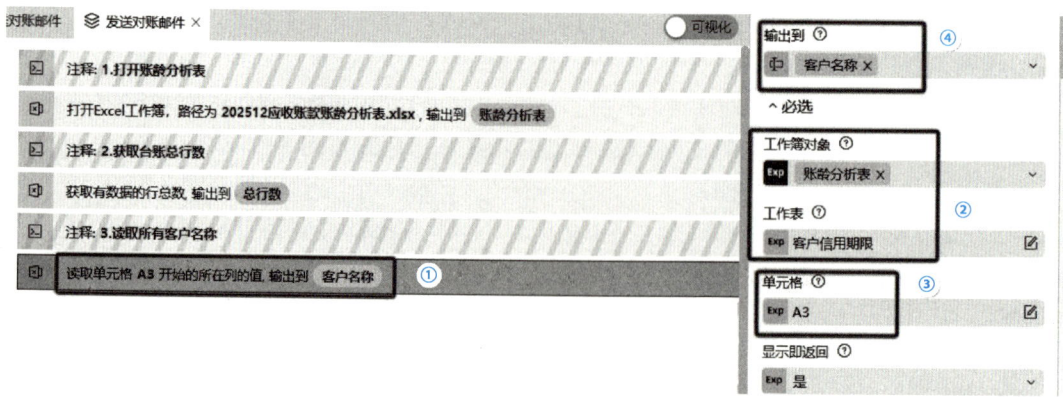

图 9-2-9　读取客户名称

图 9-2-10　写入标题

步骤 5,定位行号。

添加【变量赋值】命令→在【属性】中更改【变量名】为【行号】→填写【变量值】为【3】,如图 9-2-11 所示。

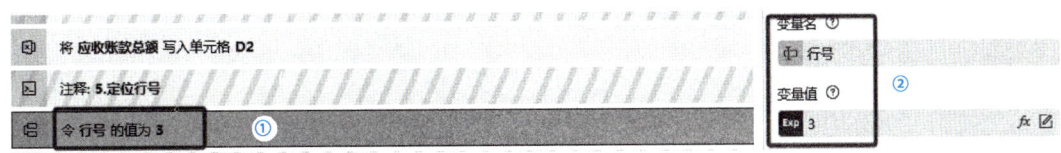

图 9-2-11　定位行号

步骤 6,对话框输入发送人邮箱信息。

(1) 输入邮箱账号。添加【输入对话框】命令→在【属性】中填写【消息内容】为【请输入邮箱账号】→更改【输出到】为【邮箱账号】,如图 9-2-12 所示。

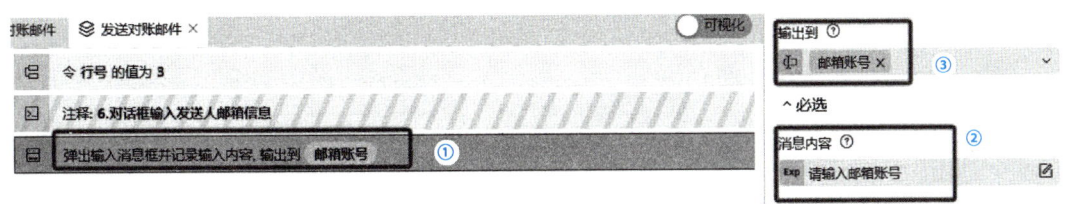

图 9-2-12　弹框要求输入邮箱账号

(2) 输入邮箱密码。添加【输入对话框】命令→在【属性】中填写【消息内容】为【请输入邮箱授权码】→更改【输出到】为【邮箱密码】。

此处,邮箱账号为邮箱地址,邮箱密码为邮箱授权码。

步骤 7,遍历客户名称,逐一计算各客户的应收账款总金额,并向客户发送邮件。

添加【依次读取数组中每个元素】命令→在【属性】中更改【值】为【v】→更改【数组】下的【Exp】为蓝色并填写【客户名称】,如图 9-2-13 所示。

图 9-2-13　遍历客户名称

步骤 7.1,计算应收账款总额。

添加【写入单元格】命令→在【属性】中更改【工作簿对象】为【账龄分析表】→更改【工作表】为【客户信用期限】→更改【单元格】下的【Exp】为蓝色并填写【"D"& 行号】→更改【数据】下的【Exp】为蓝色并填写【"=SUMIF(台账！$A$4:B"& 总行数 &",A"& 行号 &",台账！$B$4:B"& 总行数 &")"】,如图 9-2-14 所示。

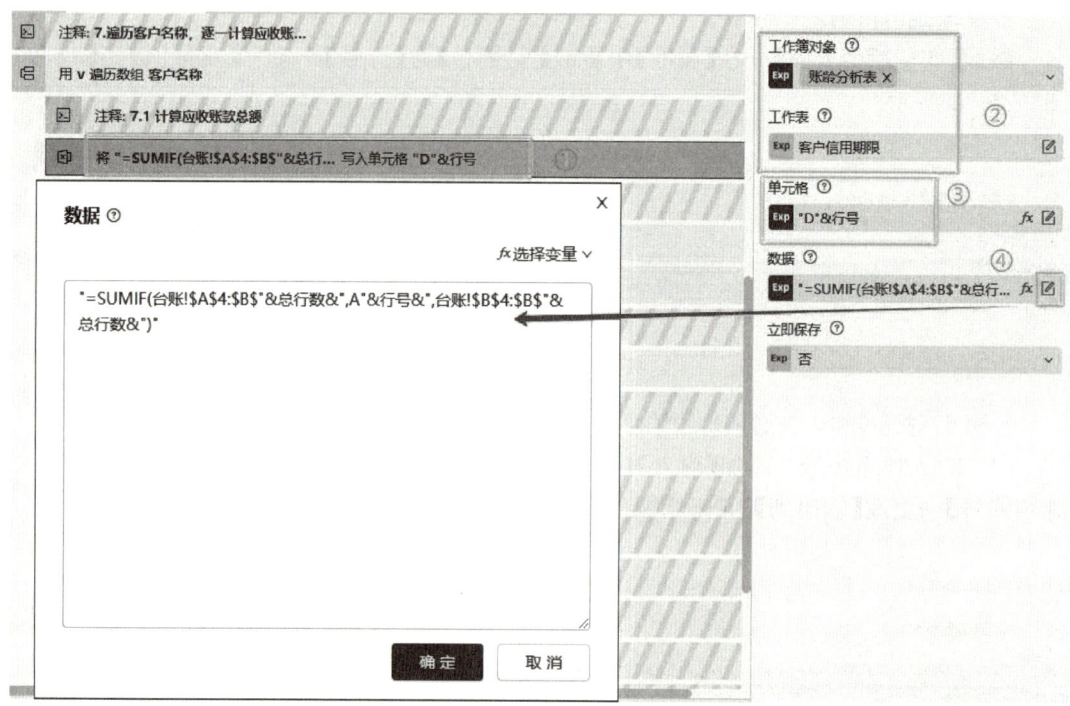

图 9-2-14　填写数据

步骤 7.2,读取客户信息。

(1) 读取客户邮箱。添加【读取单元格】命令→在【属性】中更改【工作簿对象】下的【Exp】为蓝色并填写【账龄分析表】→更改【工作表】为【客户信用期限】→更改【单元格】下的【Exp】为蓝色并填写【"B"& 行号】→更改【输出到】为【客户邮箱】,如图 9-2-15 所示。

(2) 读取应收账款总额。添加【读取单元格】命令→在【属性】中更改【工作簿对象】下的【Exp】为蓝色并填写【账龄分析表】→更改【工作表】为【客户信用期限】→更改【单元格】下的【Exp】为蓝色并填写【"D"& 行号】→更改【输出到】为【应收账款总额】,如图 9-2-16 所示。

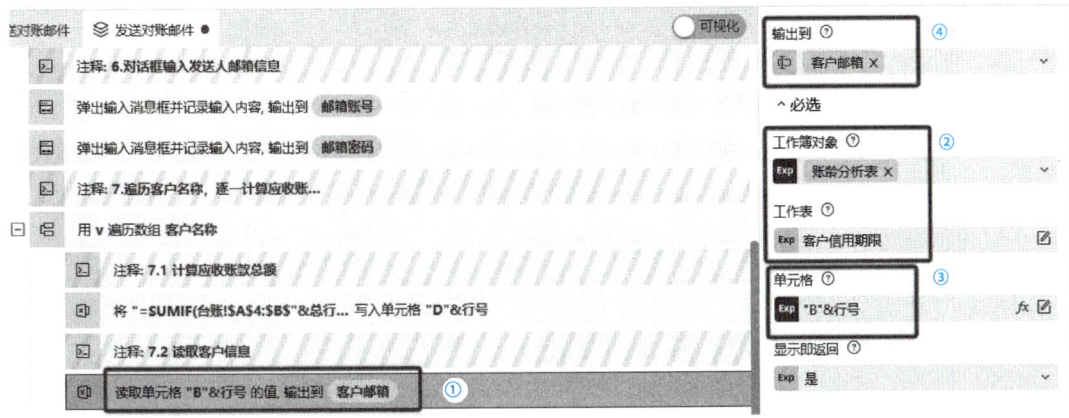

图 9-2-15 读取客户邮箱

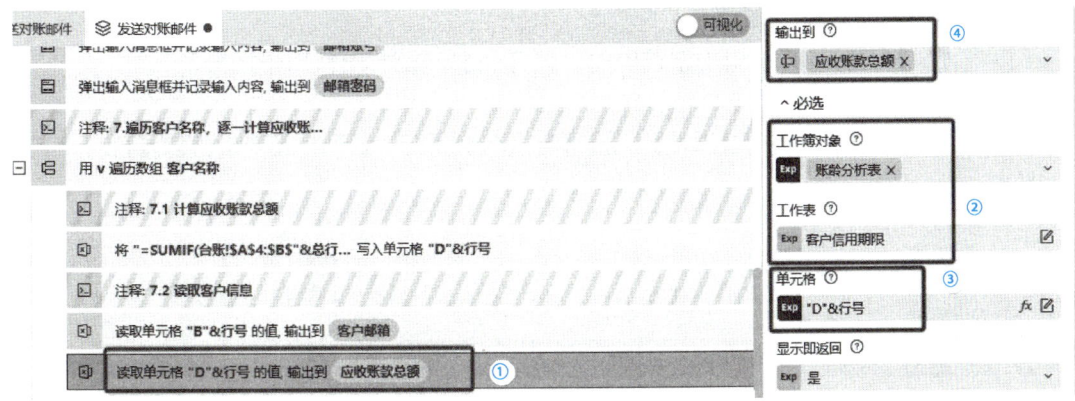

图 9-2-16 读取应收账款总额

步骤 7.3,发送邮件。

添加【网络】中【SMTP/POP】下的【发送邮件】命令→在【属性】中更改如下设置,如图 9-2-17 所示。

【输出到】:邮件

【SMTP 服务器】:smtp.qq.com

【登录账号】(Exp 蓝色状态下):邮箱账号

【登录密码】(Exp 蓝色状态下):邮箱密码

【发件人】(Exp 蓝色状态下):邮箱账号

【收件人】(Exp 蓝色状态下):客户邮箱

【邮件标题】(Exp 蓝色状态下):v&"应收款对账"

【邮件正文】(Exp 蓝色状态下):"尊敬的"&v&":您好! \n 贵公司本期的应收账款余额为:"& 应收账款总额 &"元。请核查! \n 本函仅为复核账目之用,并非催款结算。款项无论相符与否,仍请及时函复为盼。"

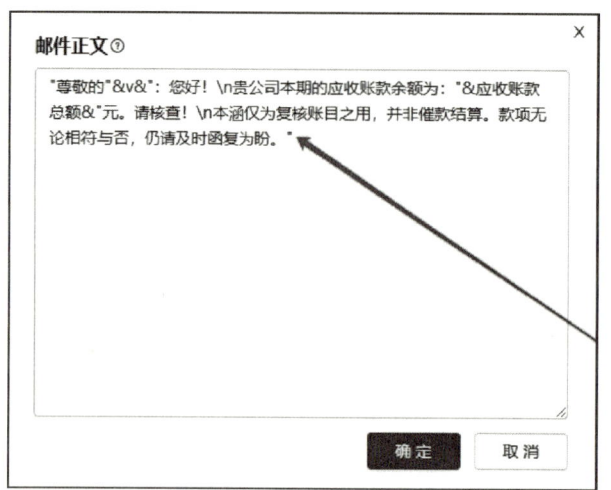

图 9-2-17　发送邮件

【邮件附件】(Exp 蓝色状态下)：""

以上，【&】为拼接符号，用于字符串的拼接；【\n】为转义字符，用于换行。

步骤7.4,更新行号。

添加【变量赋值】命令→在【属性】中更改【变量名】为【行号】→填写【变量值】为【行号＋1】，如图 9-2-18 所示。

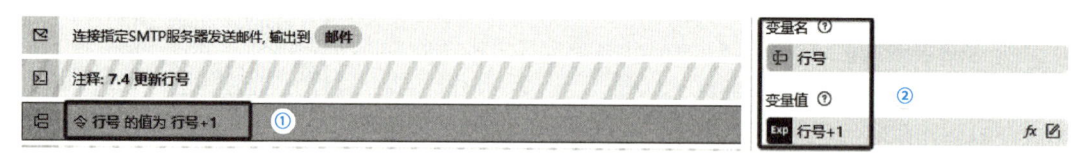

图 9-2-18　更新行号

步骤8,保存并退出。

命令答案 9-2

在当前流程开发界面,点击【🖫】图标,保存本流程命令。

三、　运行效果

完成 RPA 机器人开发后,点击【运行】,RPA 机器人打开"应收账款账龄分析表"Excel 文件,读取客户应收账款信息和客户邮箱,编辑邮件内容,并发送邮件给客户,以供客户进行对账,如图 9-2-19 所示。

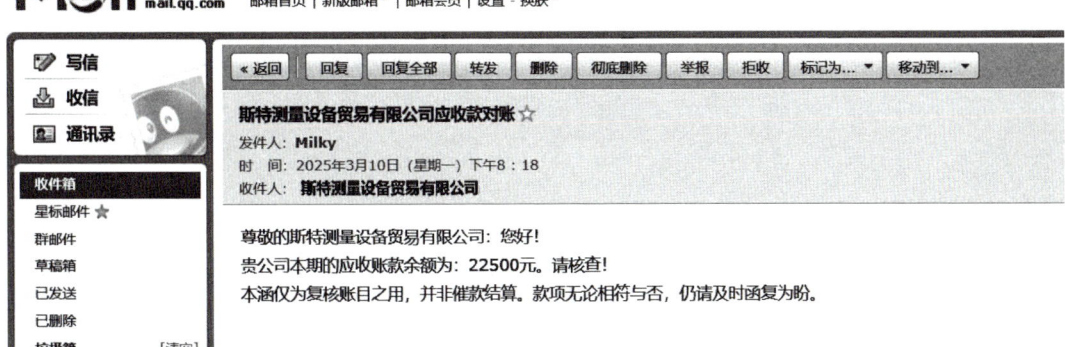

图 9-2-19　客户对账邮件